JN117964

カンボジアの10年の歩み

一九七九〜一九八九年

フン・セン 著

今川幸雄 監修

川口正樹 訳

風響社

発刊に寄せて

はじめに、今川幸雄元駐カンボジア日本国大使閣下におかれましては、私の著書『カンボジアの 10 年の歩み——1979 ～ 1989 年』の日本語訳に関心を持って頂きましたことに感謝申し上げますとともに、外務省のカンボジア語専門家の川口正樹氏に対しましても、本書の翻訳を完成させるために多大なるご尽力をいただきましたことに、感謝申し上げます。

この本は、カンボジアにとって非常に重要な時期に直面した多くの課題や社会のあらゆる分野における根本的な変化といった出来事を記したものです。その意味で、本書の翻訳を通じて、日本の読者と日本国民の皆様には、近年のカンボジアの歴史と私の指導の下でカンボジアが直面した課題や発展ぶりについて理解を深めて頂けるものと確信します。この機会をお借りして、日本政府及び日本国民の皆様に対しまして、カンボジアの和平達成に参画頂きましたこと、またカンボジアの復興、再建及び開発をご支援頂きましたことに心より感謝申し上げます。

カンボジアは、1998 年以来、「敗者なき（ウィン・ウィン）政策」によりまして、平和、安定、安全及び発展を享受しております。カンボジアは、かつてはキリング・フィールドとして名を馳せていましたが、今日では、地域及び国際社会の活発な一員であり、地域及び国際社会の様々な課題に関しまして、平等な権利を享受する立場で、積極的な役割を果たしております。

カンボジアと日本の外交関係樹立 63 周年に当たり、本書が翻訳出版されることは、両国の堅固な友好協力関係の証左であり、また右への決意を示すものであります。私は、両国国民の繁栄と幸福のために、こうした両国の関係が今後も発展していくものと信じます。

最後に、読者の皆様が、本書を興味深く読んで頂くと共に、カンボジア近代史への理解を深めて頂けますように、またカンボジアが孤立し、制裁を受けた困難な時代に、この国の指導者が果たした困難な任務についてもご評価頂けますことを期待しております。ありがとうございます。

2016 年 11 月 30 日　プノンペンにて

フン・セン

សម្តេចអគ្គមហាសេនាបតីតេជោ ហ៊ុន សែន

នាយករដ្ឋមន្ត្រី នៃព្រះរាជាណាចក្រកម្ពុជា

សារលិខិត

ជាបឋម ខ្ញុំសូមថ្លែងអំណរគុណដល់ឯកឧត្តម យូគីអុ អ៊ីម៉ាង៉ាវ៉ា អតីតឯកអគ្គរាជទូតជប៉ុន ប្រចាំព្រះរាជាណាចក្រកម្ពុជា សំរាប់ចំណាប់អារម្មណ៍របស់គាត់ក្នុងការបកប្រែសៀវភៅរបស់ខ្ញុំក្រោមចំណងជើងថា “១០ឆ្នាំនៃដំណើរកម្ពុជាៈ ១៩៧៩-១៩៨៩,” ជាភាសាជប៉ុន ក៏ដូចជាការខិតខំប្រឹងប្រែងដោយមិនចេះនឿយហត់របស់លោក ម៉ាសាតិ កាវ៉ាហ្គិចជី អ្នកជំនាញភាសាខ្មែររបស់ក្រសួងការបរទេសជប៉ុន ដែលបានខិតខំប្រឹងប្រែងយ៉ាងខ្លាំងដើម្បីសំរេចការបកប្រែសៀវភៅនេះ។

សៀវភៅនេះពិតជាឆ្លុះបញ្ចាំងអំពីអ្វីដែលបានកើតឡើងក្នុងអំឡុងពេលដ៏សំខាន់នោះ ដែលកម្ពុជាបានឆ្លងកាត់ការប្រឈមជាច្រើន និងបានឆ្លងកាត់ការផ្លាស់ប្តូរស៊ីជម្រៅនៅគ្រប់វិស័យទាំងអស់នៃសង្គម។ ក្នុងន័យនេះ ខ្ញុំមានជំនឿយ៉ាងខ្លាំងថា តាមរយៈការបកប្រែសៀវភៅនេះ អ្នកអានជនជាតិជប៉ុន និងប្រជាជនជប៉ុន នឹងអាចមានការយល់ដឹងកាន់តែប្រសើរអំពីប្រវត្តិសាស្ត្រថ្មីៗរបស់កម្ពុជា ប្រជាជនកម្ពុជា ការប្រឈម និងការអភិវឌ្ឍ របស់កម្ពុជានៅក្រោមការដឹកនាំរបស់ខ្ញុំ។ ឆ្លៀតឱកាសនេះ ខ្ញុំសូមថ្លែងអំណរគុណអស់ពីដួងចិត្តដល់រដ្ឋាភិបាលជប៉ុន និងប្រជាជនជប៉ុន សំរាប់ការចូលរួមចំណែកដល់ដំណើរការសន្តិភាពនៅកម្ពុជា ក៏ដូចជាសំរាប់ការជួយឧបត្ថម្ភប្រកបដោយចិត្តសប្បុរសសំរាប់ការស្តារឡើងវិញ ការកសាងឡើងវិញ និងការអភិវឌ្ឍរបស់កម្ពុជា។

ចាប់តាំងពីឆ្នាំ១៩៩៨ ជាមួយនឹងគោលនយោបាយឈ្នះ-ឈ្នះ កម្ពុជាទទួលបានសន្តិភាព ស្ថេរភាព សន្តិសុខ និងការអភិវឌ្ឍ។ កម្ពុជាពីមុនដែលល្បីថាជាវាលពិឃាត ឥឡូវនេះគឺជាសមាជិកដ៏សកម្មរបស់សហគមន៍តំបន់ និងពិភពលោក ហើយកំពុងដើរតួយ៉ាងសកម្មនៅក្នុងកិច្ចការតំបន់ និងអន្តរជាតិ ដោយស្មើសិទ្ធិ និងស្មើភាព ដូចប្រទេសដទៃទៀតដែរ។

ស្របពេលដែលកម្ពុជា និងជប៉ុន ប្រារព្ធខួបទី ៦៣ ឆ្នាំនៃទំនាក់ទំនាងការទូតរវាងប្រទេសទាំងពីរ ការបកប្រែសៀវភៅនេះ គឺជាសក្ខីភាព និងការប្តេជ្ញាចិត្តជាក់ស្តែងមួយទៀត ដើម្បីបង្ហាញអំពីចំណងនៃទំនាក់ទំនងមិត្តភាព និងកិច្ចសហប្រតិបត្តិការយ៉ាងខ្លាំងក្លាយរបស់យើង ដែលខ្ញុំមានជំនឿថា នឹងបន្តរីកលូតលាស់ដើម្បីវិបុលភាព និងសុភមង្គលរបស់ប្រជាជននៃប្រទេសយើងទាំងពីរ។

ជាទីបញ្ចប់ ខ្ញុំសង្ឃឹមថា អ្នកអានទាំងអស់នឹងរីករាយក្នុងការអានសៀវភៅនេះ ហើយនឹងមានការយល់ដឹងកាន់តែប្រសើរអំពីប្រវត្តិសាស្ត្រនាពេលថ្មីៗរបស់កម្ពុជា និងដឹងគុណការងារដ៏លំបាករបស់មេដឹកនាំកម្ពុជាក្នុងគ្រាដ៏លំបាក ឯកកោ និងទទួលទណ្ឌកម្ម។ សូមអរគុណ។

រាជធានីភ្នំពេញ ថ្ងៃទី ៣០ ខែវិច្ឆិកា ឆ្នាំ២០១៦

ហ៊ុន សែន

序文　アンコール・ワットの修復とクメール民族の誇り

——内戦終結時の五課題を四三年かけて達成

石澤良昭

フン・セン首相閣下に初めてお会いしたのは一九八三年三月でした。閣下は一九七九年に誕生したヘン・サムリン政権の外務大臣に弱冠二八歳の若さで就任されたのでした。当時の同政権はベトナム・ソ連・東欧諸国側から支援され、ベトナムの「傀儡」政権と言われておりました。閣下は同政権に対する国際的な認知を求め、さらに友好国からの援助増加をお願いするため、東奔西走の外交活動の日常でありました。一九七八年末から一九七九年の初めにかけてカンボジアでは、ポル・ポト政権が崩壊し、同政権はタイ国境に移りゲリラ活動を開始し、国内には反ベトナム・反共で共和制を目指すソン・サン（元国立銀行総裁）派、および反ベトナム・反共で旧王制派のシハヌーク派が拠点を構え、四派による内戦が始まりました。カンボジア領の八割を支配地域としていたヘン・サムリン政権は一九七九年二月にベトナムと平和友好条約を結び、ベトナム軍二〇万人のカンボジア駐留を合法化していました。

写真1　フン・セン首相（右）との面談時の筆者（左）。1989年3月28日（写真提供：カンボジア情報省）

閣下との初会見はプノンペンの閣僚評議会でした。今でもよく覚えています。閣下の口から最初に「アンコール・ワットは大丈夫か?」と質問されました。

私は一九八〇年八月にまだ戦塵のくすぶるカンボジア現地をテレビ取材チームと共に訪れ、西側の専門家として初めてアンコール遺跡の破壊状況を調査しました（公式報告書『埋もれた文明アンコール遺跡』日本テレビ、一九八一年）。私にとってカンボジアは一三年振りの調査でした。遺跡群へ通じる道路は、早朝ヘン・サムリン軍の装甲車が地雷確認のため試走し、安全が確保されていました。遺跡内での戦闘行為はなかったので、銃弾による破壊はありませんでした。開放勢力の遺跡の占拠は一九七〇年でした。保全活動の停止のため遺跡は密林内に埋もれ、スポアン（ガジュマル系）など大樹木が遺跡全体に覆いかぶさり、道路側から見えない状況でした。また雨季の雨水が遺跡内に溜まり、地盤が沈下し、塔門や屋根の倒壊がありました。さらにカビ（地衣類）が繁茂して、建材の砂岩石表面を蝕んでいました。私たち上智大学アンコール遺跡国際調査団はこうした遺跡の危機を知ってもらうため、一九八五年に「S・O・Sアンコール」のアピールを全世界に向けて発信しましたが、同政権が世界からベトナムの傀儡政権とみなされていたので、外国から援助はありませんでした。最初に調査と救済の手を差し伸べたのはこの上智大学の国際調査団でした。

私は、一九八〇年代に数回にわたり遺跡の破壊状況調査のため、カンボジアに入りました。ホーチミン市からプノンペンへ、そしてバッタンバンへ、それからシソフォンを通りシェムリアップまで三日間かけて車で移動し、約六一四キロを走破しました。道ばたや村の市場で、多くのカンボジア人農民に出会い、話しかけ、失意の村人、あきらめ顔の商店主たちに持参のお菓子・アメを振舞いました。

私は、民族の存亡をかけているカンボジアの人たちの窮状をこの眼で見ました。「飢餓」に直面している人たちにも出会いました。「子供がコメ粒をこぼしたりすると、母親は「ごはんは『金』」のように高価なものなんだから、ひろって食べなさい」としかります。いつもの常套句です。やせ衰え、やっと息をしている老婆を見て涙しました。こんなにかわいそうなカンボジア人たちを見たことがありません。私は町の市場で入れ歯の金歯をはずし、小さなはかりで売るところを見て、声をかけました。一チーは三・七五九グラム、五グラムで売買が成立。入れ歯を売却するほど困難に直面していたのでした。

一九六〇年代のカンボジアの平和な時代を知っている私にとってあまりのちがいに大きな衝撃をうけました。たくさんの孤児が物ごいに出ていました。「貧しい時に助けあうことがわれわれ国民の習性」とはいいながら、帰村するやせ細った多くの村人とその家族を見て、これは「地獄」の光景だと思いました。

悪名高きポル・ポト政権下の強制農場サハコーから解放されて出てくる村人たちがいました。炎天下、疲れた足どりで故郷の村へ戻る長い行列にも出会いました。国道五号線に沿って北から南へ自分の村に帰ろうとする人たち、またその逆の人たち、大勢の人たちが道路の脇を歩いていました。難民としてタイ国へ脱出していた集団が帰村するところにも出会いました。黒い服にクロマー（布切れ）を頭に載せた裸足の人たちが、身の回りの小物を手に持ち、家族と親戚だろうか、数人ずつが組になって歩く黒い小集団でありました。ある集団は、病人がいるらしく、道端の大樹の下の急ごしらえの日除けの下で休んでいました。私はカンボジアの人たちの悲しみと苦難の現場をこの眼で見てしまったのです。こんなに疲労困憊した縦列や悲惨で打ちひしがれてとぼとぼ歩く人たちを見たのは、初めてでありました。

カンボジアは、一九七〇年代から一九九〇年代にかけて冷戦構造の国際政治に翻弄されてきました。この混乱はどれもカンボジアの悲哀がにじみ出た出来事でもありました。これまでの歴史的、地政学的背景と固有の民族の論理からも説明できません。海に囲まれた私たち日本人には判らない感覚かもしれないのです。カンボジアの歴史ではいつも複数の政権が覇権を争ってきました。そして一つの政権にまとまり、また分裂し、分裂政権が外国勢力を担ぎ入れ勝利しようとするが、そのつけとして領土が割譲されてきました。その被害を被るのはいつも村人たちでありました。

本書は一九七九年から一〇年間のカンボジア現代史の証言集であり、ここに報告されている報告は、私も現場で見た本当の事実であり、ここにはにがい体験をしながら、生き延びてきた村人の皆さんや関係者、そしてフン・セン閣下しかわからない真実が書かれております。本書は日本人としてカンボジアの現場で体験し、現場で見た事実と合致しております。当時のカンボジアの窮状を綴った一つの『民族年代記』であり、本書の報告はすべて事実であることを、私はここに証言いたします。私たち上智大学の教職員・学生・関係者はカンボジア難民の悲劇を黙って見ていることができませんでした。そして一九七九年に難民救済の募金活動を新宿駅頭で始めました。一九八〇年からは難民救済の現場に出かけ遺跡救済活動を始めました。

そして、カンボジアは一九九三年に再び王国として再出発することになりました。国家再建に向けてゼロからの国造りがはじまったのであります。その時点でカンボジアは五つの課題に直面していました。第一は戦争（内戦）の傷痕からの復興、第二は国際社会への復帰、第三は脱社会主義化と市場経済への移行、第四は民族和解と文化アイデンティティの再構築、第五は貧困からの脱却でありました。私たちは、このカンボジアにおいて、難民救済からは人間の原点とは何かを学び、遺跡救済からはクメール民族の誇りを学びました。

フン・セン閣下は首相に就任し、民族の和解を掲げ四三年間にわたり、これら五課題に取り組み、順次難問を解決し、現在の政治の安定と経済発展を実現しました。今日ではGDP七・三％という経済成長率への回復（コロナ禍前）と同時に、何よりも平和を創り出してくれました。例えば、アンコール・ワットを建立したスーリヤヴァルマン二世はやはり三七年かけて大伽藍アンコール・ワットを完成し、偉業を成し遂げました。フン・セン閣下が成し遂げつつあります社会の安定、経済発展、伝統文化と仏教の復興は、なかなかの偉業であると国際社会から高く評価されております。

（上智大学アジア人材養成研究センター所長）

目次

装丁＝オーバードライブ・前田幸江

●カンボジアの10年の歩み——一九七九〜一九八九年

写真２　フン・セン首相
（出典：2007 年 6 月 14 日付毎日新聞）

凡例

翻訳にあたり、読者の便宜のため、本書は原著にない以下の項目を追加した。

・カンボジア地図
・写真
・人物・用語解説（巻末三二八頁参照）なお、本文の初出時に、該当する登場人物、用語に*印を付した。
・訳注　短いものは本文中に〔〕で示し、長いものは番号を振り、章ごとに示した。

序言

私がこの本を著したのは、過去一〇年間に起こった出来事、今後起こりうる状況の変化に関する予測、残された政治問題の解決や経済社会開発に関する考えを記録するためである。

この本は、政治理論の教育を目的とするものでもなければ、党や政府の全般的な立場を記したものでもないが、読者、特に次の若い世代の同胞たちの理解の一助になりうるものと信じている。

私は、この本を、国家と国民のために犠牲になった全ての人々の英霊に対し、またポル・ポト虐殺政権の下で非常に痛ましい死を遂げた全ての人々に対し、更に、過去一〇年間，国家建設と祖国防衛に参画された全ての人々の業績に対して捧げる。

この本の執筆は、カンボジア国内の情勢及びカンボジアを取り巻く国際情勢が急速かつ複雑に進展する時期の中で、業務を遂行し、ジャカルタで和平交渉をし、また敵対するカンボジア各派との交渉もするという時間的制約の下で行った。このため、本書の内容をこれ以上包括的にすることはできなかった。読者の寛大なご理解をお願いしたい。

ラオス
タイ
オッドーミエンチェイ州
バンティアイミエンチェイ州
プレアビヒア州
ストゥントレン州
ラタナキリ州
シェムリアエップ州
バイリン州
バッタンバン州
コンポントム州
クラチエ州
モンドルキリ州
ポーサット州
コンポン
チュナン州
コンポン
チャム州
トゥボーンクモム州
ベトナム
コンポンスプー州
プレイ
ベーン州
コッコン州
プノンペン都
カンダル
州
スヴァイリエン州
タケオ州
カンポット州
シハヌークビル州
ケップ州
0
150km

図1　カンボジア地図

第一章　軍事・政治情勢の進展

一　カンボジア問題発生の原因とポル・ポト政権の崩壊

カンボジアが平和から戦争へと突入した過去の歴史を振り返りたい。米国帝国主義のベトナム侵略戦争は、一九六九年三月一八日、「朝食」という暗号名で呼ばれた空爆によりカンボジアに拡大した。グアム島の米軍基地を出発しベトナムに向かったB52戦闘機が、飛行中にカンボジア爆撃指令を受け、この国に三六三〇発の爆弾を投下したのである。これは、ベトナム戦争の泥沼から逃れるためのニクソン米国大統領の策略であった。カンボジアは全面的な戦争に陥ったわけではなかったが、自身の身を守るすべのないカンボジア国民の苦しみは増大した。米国の長期にわたるベトナム侵略戦争によって国境地帯の国民の不安定な平和は失われ、国土全体の平和と独立も深刻な脅威に晒された。

一九七〇年三月一八日、プノンペンの米国ＣＩＡ職員は、ロン・ノル*（以下、＊印を付した人物・用語については巻末の人物・用語解説を参照）を後押しして、シハヌーク殿下（ノロドム・シハヌーク*）に対するクーデターを起こさせた。これが戦争の始まりであり、カンボジアの平和的発展と中立の時代の終わりでもあった。

ロン・ノルによる権力奪取のクーデターが起こる一二か月前から始まった爆撃と、ロン・ノルの権力奪取によっても、米国の南ベトナム侵略の状況は悪化の一途を辿り、これを食い止めることはできなかった。このため、ホワイトハウスは、カンボジアへの大規模な軍事侵攻を決定し、ニクソン大統領は一九七〇年四月三〇日にこの決定を米国内のテレビで発表したが、その際、同大統領はカンボジア侵攻を「ベトナムにおける米軍兵士を守るために必要な介入」と呼んだ。つまりその意味するところは、米国は一つの国を既に侵略していたが、自国が侵略した最初の国にいる米国の兵士を支援するために、二番目の国への侵略が必要となった、ということである。米国が大規模かつ公然とカンボジア侵略を決定する前、一九六九年三月一八日という時点から、米国はカンボジアに一〇万四〇〇〇トンの爆弾を投下しており、この宣戦布告のない残虐な戦争により数万人の民間人が犠牲になった。

一九七〇年三月一八日のクーデター発生後、また米国が自国の軍隊及び南ベトナムの軍隊をカンボジアに投入した後、情勢は全国で激変し、全土が戦禍に巻き込まれ、国民の生命や財産などが破壊の危機に直面した。その後米国は歩兵部隊を撤退させたが、空爆を続行し、一九七三年八月にようやく終了した。しかし、ロン・ノル政権への軍事援助の供与は続け、（一九七五年四月）同政権が完全に倒れるまで戦争は継続した（写真3）。

この五年以上の残虐な戦争において、米国の軍事介入と親米の裏切り者のために、六〇万人以上の国民が亡くなり、経済的・文化的建造物、民家、家畜、水田、森林、ゴム園、工場、企業など多数が粉々に破壊され、その上、化学兵器までも使用して破壊された。我々の情報によれば、米国はカンボジアに五〇万発以上の爆弾（国民一五人当たり一発に相当する）、及びナパーム弾数千トンを投下した。

米帝国のカンボジア侵略を受けて、カンボジア国民は国家解放に立ち上がることを余儀なくされ、その抵抗活動は徐々に拡大していった。解放された地帯は広大になり、一九七五年はじめまでには、解放運動側は国土の九〇パーセント以上を支配下に置いたのに対し、ロン・ノル政権側は大都市を支配していたに過ぎなかった。

写真3　プノンペン市内の目抜き通りを走る装甲車（出典：1973年3月31日付朝日新聞社聞蔵Ⅱビジュアル）

カンボジア国民の抵抗活動は、米帝国の侵略に対して、インドシナ諸国民が力を出しあった抵抗活動の一翼を担っていた。米国にベトナム及びラオス両国民の抵抗活動が勝利したことは、一九七五年四月一七日に、カンボジアの民族解放勢力がロン・ノル親米政権を打倒して、勝利する際に、重要な後押しとなった。

ロン・ノルのクーデター及び米国の侵略は、カンボジアを平和から戦争へと移行させた第一の要因であった。カンボジアという国家は、精神面や社会心理面も含めて深刻に分断された。一九七五年四月一七日にロン・ノル政権が崩壊した際、カンボジアの国民一人一人は、独立と平和を享受し、国家建設のために国民が再び和解できると期待した。米国の侵略と支配へのカンボジア国民の抵抗を支持した世界の多くの国々は、この輝かしい勝利をこぞって祝福した。しかし、これに代わったポル・ポト*新政権の成立後数時間もたたないうちに、以前にも増して深刻な破壊が始まった。戦争は、公然たる戦争から外国に対して閉ざされた戦争に変わり、また、カンボジアを支配し、殺戮しようとする外国の侵略から、カンボジア国民そのものを殺戮する戦争に移行した。今回は、これまでのB52から落とされる爆弾、ナパーム弾や迫撃砲による戦争ではなく、斧、包丁、鍬、銃剣、銃、食糧の供給停止による拷問など、数百種類の異なる方法で人々を殺す戦争であった。今回は、かつての政治的敵対者のみではなく、貧困で素朴な国民、公務員やかつて共に戦った兵士、更には親しい友人や政府高官までもが殺されたり、拷問されたりした。今回は、単に成人に対する危険であっただけではなく、まだ分別さえつかない幼い子供にまで及ぶ子孫存続の危機であり、更には学校、病院、寺院、都市、市場、銀行なども破壊された。このため、我々にはなすべき術もなく、死を待つだけという状態であった。ポル・ポト派は、社会主義革命を継続し、カンボジアに社会主義を建設するという理論を進めた結果、カンボジア国民を民族虐殺の谷に突き落とした。ポル・ポト派は、全ての分野で全面的かつ断固たる革命を行った。彼らは、行き過ぎと自覚はしていたが、非常に野蛮な行為をした。

たった三年八か月と二〇日の間に三三一万四七六八人が殺され、社会基盤及び財産が完全に破壊された。これは人類史上かつてない極めて残虐な内戦である。

ポル・ポト一味の民主カンプチア政権の対外政策は、国内の虐殺政策と並行して、多くの国との外交関係の断絶や外交官及び国際機関職員のプノンペンからの追放に示されるとおり、世界との扉を閉ざす政策であった。また、近隣国との緊張状態を作り出した。例えば、タイへの侵略であり、またラオスへの侵略である。最も深刻だったのは、ベトナム社会主義共和国の南部諸州への侵略である。その中でポル・ポト派は、二三個師団あるうちの一九個師団をカンボジア・ベトナム国境沿いに集結させ、住民や牛・水牛を殺し、家屋に火を放ち、多くの村落の財産や作物を破壊した。

ポル・ポト派の非常に愚かな国内・対外政策が、この吸血政権を早期に崩壊させた原因となった。ポル・ポト派の虐殺政策のために、国民は抵抗運動に立ち上がることとなったが、これは避けられないものであった。ポル・ポト派の残虐行為が始まったのは、一九七五年四月一七日以後のことではなく、国家が解放される前から始まっていたが、ただその頃は一部の地域で隠密裡に行われていただけであった。特に、ポル・ポト派により解放され、ロン・ノル派の支配が終わった場所では、ロン・ノル派と解放地域との間で対峙することがなくなったので、彼らはもはや国民に合わせた方針も敵に対抗するための勢力結集も必要ではなくなった。従って、ポル・ポト派は、彼ら自身の考えによる民主主義路線ないしは社会主義革命の実施が可能となった。国民、公務員や兵士に対する粛清が始まり、生産活動の公社化も一部の地域で行われ、更に労働や食事を共にする共同生活に進んだ場所もあった。

この状況の中で、一九七五年以前から我々国民及び愛国者の反ポル・ポト派抵抗運動が始まり、一九七五年以後は異なる場所で別々にではあったものの、この抵抗運動は少しずつ拡大した。一九七八年五月のポル・ポト派による東部諸州弾圧は残虐を極め、大規模であからさまなものであったので、同地域全体の国民、公務員や兵士が立ち上がり、ポル・ポト派に対する抵抗運動は急速に拡大し、一九七八年一二月二日にはカンボジア救国連帯戦線*が結成された。これにより、早期に祖国解放のための攻撃を実施する条件が整った。

国家解放を目的とした当時の革命運動の兵力の状況について触れておきたい。既に述べたとおり、愛国者による兵力は、場所的にも時期的にも別々に結成され、カンボジア救国連帯戦線へと合流した。カンボジア救国連帯戦線設立前には、我々の軍事力は全国で約三〇個大隊の規模で、その多くは東部、東北部及びコッコン州にあった。この数字を見るとそれなりに多数の軍隊と言えるが、二三個師団を擁するポル・ポト派軍隊と比較すると少数であり、米帝国に対する抵抗に比べれば、この抵抗闘争は多くの困難な条件の下にあった。ポル・ポト政権下では貨幣は使用されず、国民は労働や食事を共にする集団生活のために集合居住区に住まわされていたので、我々は、国内に深く潜んで抵抗運動を進める上で兵力増強に必要な食糧調達などの困難に直面した。このように兵力を比較する時、我々は、国の解放のために兵力が強化されるまで待つべきか、それともすぐに解放に移るべきかとの課題に直面した。当時は、兵力が不足していたので、我々の間には、北東部地域及び東部地域を奪取することに力を注ぎ、それを足がかりとしてプノンペン及び他の地域を解放する戦いを続けるために兵力を構築すべきであると考えていた。しかし、我々国家と国民にとって、ポル・ポト政権下の状況は、病気にたとえれば、直ちに治療が必要な状況であり、待ったり先延ばしにしたりはできない状態であったので、直ちに国家と国民を解放しなければならなかった。

当時ポル・ポト派は勢力も多く、中国から多大の援助を受け、中国と米国の共謀も最高レベルに達していた。そのようなポル・ポト派軍と比較すれば、我々の勢力は不十分であり、そうした状況下でどのように国家を解放すべきであっただろうか。その上、カーター米国大統領をはじめ一部の西側諸国がポル・ポト派をカンボジアで人権侵害を行ったと非難していたにも拘わらず、西側諸国及びアセアン*諸国の中でカンボジア国民の悲惨な状況に関心を持つ国はなかった。一方、タイはカンボジアと国境を接し、かつてポル・ポト派に攻められたことがある国であり、更にポル・ポト派がカンボジア領内で政権を握っていた際にタイ政府に対抗するための兵力育成キャンプを有していたにも拘わらず、ポル・ポト政権の最終段階では、タイは、ポル・ポト派がベトナム及びカンボジア国民の抵抗勢力と戦争を行う際に、ポル・ポト派に戦場の後方支援地帯を提供していた。中国は、まるで自らの配下にある民主カンプチア政権の崩壊を事前に知っていたかのように、カンボジア・タイ間の紛争解決のために外交活動を活発化させた。例えば、一九七八年一一月五日に鄧小平中華人民共和国副首相はカンボジア・タイ間の紛争解決に重点を置いてタイ指導者と交渉するためにタイを訪問した。鄧小平は、タイ指導者に対し、ポル・ポト派軍がこれ以上タイ国境地帯を攻撃することはないことを保証した。それと引き換えに、中国はポル・ポト派軍に補給物資を供給するためのタイ領土の使用許可を得た。その数か月前の一九七八年七月一四日、イエン・サリ*民主カンプチア政権副首相兼外務大臣は、タイに行き、タイ指導者に対してこれまで民主カンプチア政権が引き起こしてきた軍事的挑発行為を終わらせると約束した。

ポル・ポト派は、このように中国の支援を得ていたため、タイを味方に引き寄せ自身の戦場の後方支援の地とした。これにより、ポル・ポト派は一層増長して、カンボジア国民に対して強硬手段をとったり、ベトナムを侵略したりした。ポル・ポト派は、国民の反乱や国際世論からの非難をそらそうとして、著名な要人やインテリを集めて入閣させ、以前のシハヌーク政権のような形の政府とすることで民主カンプチア政府の外見を取り繕おうとしたが、あまりにも早く政権が崩壊したため、この計画は実施できなかった。更に、中国及びポル・ポト派は、民主カンプチア政権の存亡の機に当たって国際世論に訴えようとして、いわゆる「ベトナムのカンボジア侵攻」を取り上げて、非常に活発に外交活動を行った。

当時の国内外の政治情勢にかんがみれば、我々にはベトナム社会主義共和国からの善意の支援を求める以外に方法はなかった。当時ラオスや社会主義諸国から援助はあったが、本格的な支援ができる国はベトナムしかなかった。タイは、かつてポル・ポト派に対抗する目的を持った多くのクメール・セレイ（自由クメール）の一派を支援してきたにも拘わらず、カンボジア国民の悲惨な状況には無関心であった。それのみならず、ポル・ポト派の虐殺政策を支持し、民主カンプチア政権の後方支援基地にすらなった。ベトナム社会主義共和国は、カンボジア国民からの要請に応えて、戦場に新しい兵力バランスを作りだし、愛国者達の力強い後ろ盾となり、その兵力を急速に拡大させ、攻撃に踏み切らせることを可能にした。

ポル・ポト派の民主カンプチア政権による国内及び国外の反動的政策は、ポル・ポト政権の終焉をもたらした二つの要素であり、両者は相互に関連していた。民主カンプチア政権は、国内ではカンボジア国民の弾圧と殺戮を一層激しく行う一方で、同時に国外では二三個師団のうちの一九個師団を集結させてベトナム南部諸州の国境地帯へ侵攻したが、特に一九七八年一二月の攻撃は激しいものであった。こうして民主カンプチア政権を終焉させるための機が熟し、カンボジア国民が革命を行う好機は、カンボジア救国連帯戦線の樹立と共に訪れた。我々の新しい戦線を取り巻く国際的条件は決して好ましいものではなかったが、国内的条件は、国民がポル・ポト政権を打倒する反乱を起こすためには好ましいものであった。最も重要な要因は、ポル・ポト派が国民からの政治的支持を失ったことだった。国民は、このポル・ポト政権に激しい怒りを抱いており、ポル・ポト派の軍事力がベトナム軍の、特に一九七八年一二月二二日の攻撃などによって深刻な打撃を受ける中で、革命勢力は拡大していった。

ベトナム軍がポル・ポト派の精鋭部隊や他の師団組織のほとんどを破壊したために、勢力バランスはカンボジア革命側にますます有利となり、軍事情勢は当初の想定よりも早く進展した。カンボジア救国連帯戦線からの呼びかけに応えて、たった数日の間に国民の反乱は全国に広がった。ベトナム義勇軍の援助及び全国から多くの国民の参加を得た革命軍は、東部諸州を素速く攻撃し解放したが、そうした諸州の中には、一九七八年の雨季に解放されていた郡も含まれていた。その後、一九七九年一月七日にはプノンペンの解放を目指し、更に西部諸州を次々と解放し、ポル・ポト派をタイ及びカンボジア西部のジャングルに追いやった。

ポル・ポト派の自殺行為ともいうべき政策は、情勢の進展を早めることになり、耿飈（こうひょう）中国共産党政治局委員さえも「プノンペンは、想定よりも七か月早く失われた」と認めていた。従って、中国もポル・ポト派も、何も準備を整えることができず、ポル・ポト派の民主カンプチア政府の外面を糊塗する計画さえも間に合わなかった。しかし、幸運にもポル・ポト派は、事前にタイを戦場の後方支援地とすることができていたので、カンボジアから国境を越えてタイに逃れた中国人顧問などを含めていくらかの戦力を保持することができ、更にシハヌーク殿下及び一部要人を避難させ、今日に至るまで我々新政府に対抗している新勢力の樹立には間に合わせた。

ポル・ポト派の崩壊は、客観的な法則に従ったものであり、あらゆる不正義な社会において起こるべくして起こったことである。これは、米国のインドシナ半島への侵略戦争の一環として行われた、米国の攻撃及び侵略行為によってもたらされたシハヌーク政権の崩壊のような外国の侵略による倒壊ではない。ポル・ポト政権の崩壊は、同政権の内部抗争から生じたものである。もしカンボジア国民への虐殺や抑圧行為がなかったなら、カンボジア国民の蜂起も起きなかったであろう。また、カンボジア国民の抵抗勢力がなければ、ベトナムの支援にも結びつかなかったであろう。ベトナムは、もし支援を求めるカンボジア国民の抵抗運動がなければ、支援にやって来ることもできなかったであろう。こうした問題は世界でも数多く起こっている。例えば、ウガンダはイディ・アミン政権を打倒するためにタンザニアの支援が必要だった。

カンボジア問題発生の原因は、ポル・ポトの民族虐殺政策であり、これがポル・ポト政権の早期崩壊をもたらした原因である。カンボジア問題は、国内の問題から起こり、その後国内的側面に結びつく形で国際的側面の問題が発生したのであるが、国内的側面が問題全体の根幹である。また、ポル・ポト派がどの国の影響下にあったかは、以前から分かっていた事実である。中国は、ポル・ポト派がカンボジアで虐殺政策を実施し、また近隣国と戦争を行う上で、同派を支援するなど重要な役割を果たした。また、中国の対カンボジア政策の多くの点については、一九八四年四月にカンボジア人民共和国外務省が*発行した、「中国権力者のカンボジアに対する犯罪」と題する白書に記載してある。

一九七九年一月七日のポル・ポト政権に対する勝利においては、国内兵力とベトナム義勇軍からの支援の両方が必要だった。また、ベトナムがポル・ポト派粉砕において重要な役割を果たしたのに対し、カンボジア革命軍側の役割は限定的だったものの、カンボジア革命は革命の法則に則って正しく進められた。要するに、どの国の革命であれ、その国の国民が実施しなければならず、それ以外の国がとって代わることはできない。外国の支援については、国内からの要請に基づくものであって、そうでなければ侵略による政府打倒になってしまう。カンボジアの革命もこの法則に則って進んだのである。国内に革命闘争運動が起こり、その後ベトナムによる支援に繋がったのであり、この支援はカンボジア国民の要請に応えたものであった。

一九七九年一月七日の勝利はカンボジア史の一つの節目であり、それによって死を免れた数百万の国民は生き返り、カンボジア人民共和国政権の下で新たな人生を建て直せるようになった。と同時に、民主カンプチア政権の崩壊は、東南アジア、特に近隣諸国の平和と安定に絶えず緊張をもたらしていた火種を消すものでもあった。カンボジア、ベトナム及びラオスの国民は、長年にわたる戦争の後、国家建設のために、ポル・ポト政権時代に失われた友好の絆を復興させ、隣国として良好な関係の中で生きていくことができるようになった。カンボジア国民のポル・ポト虐殺政権に対する勝利を、世界中の多くの人々が正義と人道の勝利と受け止めて喜んだ。

しかし、いわゆる民主カンプチア政権というものの崩壊とカンボジアの国土に平和と正義を愛する国家の樹立は、一部の国、特にポル・ポト派の後見人である中国及び米国にとっては満足すべきものではなかった。中でも米国は、失意のうちにインドシナから撤退したが、ベトナムへの復讐を狙い、また東南アジアでの影響力を増大させようとしており、更にソ連及び社会主義に対抗するゲームに中国を引き入れようと活発に動いていた。これら全てが、いわゆる「カンボジア問題」という点で両大国の利害が一致するところとなり、両者とも自らの同盟国をカンボジア人民共和国に対抗する戦略に引き込もうと躍起になっていた。従って、カンボジアは解放されたものの、この過去一〇年間の戦争はいまだ終わっておらず、我々はこの状況を「戦争と平和の並存段階」と呼んでいた。

一九七九年一月七日にカンボジアの国土及び国民は、ポル・ポト虐殺政権から解放されたが、周知の通り、ポル・ポト派は数え切れないほどの負の遺産以外には何も残さなかったので、これらの負の遺産を国民及び新政権は解決しなければならなかった。国土は早期に解放されたものの、混乱状態にあった。反動政権は崩壊したものの、新政権は誕生したばかりでいまだ体制は整っておらず、公務員の数も不十分であった。また同時に、数百万の国民は食糧不足の危機にさらされ、家族を求めて国中を移動し、あるいは生まれ故郷へ戻って行かなければならなかった。カンボジア革命側の兵力はいまだ小規模で、しかも様々な困難を乗り越えようとする国民を支援しなければならなかった。その中で、ポル・ポト派は敗北したものの、依然として政権奪還を目論んでいた。当時は、我々は兵力を各州に一または二個大隊を割り当てなければならなかった。首都プノンペンだけにはおよそ一個旅団規模の兵力を置いた。こうした状況下にあったため、ファン・バン・ドン首相率いるベトナム社会主義共和国及び党の代表団が公式親善訪問をした際の一九七九年二月一八日に署名されたカンボジア・ベトナム平和・友好・協力条約に基づいて、カンボジアの党及び国家は、ベトナム義勇軍の駐留継続を要請しなければならなかった。ベトナム軍のカンボジア駐留を希望する重要な目的は、ポル・ポト派の再来による権力奪取を防ぎ、全ての反動勢力の脅威から国民の安全を守ることであった。

カンボジアとベトナムの兵力を組み合わせることで、これからの任務を開始するための前提となる安定をもたらすことができた。

二　かつてポル・ポト派と対峙した勢力が翻って合同する

カンボジア問題の発生当初は、カンボジア国内でも、またこの問題を巡る国際社会の動きも複雑であった。国外では、カンボジア問題を巡って諸国間の策謀が活発に行われていた。中国は、米国と共謀して、インドシナ諸国及びソ連に対抗する戦略に西側諸国やアセアン諸国を引き入れるため、また自国の四つの現代化[1]のために米国や西側諸国の資本と技術を引き出す上でも、ポル・ポト派という好カードを握っていた。米国も、カンボジア問題を利用して、ソ連に対抗するために中国を引き込み、ベトナムに復讐し、また東南アジアにおける自国の影響力を増大しようとした。両国の長期戦略は異なっているにも拘らず、両大国の目標は唯一つに絞られ、この問題を通じて両国は互いに接近した。両大国は、この共通の目標から出発して、カンボジア人民共和国及びベトナムに対抗する戦線を形成しようと同盟国への働きかけを開始した。

ポル・ポト派の民主カンプチア政権が崩壊するのに先立ち、中国は同政権の敗北に備えてタイを引き込んでポル・ポト派の後方基地とした。中国は、自らの手下のポル・ポト政権の崩壊直後に、ポル・ポト派の残存兵力を救済して戦争を継続するために、当時の耿飈中国共産党中央委員会軍事委員会書記兼国防大臣及び韓念龍外務副大臣をバンコクに派遣した。一九七九年一月一三日のタイ首相との秘密会談で、耿飈は、タイに対してポル・ポト派の残存兵力に庇護を与え、中国がポル・ポト派への武器輸送に際してタイ領を通過できるよう、またタイがアセアン各国を説得してカンボジア新政権を承認しないよう求めた。同時に、ポル・ポト派残存兵力への補給のためのタイ領の使用に関する合意も成立した。タイがポル・ポト派を支援することと引き換えに、中国は、タイ側が求めた、中国と緊密な関係にあり、反タイ政府活動を行っていた共産主義勢力への援助の停止に同意した。これにより、数年後に毛沢東主義の共産主義勢力は壊滅された。中国は、タイ以外の他のアセアン諸国をカンボジアとベトナムに対抗する戦線に引き込もうと活発に動いた。一九七八年一一月にタイを訪問した鄧小平は、かつて中国の干渉を懸念していたアセアン諸国を安心させ、中国との共通の立場に立たせるため、タイ及びアセアン諸国に対し、中国と共に世界及び地域の覇権主義に対抗するよう呼びかけた。また、鄧小平は中国が「アセアン諸国の内政に干渉しない」という約束を明言した。その戦略を観察してみると、中国はインドシナ諸国に対峙する上で米国とは異なる戦略を用いた。まず、米国がインドシナを侵略した際には、米国はアセアン諸国に自国を支持させようとし、米国が先頭に立ちアセアン諸国が後に続いた。今回、中国はインドシナ諸国との戦争において重要な役割を果たしたが、アセアン諸国を前面に立てて中国自らは後方にいた。特に、重要な点は、タイをカンボジア・ベトナム・ラオスとの戦いの前線に立たせたことであったが、タイはアセアンの加盟国であったので、他のアセアン加盟国をもインドシナ諸国との戦いに引き込むことができたのである。この問題で、中国はインドシナ諸国との戦争を行うという点でも、またアセアンとの関係を引き寄せるという点でも、大きな利益を得た。また、中国はカンボジア問題に関する外交活動のほとんど全てに関して、アセアン提起の国連決議も含めて、アセアンを前面に立たせ

るという意味で、成功を収めた。(2)

タイでは、ポル・ポト派残存兵力への避難場所が準備され、これらの兵力への武器、弾薬及び食糧を輸送するための準備が活発に進められた。同時に、タイは一九七五年にロン・ノル政権が崩壊して以来、国境警備のために支援し利用してきた武装勢力のクメール・セレイの多くの派の方針転換に向け、働きかけを始めた。

クメール・セレイとは、一九五〇年代から存在する極右の武装集団が使用してきた総称である。この集団は、シハヌーク殿下が一九五四〜一九七〇年の間に権力の座にあった際に非常な難題を引き起こし、カンボジア王国に反抗した。カンボジアでどの政権が権力を握っても、この集団は反政府活動を行った。ロン・ノル政権が崩壊した後、ポル・ポト派の手から逃れた同政権の残存兵が、タイやその他の外国からの支援を得て、クメール・セレイ兵力に合流し、クメール・セレイの兵力は強化された。一九七五年から一九七八年末にかけてタイは、ポル・ポト派の民主カンプチア政権から国境地帯を守るためにこの兵力を利用してきたが、一九七九年以降、タイはポル・ポト派を合法政権と認め、一九七五年から一九七九年までどの政権に対抗するためにクメール・セレイを援助してきたかについては言及せず沈黙を守った。従って、一九七五年から一九七九年末にかけて、クメール・セレイはポル・ポト派に対抗する目的を有していたが、カンボジアに新政権ができたために、タイはクメール・セレイの目的を変更させて新政権に対抗させようとし、更にその後ポル・ポト派を含む連合政権の枠組みの中で仇敵同士のカンボジア人に同盟を組ませた。判明しているところでは、かつてパイリン市で宝石商を営んでいたイア・グオン率いる武装集団クメール・セレイの一派は、ポル・ポト派が崩壊すると武器を置いたが、タイ軍部はこの一派に武器を与えてカンボジア国民を攻撃するよう仕向けるために、司令官クラス三〇人を殺害するという残忍な行為をした。最終的にタイは、ソン・サン*が出て来るまでの間、プロム・ビートという人物にクメール・セレイの兵力を管理させた。これに対して、イア・グオンは、自身が武器を取ってカンボジア国民を攻撃しようとしなかったことから、タイの復讐を恐れてスリランカへ逃げた。

ポル・ポト政権下では、クレール・セレイは軍事的政治的に大きな力とはなり得なかった。タイは、この兵力を（ポル・ポト政権からの攻撃に対する）二義的な防衛手段としてしか用いておらず、このため、この兵力は政治的軍事的に明確な指揮命令系統を有さず、多くのグループが外国からの援助や強盗行為、密輸等によって生活を維持していた。ポル・ポト政権残存兵が強制的にカンボジア国民をタイ領に連行していた際、クメール・セレイは、タイ・中国・米国の戦略に沿う形で政策変更をしたことにより、長年に亘り隠密裡に生きてきたが、ようやく同派へ入隊する人々を選抜できるようになり、国際社会からの援助を得て、公に存在を示すようになった。一九七九年一〇月、クメール・セレイの五グループが集まってカンボジア民族解放戦線*を樹立した。同戦線の指導者は、カンボジア王国時代の首相でその後フランスに逃れていたソン・サンであった。

また、ソン・サン派に合流しないグループの一団もあり、彼らはムリナカ（カンボジア国民解放運動）という組織を結成した。この運動は一九七九年に創設され、その指導者はロン・ノル政権の軍幹部を務めていたコン・シロアであった（コン・シロアは一九八一年夏に毒殺された）。その後、ロン・ノルのクメール共和国において首相を務めたイン・タム*がこの運動を指導したが、同運動は一九八一年にシハヌーク殿下が創設し指導していた「独立、中立、平和及び協力のカンボジアのための国民統一戦線（フンシンペック)*」の下に合流した。ムリナカ武装兵力は、その後イン・タムの指揮下でシハヌーク派の軍隊となったが、イン・タムが一九八五年一月に指導者の地位から辞任した後、ティエプ・バエン将軍が指導者となった。また、ティエプ・バエンが解任されると、シハヌーク殿下の息子ノロドム・ラナリット*が後任となった。

このようにタイでは、ポル・ポト派の残党以外にも、クメール・セレイ武装兵力の多くのグループが方針転換させられ、最終的にはポル・ポト派のクメール・ルージュ*と合同でカンボジア国民に対峙させるために二つの派閥が結成された。

カンボジア及び東南アジアにおける同盟構築に向けた取組み以外にも、カンボジア及びベトナムに対峙するための運動を支持するために、幅広く様々な場所で働きかけが行われたが、その中でも国連での勢力結集の動きが重要である。シハヌーク殿下はポル・ポト派により同殿下の子供五人及び孫一五人が殺害されるとの卑劣な行為による苦しみを味わっていたためポル・ポト派の民主カンプチア政権には極めて厳しい態度を取っていたが、それにも拘らず一九七九年一月、ポル・ポト派はシハヌーク殿下を北京に向かわせ、その後早急にニューヨークに赴かせた。これは、同殿下に国連安全保障理事会において民主カンプチア政権最高代表の役割を果たさせ、「ポル・ポト派への対抗勢力」及びベトナムを非難させるためであった。

ポル・ポト派は、以前は封建主義を非難し、シハヌーク殿下を非難し侮辱していたが、今日では、手のひらを返したようにそのシハヌーク殿下を自らの代表としている。米国及び一部の西側諸国は、以前は民主カンプチア政権を非難していたが、今日では、ベトナムのカンボジア侵攻に反対して、国際法の

写真4　1979年2月、中ソ国境紛争の激戦のランソン省で荷物を担ぎ、子供の手を引いて避難する婦人（出典：1979年2月24日付朝日新聞社聞蔵Ⅱビジュアル）

原則である民族自決権を尊重するという名目で民主カンプチア政権を支持し、守ることに躍起になっている。またこれら諸国は、民主カンプチア政権の残党が政治的に崩壊することを防ぎ、プノンペンに成立した新政権が国際的に承認されることを阻止するために、国連及び様々な国際機関でポル・ポト政権の代表権が確保されるように努めた。米国の一部の同盟国は、ベトナムをカンボジアから撤退させるためにいわゆる「ベトナムに対する政治的・外交的圧力及び経済的包囲網」を発表し始めた。

ベトナム・中国国境では、中国は「ベトナムに対する一回目の教訓の実施」と称する措置を発表した。一九七九年二月一九日、中国は六〇万人の軍隊をベトナムとの国境沿い一〇〇〇キロの地帯に派遣してベトナムに侵攻し、ベトナム国民に流血の惨事を引き起こした（写真4）。

カンボジア問題に関して軍事的、政治的、外交的、経済的に様々な活動を行った国々は、それぞれ長期的な目的が異なっており、かつそれぞれ自らが優位に立とうと互いに利用しあっていたが、カンボジア人民共和国を崩壊させ、ベトナムを弱体化させて、カンボジア、ベトナム及びラオスの間の団結を破壊し、これら三国を支配しようとする目的では一致していた。また、ベトナムがカンボジアに侵攻したことに関しては、いわゆる「ベトナム侵攻による危機」を取り上げてカンボジア問題を国際問題化する戦術でも一致しており、更にこの問題を国連の場で解決するよう求めた。こうして、各国はカンボジア国民に圧迫を加えるために数え切れない方策を弄した。

カンボジア国内では、ポル・ポト政権崩壊後のまだ混乱した不安定な状況に乗じて、クメール人の反動分子が人民革命党政権[3]に対抗して多くの組織を立ち上げ、ついには一九七九年五月にハエム・クリスナーを首相とする政府がプノンペンに樹立されるという事態まで発生した。彼らは、革命政権側が、自分達を粉砕できないであろうと独りよがりに考えていた。一九七九年から一九八一年の間にてんでんばらばらに五〇近くの反動的政党が作られ、その大部分はタイ国内からの指令を受けていたが、これらの政党は全て、カンボジア国民が圧力を加えて次々と解散させたので、不運にも短命に終わった。そうした政党の中には、解散したが、頑固な人物が残って新たな政党を結成する場合もあった。しかし、それも解散させられ、最終的にこの政党幹部は法廷で裁きを受け、その後刑務所に入れられた。下位の者達は国民及び当局から教育的指導を受けたが、首謀者のうちで法の裁きを免れた者はタイへ逃げ、中にはシハヌーク派あるいはソン・サン派に合流する者もいた。

三　ポル・ポト派の三段階の戦略と一回目の抵抗

ポル・ポト政権が敗北した際、同派は散り散りになり、整然と退却したわけではなかった。村にいた同派の幹部・党員や旅団・師団のスパイ達は、その殆どがその場で解散させられた。方面や郡の幹部・党員の多くは、ポル・ポト派の戦列を離れて国民とともに暮らすようになったが、その一方でポル・ポト派とともに逃げる者もいた。これ以外ではポル・ポト派は国民を集めて、カンボジア西部に連行してタイ領に入った。多くの国民がポル・ポト派を逃れて戻ってきたが、その重要なきっかけとなったのは、一九七九年三月から一二月の間に革命軍とベトナム軍がポル・ポト派を攻撃したことであり、それにより国民は逃げる機会を得られた。中にはポル・ポト派を逃れて、タイから国境を越えてカンボジアに帰ってきた者もあった。一九七八年一二月にポル・ポト派がベトナムに攻め入った際にベトナム軍の反撃にあって深刻な敗北を喫し、また革命軍とベトナム軍の速攻によって部隊の一部はその場で散り散りになり、また別の部隊では、幹部や兵員が戦列を去って家族の所へ戻っていったため、指揮幹部のみが残ったこともあった。これら全ての軍隊の中で、西南方面書記の率いる西南方面軍のみが相当の勢力を維持することができた。これは、同方面軍が受けた攻撃が最小であったことと内部での粛清が少なかったことによる。東部及び東北方面軍については、革命軍からの激しい攻撃を受け、また戦場におけるポル・ポト派内部の粛清も深刻であった。また、東部方面軍の部隊の多くはポル・ポト政権への反乱に参加したため、かつて米国と戦った古参の部隊は残っていなかった。これに対し、この東部方面軍の師団は中央に送られたが、同方面での反乱発生後は、同師団も粛清を受けた。他の方面軍の殆どが、革命軍の攻撃と内部の粛清により、影響を受けた。中央軍の師団についても、ベトナム国境沿いの部隊の殆どが深刻な被害を受け、タイ国境沿いの一部の部隊だけがある程度兵力を保持できたが、その後一九七九年の乾季の終わりに行われたバッタンバン州のサムロート・タサニュにおける革命軍及びベトナム軍の攻勢によって打撃を受けた。

このように、ポル・ポト派の武装勢力は、分裂して散り散りになり指導部も逃げてしまったので、軍事力による権力争奪の企ては実施できなかった。そこでポル・ポト派は、行動様式と戦争形態を「切り崩して倒す」戦略に変更した。これは、カンボジア・タイ国境地帯であらゆる方法を用いて領土の一部を保持しつつ切り崩し、人民共和国側とポル・ポト派側とが対峙する二つの支配地域、二つの政府を作り出して戦略上の優位に立ち、カンボジアでこうした状況を恒常化させようというものである。

「切り崩して倒す」戦略の実施に当たり、ポル・ポト派はその戦闘活動を三段階に分けた。つまり、

第一段階：保持し防衛する段階
第二段階：衝突を繰り返す段階
第三段階：突撃する段階

である。「保持し防衛する段階の戦略」とは、特に、カンボジア・タイ国境地帯に残存する兵力及び後方支援拠点を保持し、同派が敗北した時点で散り散りになった兵力を再び集結させるべく努めることを意味した。この兵力保持の措置と同時に、ポル・ポト派は一九七九年六月にゲリラ戦を開始した。同派の理論によれば、まずポル・ポト派の支配地域を国土の二～五割に拡大し、ゲリラ侵入地域及びゲリラ拠点を三～四割に広げ、更にカンボジア人民共和国の支配地域を全てゲリラ侵入地域として、双方の兵力がほぼ拮抗した時点で「衝突を繰り返す段階」に移り、その後に権力奪取のため「突撃する段階」に移る、というものである。

また、ポル・ポト派は、国土の状況を次の三つに分けた。

（1）敵が支配する地域（ここで言う敵とは、カンボジア人民共和国及びベトナム軍を指す）
（2）ゲリラ侵入地域・ゲリラ拠点
（3）敵が暫定的に支配する地域

上記の三段階の戦略を実施するため、敵〔ポル・ポト派〕は結集した正規軍組織、武装作戦組織、及び村や革命政府指導部内に潜入する兵力からなる三部門の兵力を準備した。また、ポル・ポト派は、「二本足で歩く」との比喩を用いて二種類の兵力を準備した。第一は軍隊組織及び結集したゲリラ軍などからなる武装兵力であり、第二は住民の中に潜入して活動する兵力などからなる政治軍兵力である。ポル・ポト派は、住民の間及び国家権力内に潜入する兵力の構築に特に意を用いたが、これは彼らの初期の目的が、我々人民共和国の国家権力を、外面はカンボジア人民共和国のままとしつつも、内部はポル・ポト派の意向に従うという二重権力構造に変容させることを狙っていたからである。

ポル・ポト派の計画によれば、一九七九年の雨季に次のように組織を構築しなければならないとしている。即ち、各村には五万～六万人のゲリラ軍、全ての郡には少なくとも一個小隊規模のゲリラ軍及び各グループ一〇人からなるゲリラ軍グループ一〇〇組、各軍管区では小軍区で一万五〇〇〇～二万人の軍隊を、大軍区では二万五〇〇〇～三万五〇〇〇人の軍隊を構築する、というものである。

ポル・ポト派の計画を検討してみると、同派は、自派及び国民の中では割り算や引き算（で組織構築）を行っているにも拘わらず、計画では掛け算方式（の組織構築）を行っているようである。ポル・ポト派は、権力の座から逐われる前に、国民に対して行ったことを考慮に入れるのを忘れていた。国民がポル・ポト派を憎んでいるとすれば、国民を結集してゲリラ軍を結成したり、このように大規模に軍隊に入らせたりすることができるであろうか。こうした計画は、一ヘクタール当たり米を三トン生産するとか四トン生産するといったオンカー（「組織」の意。ポル・ポト政権指導部を指す）時代の計画と変わらないものである。こうした主観に基づく発想が、ポル・ポト派の思考様式として固定化していた。ポル・ポト派は、軍事力を用いて国民を殺戮してからそれほど時間が経っていないにも拘わらず、政治勢力について考え始め、「軍事的要素は、戦争の心理面での任務遂行上重要であるが、より本質的な要素は、国民の勢力で構成される政治的要素である」と分析して、その政治勢力の構築に力を傾注すべきと考えていた。

ポル・ポト派は、「保持し防衛する段階の戦略」を実施してから二年後の一九八〇年から八一年の乾季を経て、「衝突を繰り返す段階の戦略」に移行するのに十分な戦力があると判断した。敵（ポル・ポト派）は、自派の兵士をカンボジア国内でゲリラ活動をさせ、我々の戦略的な輸送路上の国内から国境にかけて待ち伏せ攻撃を行うという重要な任務を与えていた。こうした活動は、ポル・ポト派の兵士が国内に潜入し拠点を構築してタイ領内の彼らの拠点と結びつけ、国内の兵士を支援するためであり、また遠隔地に秘密の拠点を作り上げ、国の内部に（物資を）輸送し、ゲリラ活動を支援するためであった。

ポル・ポト派は、情勢判断を誤って、ゲリラ活動をする兵力の構築が重要な「保持し防衛する段階の戦略」から「衝突を繰り返す段階の戦略」への移行を開始した。こうしてポル・ポト派の第一回目の攻撃は、ある程度大規模かつ残虐な方法で、軍事的な冒険とも言えるやり方で開始された。一九八一年の第一回目の攻撃では、ポル・ポト派は戦場を三つの戦線に定めていた。第一戦線はトンレサップ湖の西側であり、攻め込んで奪取する必要がある重要な戦線である。第二戦線はトンレサップ湖の東側であり、我々（カンボジア人民共和国）及びベトナム軍の兵力を引き寄せることで、トンレサップ湖の西側の戦線と協力できるようにするために重要な戦線である。第三の戦線はメコン河の東側であり、この戦線は戦闘によって我々の軍隊を釘付けにして別の場所へ援軍を送ることができないようにする狙いがあった。

ここで想起すべきことは、敵が攻撃を行った時期は、我々が師団レベルまでの統一された軍組織を整備することで武装組織を構築してから三年後であり、また国会議員を選出するための総選挙実施を含めて全ての国家機構が整えられた後だったことである。より重要なことは、今回の抵抗が、我々が飢餓の状態を完全に脱した後に行われたということであり、またポル・ポト派の基礎的な兵力構築の計画が未完成のままに行われたということである。このため第一回目の抵抗では、敵は対外的な外交活動も含めて総力を上げて取り組んだが、最終的に手痛い敗北を喫し、単に成功しなかったのみならず深刻な打撃を被った。我々の軍隊及び国民は、ベトナム義勇軍の支援を得て、敵の抵抗に反撃してこれを粉砕し、一九八一〜一九八二年の乾季攻勢まで攻撃を継続した。これにより、カンボジア・タイ国境地帯の一部の敵の拠点の破壊を含めて敵を一掃した。

敵の第一回目の抵抗は失敗し、段階を移行する計画を実施できず、敵は自らの兵力を構築する段階にとどまりつつ、同時に小規模にゲリラ活動を継続した。

四　敵対する派閥同士の連合

両親同士が合意すれば通常その息子と娘を結婚させることになる。たとえ当人同士が納得していなくても、しきたりに則って結婚させるのである。菓子（子供）は器（親）よりも大きくはないのであり、これは数世紀前のトボーンクモム州におけるトム・ティアウ（一六世紀の若い僧侶トムと村娘ティアウとの悲恋物語）時代からの慣わしである。今回の結婚は男女間の結婚ではなく、かつて殺し合っていた敵同士の極左と極右との間の政治的結婚である。更に、これは相対立していた三派の政治勢力間での結婚であり、例えて言えばトラと馬と山羊を同じ檻に入れるようなものである。

米国と中国という両大国の和解は、外国において右派勢力と左派勢力との同盟関係を作り出し、カンボジアでも国民に対抗するために、左右両勢力の同盟関係をもたらした。先に述べた通り、ポル・ポト派が敗れてから、タイでは、一九七五年から一九七八年末までポル・ポト派に敵対していた武装勢力クメール・セレイの政治的方向を転換させてカンボジア国民に敵対させようとした。クメール・セレイはポル・ポト派に完全に合流していたわけではなかったが、カンボジア国民に敵対するという同様の目的を持っていたので、政治的・心理的な意味では既にポル・ポト派に合流していたのであった。

中国は、ポル・ポト派が国内外で人気を喪失し、それが、国連、非同盟諸国運動及び国際機関において同派の代表権に関する疑念の原因となっていることを明らかに知っていた。一九七九年一月一三日の北京におけるイエン・サリとの会談で、鄧小平はクメール・ルージュに次のように警告した。

「愛国主義者の参加を得て幅広い同盟関係を構築すべきである、シハヌーク殿下とともに統一戦線を樹立すべきであり、共産党の役割を前面に出すことは避けるべきである」

この師匠の忠告に従い、クメール・ルージュは組織の代表者を変更する計画を立て、シハヌーク殿下及びソン・サンを自陣に引き込む活動を活発化した。キュー・サンパン*は、第六回非同盟諸国首脳会議に参加するために（ただし、会合には出席せず）滞在していたハバナで、一九七九年九月五日にル・モンド紙記者のインタビューに答えて次のように語っている。「もしシハヌーク殿下が国家の大連帯、愛国及び民主主義のための戦線の指導者となることを受け入れるのなら、自分は退き、同殿下に立場を譲る」更に、「クメール・ルージュは、本日からシハヌーク殿下を国民和解戦線の議長及び民主カンプチア国家元首として受け入れる用意がある」とさえ語った。

民主カンプチアの外観を改善するため、一九七九年末にポル・ポトは首相職からの辞任を表明してキュー・サンパンに委譲した。しかし、ポル・ポトはカンボジア国民を殺戮する上で最も重要な役職である民主カンプチア国軍最高司令官の職は維持した。ポル・ポトの引退は、シハヌーク殿下及びソン・サンを引き寄せるためであり、またクメール・ルージュとは喜んで同盟を組むがポル・ポトと関係を持つことは拒否するという勢力を引き付けるためであった。その後政治・イデオロギー面での亀裂を埋め、シハヌーク殿下及びソン・サンとの同盟関係を構築するため、ポル・ポト派は一九八一年一二月にカンボジア共産党の解散を発表した。これらは世論を欺き、ポル・ポト派は変わったと思わせるための恥知らずの行為であり、時にはポル・ポト派は自らが過去に犯した過ちを認めると語ったことさえあった。

シハヌーク殿下にとり、ポル・ポト派に合流することは自殺するために毒薬を飲むようなものであった。何故なら、殿下は、多くの子供や孫がポル・ポト派に殺されたことを知っていたからである。殿下は、著書『クメール・ルージュの囚人』（邦訳『シアヌーク最後の賭け』）の中でクメール・ルージュによる自分自身、家族、及びカンボジア国民に対する犯罪について記している。更にシハヌーク殿下は、一九七九年一月に国連安全保障理事会で民主カンプチア政権を代表して出席した際、米国及びフランスに政治亡命しようとしたが実現しなかったことについても記載している。また殿下は、政治活動を継続したくはなく、またクメール・ルージュとの話にも関わり合いになりたくないと表明したことさえあった。しかし、シハヌーク殿下は、好むと好まざるとに拘わらず、カンボジア国民とベトナムに敵対する勢力の「義理の父（スポンサー）」と殿下がかつて呼んだ国家に従う以外にはなかった。シハヌーク殿下はよく過去を想起しながら、強制的に三派連合政府に参加させられ、その参加によって初めて中国、タイ及びアセアンは支援を供与した、と述べていた。一九八三年一〇月八日にシハヌーク殿下の結成したフンシンペックの代理人と会った際、殿下は、「中国は、ソン・サンを通じて、自分に対して政治的条件が満たされなければ支援はしないと伝えてきた」と述べていた。また殿下は、「自分が民主カンプチア政権の国家元首になっていなかった際には、タイのキャンプにいる国民に会いたいと言っても、タイは同国内にいる我が国民の様子を見に行くことさえ許可してくれなかった。私が民主カンプチア政権の国家元首になることで、はじめて入国を許可するのであった」と語った。これらの二点からも、中国とタイが共謀してシハヌーク殿下に圧力をかけていることは明らかであり、条件を満たせば中国は支援するというのであった。この条件とは何か。タイは、シハヌーク殿下が民主カンプチア政権に加わり、同政権の国家元首となることではじめて同国への入国を許可するというのである。これらは全てシハヌーク殿下にとって厳しい政治的条件であったが、同時に殿下自身の戦略にも合致したものでもあった。このため、シハヌーク殿下は武装兵力・ムリナカを指揮することに同意し、一九八一年の暑季には北朝鮮の平壌で「独立、中立、平和、協力のカンボジアのための国民統一戦線（フンシンペック）」を結成した。これは、三派連合政府を結成する準備段階となるものであった。

ソン・サンは、五つの小規模なグループを統合した武装兵力を率いており、一九七九年一二月にクメール国民解放戦線を樹立した。この派閥の大部分はロン・ノル政権の元兵士で構成されていたが、彼らはクメール・ルージュとは相容れず、またシハヌーク殿下の兵力とも合わなかった。従って、ソン・サン派をクメール・ルージュ及びシハヌーク派と合流させることは決して容易ではなかった。しかし、ソン・サン派は、ポル・ポト政権が敗北する以前からタイにその命運を握られていたので、圧力をかけることは容易であった。ソン・サンは、三派連合政府の樹立に至る前に、自らポル・ポト派との同盟関係の開始を意味することを行ったことがある。それは、一九八〇年八月、ソン・サンがカンボジア人民共和国に対抗するために「合同活動戦略」を策定したことで、ポル・ポト派との軍事協力となるものであった。その後、ソン・サンは国外にいるクメール人による暫定政権の樹立を提案したが、これは連合政府樹立に向けたゴー・サインとなるとともに、シハヌーク殿下が政治面で前に進む可能性を奪うものであった。しかし、当時ソン・サンが保有する軍事力はひどく弱体化していたので、ソン・サン派及びソン・サン自身は連合政府に参加することに深刻な懸念を抱いていた。それゆえ、当時、ソン・サンは西側諸国に対して、「虎のいる檻に入る前に丈夫な杖」を与えてくれるよう要請したが、これはソン・サンが西側諸国に対して、自身が指揮する戦線に援助、特に軍事援助を与えてくれるように要請していたことを意味する。またソン・サンは、連合政府の指導部のポスト配分に関してクメール・ルージュとの間で困難に直面していた。ソン・サンは、外国からの援助をクメール・ルージュが独り占めするか、公平に分配しないことを恐れて、副大統領となる予定であったキュー・サンパンが外交担当になることを望まなかった。しかし、ソン・サン派の全ての要求はタイに押さえつけられてしまった。イン・タムは、当時シハヌーク派を代表して連合政府樹立交渉に参加していたから、連合政府樹立に先立ってタイがソン・サン派に圧力を加えていたことに関して語ったことがある。一九八八年七月二五日から二八日までインドネシアのボゴールで開かれた非公式会議の際の食事会に参加した際、ソン・サンとタイッ・レン将軍が私に次のように語った。

「彼ら（タイ）は、一九七九～一九八〇年頃からクメール・ルージュとともに連合政府に加わるように強制したが、自分は同意しなかった。このため、彼らは我々ソン・サン派に援助を与えなかった。自分が連合政府に加わってはじめて彼らは援助を供与するのである。よって、連合政府に加わるのはただ単に援助を得るためである」

私はソン・サンに連合政府に参加した理由を聞かなかったが、ソン・サンは人民共和国側がクメール・

ルージュを必要としていないことをはっきり知っていたから、クメール・ルージュと連合するように圧力をかけられたことを急いで私に語ったのである。実際そのとおりであった。ことの本質を見れば、ソン・サン派は、連合政府を樹立しようという策略を持つ諸国からの圧力がなければクメール・ルージュと連合することなどできなかった。これらの国々は、お互いに明確な役割分担をしていた。中国はクメール・ルージュに圧力をかけて外面を変更させ、またシハヌーク殿下とソン・サンにも圧力をかけた。一方、タイ、米国及びアセアンは、シハヌーク殿下とソン・サンに働きかけ、圧力をかける役割を担った。

かつて流血の争いをしていた敵同士を集めて連合を組ませることは容易ではなかった。関係国が圧力をかけ始めて三年近くが経過しても、三派による連合政府樹立は成功しなかった。カンボジア国内ではポル・ポト政権が残した飢餓の状態が完全に解消され、ポル・ポト派の攻撃が苦い敗北を喫したことで、カンボジア国民は最も困難な時期を乗り越えるなど多くの重要課題が成功裡に解決されたため、これらの諸国にとって、状況の進展は好ましいものではなかった。国外では、カンボジア人民共和国への評価が高まっていったのに対し、ポル・ポト派の犯罪は日を追うごとに国際世論によって批判されるようになり、国際場裡でのポル・ポト派の代表権を脅かすものになっていった。一九七九年九月、第六回非同盟諸国首脳会議で、殺人者ポル・ポト派が追放され、この国際組織でのカンボジアの議席は空席となった。また国連におけるカンボジアの議席を空席にしようと提案する国もあり、更に国連加盟国の中にはポル・ポト派への承認を取り消す国もあり、そこにはイギリスやオーストラリアが含まれた。一部の諸国がカンボジア人民共和国を承認する中で、国連機関を含む多くの国際機関も人民共和国側と関係を持ち、プノンペン市に代表を駐在させた。

ポル・ポト派が国際場裡で孤立していることを、中国、米国及びアセアン諸国は深刻に憂慮した。これら諸国は、カンボジア人民共和国に対するポル・ポト派のゲリラ活動に合法性を与えるために、国連における「カンボジア問題」に関する（総会決議での）投票結果を利用し、また「民主カンプチア政権」の崩壊を防ぐためにもこの投票を利用した。これと同時に、これら諸国はカンボジア国外でクメール三派による連合を樹立するための調整を早め、この同盟の存在をもって国際社会に抵抗勢力の正当性を示そうとしたが、その実体はポル・ポト派であった。

三派連合政府樹立の発案者達は、しびれを切らして、シハヌーク殿下とソン・サンに対して早急にクメール・ルージュと連合を組むように圧力を強めた。

一九八一年九月四日、シハヌーク殿下、ソン・サン及びキュー・サンパンはシンガポールで連合政府樹立を目的とした「三派委員会」設置のための会合を行い、一九八二年六月二二日にマレーシアのクアラルンプールで民生カンプチア連合政府（いわゆる三派連合政府）が樹立された(4)。

「同じ会社に入ることが確実なら、たとえ他人を踏み台にしてでも、資本を投下してできるだけ多くの利益を得るべきである」

この発想で、連合政府樹立に関する合意がシンガポールで成立してから、クメール・ルージュも、シハヌーク殿下も、ソン・サンも、こぞって連合政府内で優越性を追求し、それぞれの目的に応じて連合政府から利益を得ようとした。シハヌーク殿下は、自らが「自身を国連に送り込むため既にあるもの」

と呼ぶもの（民主カンプチア）を利用した。殿下は、自身と自分の派閥が国連において合法政権となることを欲していた。しかし、シハヌーク殿下は、自身が乗る船が船体もエンジンも燃料も国旗も全て民主カンプチアのそれであり、乗客が乗っている必要がなくなったり、前進できなくなったりした時にも、依然として民主カンプチアのもののままであることが明らかであるとは考えなかった。シハヌーク殿下は、ポル・ポト派を欺こうとしたが、逆にポル・ポト派が殿下を欺き、しかも欺く度合いがより大きくなるとは考えなかった。シハヌーク殿下は、自身の名声によりポル・ポト派の人々を引き寄せることができると考えたが、同派が頑な反封建主義、反シハヌークの精神を有していることは考えなかった。シハヌーク殿下は、いわゆる「民主カンプチア連合政府*」の元首を務めることで、一九七〇年から七五年の時のように国際社会やカンボジア国民から支持を得られると考えたが、逆の反応があるとは考えなかった。シハヌーク殿下は、かつて中国が殿下に対して民主カンプチア政権に合流すれば支援すると語っていたので、民主カンプチア政権内に役割を有すれば、諸外国、特に中国から多額の支援を得られると考えていた。しかし、シハヌーク殿下は、中国がクメール・ルージュに圧力をかけることができるような軍事援助を与えることはないとは考えなかった。シハヌーク殿下は、民主カンプチア政権の国家元首を務めることで、外面的にはポル・ポト軍のシハヌーク化が図られ、それによって人民共和国政権及びその同盟国への圧力となってこれらの国々が態度を軟化させ、殿下に有利な条件を受け入れることになるとは考えたが、人民共和国政権及び同盟国が、実質的な意味でシハヌーク派兵力がポル・ポト派化することを前にして一層慎重になるとは考えなかった。シハヌーク殿下は、ポル・ポト派の三派連合政府の国家元首を務めることで、ベトナムが態度を軟化させ、殿下と交渉するように仕向けられるだろうとは考えたが、殿下の行動は厚い有刺鉄線のようなもので、ベトナムとシハヌーク殿下の間を以前よりも遠く隔ててしまうとは考えなかった。シハヌーク殿下は、クメール・ルージュと同盟を組むことでポル・ポト派の野蛮な行為を阻止できるとは考えたが、ポル・ポト派が殿下の名前を使ってカンボジア国民に対してのみでなく、三派連合の中でポル・ポト派と同盟関係にあるシハヌーク派に対してさえ野蛮な行為を一層強く働くようになるとは考えなかった。このために、シハヌーク殿下は三派連合政府内で六年間在職した後、一九八八年七月一〇日に民主カンプチア連合政府大統領の職から辞任することを決めた。シハヌーク殿下は、この連合政府の問題の他にも、カンボジア内戦においてもう一つの戦略を有していた。それは、カンボジア人民共和国及びクメール・ルージュに対して両面政策を実施するというものである。シハヌーク殿下は、クメール・ルージュの軍事力を用いてカンボジア革命勢力を弱体化させ、ベトナムに流血の被害を受けさせておき、人民共和国政権側が反撃する際にはクメール・ルージュが被害を受けるというものである。この結果、シハヌーク殿下がタイ領内に置いている軍事力を構築する中で、人民共和国政権とクメール・ルージュだけが損害を被るのである。シハヌーク殿下は、カンボジア領内に入った際にも兵力を温存するために戦闘を避けるよう努め、また政治解決が実現した際に優位な立場を確保するための政治的資本を構築しようとして、殿下自身の国際的な名声を利用した。政治的解決がなされた後も、殿下は支配するための優位な立場を確保しようとして、クメール・ルージュと人民共和国政権との間の確執を利用するであろう。この点は、一九八八年一月二〇日の第二回フン・セン－シハヌーク会談における殿下の次の発言によって明らかに示された。

「もしクメール・ルージュが自分を脅すなら、自分はフン・セン閣下と共にクメール・ルージュに対抗し、もしフン・セン閣下が自分を脅すなら、フン・セン閣下に対抗するためにクメール・ルージュの側に行く」

シハヌーク派及びシハヌーク殿下自身も、ソン・サン派が政治的・軍事的に伸張しないように、機を逃さず同派を攻撃した。これは、ソン・サン派の多くがロン・ノル政権時代に反シハヌーク主義者であったので、シハヌーク派に対して困難を作り出す恐れがあったからである。

ソン・サン派にとっても同様であった。ソン・サンも、連合政府内部で優越性を手に入れ、中国からの援助を獲得し、国連で同派が合法的な存在となるために、連合政府に参加したことを利用しなければならなかった。これにより、ソン・サンは座らされることになった首相の座や、その座が誰の家（誰の支配下）のものなのか、またその座に座っていた人物が、過去にソン・サン自身や彼の家族に対して、また今日のソン・サン派やカンボジア国民に対して何をやったのかに関して、忘れることができた。更に、ソン・サンはポル・ポト派が彼のことをどう見なしているかについて全く考えなかった。恐らく、ソン・サンにはポル・ポト派の戦略に関する情報が不足していたのであろう。ポル・ポト派は、ソン・サンをカンボジア及びベトナムに対抗する上での暫定的な同盟者と見なしていたのみであり、同派が国家権力を完全に奪取してから四八時間後にはソン・サンを殺害してしまうであろう。

ソン・サン勢力にとって、援助は最も重要であった。たとえ化け物と同盟関係を結ばなければならないとしても、援助が獲得できればそれでよかった。シハヌーク殿下は、一九八七年一二月二～四日にフランスのフェール・アン・タルドノアで行われた第一回フン・センーシハヌーク会談で、「ソン・サンは、中国が援助を削減することを恐れてフン・セン閣下と交渉しようとしない」と語った。ソン・サンは、シハヌーク殿下とほぼ同様の戦略を有していた。つまり、クメール・ルージュと人民共和国政権を弱体化させ、両勢力を戦わせて、お互いに傷つけ合わせることで、その機に乗じて自らの兵力を増大させようというものである。これは、「山の頂上に座って、トラとライオンが噛み付きあうところを見物する戦略」である。この点は、一九八八年七月二五日にインドネシアのボゴールで行われた夕食会の際にソン・サンが私に次のように要請したことでさらに明確に示された。ソン・サンは「閣下、どうか私の兵力を攻撃せずに、解放区を温存させて下さい。何故なら、クメール・ルージュは我々に解放区を持つことを許さないからです」と語った。一九八八年七月二六日の我々代表団との二者会談で、ソン・サンはクメール・ルージュの危険に関して強く懸念していた。私はソン・サンに対して、「閣下がクメール・ルージュを攻撃できないなら、クメール・ルージュと連合して私を攻撃せずに、静かに中立を保って頂きたい」と述べた。ソン・サンは、「中立の問題については考えてみる」と答えた。三派連合政府内では、ソン・サン派はシハヌーク派の勢力拡大を阻止しようとする措置を画策していて、このために両派の間で次々と多数の軍事的衝突が発生した。両派の間の政治対立についても、末端職員から上級幹部に至るまで、些細な中傷から公式の新聞によるものまで次々と行われ、更には両派の長の間でも頻繁に衝突があった。一九八三年一〇月発行の雑誌『ノコー・クマエ』の第六六、六七号では、シハヌーク殿下が「独立、中立、平和及び協力のカンボジアのための国民統一戦線（フンシンペック）」の各地代表に宛てた同年一〇月八日付の声明を掲載したが、その中でシハヌーク殿下は、ソン・サンがテープ・ナロン、スオン・カセート、タイッ・レン、ヒン・コントーン、チャイ・ハンチェーンなどシハヌーク批判の急先鋒ばかりを集めた、と述べた。シハヌーク殿下は、ヒン・コントーンやテープ・ナロンの「自分は、ベトナムを非難するためにやって来たのではなく、シハヌークを非難するためにやって来たのである」との言葉を取り上げた。

極左イデオロギーを有するクメール・ルージュとの間のみならず、右派同士、または愛国者と言われる者同士の間でも、このように困難な問題があった。これでは、彼らは連合政府内でどのように生きていくことができるのだろうか。

ポル・ポト派にとっては、「三派連合政府はクメール・ルージュにとって利益のあるものであり、心も体もクメール・ルージュに忠誠を示すものであった」。

中国及び国外のクメール各派を支持している国々は、ポル・ポト派を脅かしている危険を明確に知っていた。米国やアセアン諸国は、カンボジア国民に対するポル・ポト派の犯罪を知らなかったわけではなく、また同派が再び権力を握ることを願っていたわけでもなかった。しかし、カンボジア及びベトナムに対抗するという戦略的利益のために、そしてカンボジア国民及びベトナムを殺戮するためにクメール・ルージュを支持した。それはクメール・ルージュがベトナムに打撃を与えられるだけの軍事力を有しているからであったが、同時に同派は政治的役割を失う危機にも直面していた。米国とアセアンは、クメール・ルージュの軍事力を利用するために、シハヌーク殿下とソン・サンに圧力をかけてトラの檻に入れようとした。つまり、米国とアセアンはポル・ポト派の軍事力を利用するのと交換に、同派の犯罪を隠すためにシハヌーク殿下及びソン・サンの役割を利用するという政治的譲歩を行うことで、代償を払わなければならなかった。

双方の交渉は、特別な商品を交換するかのように行われた。クメール・ルージュは、シハヌーク殿下とソン・サンが民主カンプチア政権の枠組みで組織、憲法、国歌、紋章、国旗など全てを受け入れることに同意するのと引き換えに、シハヌーク殿下及びソン・サンに対して大統領職及び首相職を譲り渡すことに同意した。このことに関しポル・ポト派は常々、「我々は、シハヌークとソン・サンを我々の崇高な椅子に座らせることに同意した。そして我々が、その椅子を担ぐのであり、担ぐ者が決める道に従って進むのである」と述べていた。このことは、三派連合政府が「ポル・ポト派の船であり、ポル・ポトが操縦士である」ことを意味していた。ここで明確に考察すべき点として、中国及びポル・ポト派が三派連合政府設立に関するクアラルンプール合意の中に挿入することを求めた次の点がある。それは、「もし三派連合政府が行き詰まったり分裂したりした場合、キュー・サンパンを長とする民主カンプチア国が、合法的な民主カンプチア国家として、カンボジアで唯一つの合法的な国家として活動を再開する権利を有する」というものである。これは、クメール・ルージュが社長であり、船長であることを意味し、仮に（三派連合政府が）分裂しお互いにやっていけなくなったなら、（他の派は）出て行ってもらうのであり、船自体が分割されることはないということである。従って、船は分割されることはなく、「民主カンプチア」という名の船は、シハヌーク殿下やソン・サンが不在のまま航行を続けるのである。シハヌーク殿下及びソン・サンが、飛車を打っても、歩を取ることができるだけであるのに対し、ポル・ポトが桂馬を打つと、香車や飛車や歩を取り、更には王をも詰ませてしまうのである。

ポル・ポト派は、連合政府設立の機に乗じて多くの利益を得た。彼らは、シハヌーク殿下及びソン・

サンにはごく僅かな譲歩しかしなかったが、国連での議席の保持やシハヌークの名前を用いて人々の支持を集めるなど、多くの利益を得た。

中国も、連合政府から多くの利益を得た。

ポル・ポト派が最強の兵力を有し、中国はポル・ポト派及び他の二派に武器、弾薬や他の援助を供給する重要な支援者であったので、中国は三派連合政府に命令を下す役割を果たし、また中国がクメール・ルージュを通じてカンボジア国民に武力介入を行うことも容易になった。

三派連合政府の樹立により、ポル・ポト派は政治的危機を一時的に避けることができたが、カンボジア国民から恒常的に受けてきた攻撃によるポル・ポト派の軍事力の面での危機まで避けることはできず、またシハヌーク派及びソン・サン派の軍事力の弱体化を回避することにも役立たなかった。より重要なことは、敵対する派閥同士の同胞による同盟を樹立しても、内部抗争を終わらせることにはならなかったということである。彼らは、国外にいるカンボジア人の間の意見対立を多少なりとも解消することさえできなかった。ポル・ポト派は、一九八二年六月二七日、六月二九日及び七月八日に、シハヌーク殿下及びソン・サンを激しく攻撃した。ポル・ポト派は、連合政府の設立に関して内部向けに指令を次々に発したが、その中で、彼らは（連合政府設立を）カンボジア革命に対抗するためにシハヌーク派及びソン・サン派の勢力を糾合する上での成功としながらも、民主カンプチアからの権力の奪取を企むシハヌーク及びソン・サンの術策に注意するように指導した。一九八二年六月二七日付のポル・ポトの文書では、「シハヌークの本質は封建主義であり、ソン・サンの本質は外国資本に支配された資本家である。両者は、彼ら自身の階級のために、また国家と国民を虐げるために、我々民主カンプチアから権力を奪うために来たのである」と分析し、更に具体的措置についても「シハヌークとソン・サンのあらゆる策略について用心する必要がある」と述べている。クアラルンプール宣言の文言についても、ポル・ポト派は、「連合民主カンプチア政府」との語を用い、民主カンプチアの合法性を失わせうる「民主カンプチア連合政府」といった単語の使用を禁じ、自派がシハヌーク殿下とソン・サンの上に君臨するものと解釈していた。ポル・ポト派は、当初から「シハヌークとソン・サンとは戦術上の、また暫定的な同盟関係」であり、階級間の対立という本質的な問題のために、権力を掌握した後には直ちに（階級の問題を）解決する必要があると明確に書き記していた。権力掌握の時を待つ必要はなく、ポル・ポト派、シハヌーク派及びソン・サン派は常時激しく戦い合い、シハヌーク派及びソン・サン派の兵士に多くの死傷者が出た。このため、シハヌーク殿下は連合政府成立の年以後何度も大統領職からの辞任を表明した。

連合政府が設立されても、連合政府設立を発案した諸外国間の意見の相違は解消されなかった。各国はそれぞれ利害を有しており、それぞれの政治目的に従い、カンボジアの内戦から利益を得ていた。問題となるのは、「ポル・ポト」問題及び「東南アジア地域における中国の影響」の度合いであり、タイが中国の政策に深く関与する中で一部のアセアンの国々は懸念を示していた。

同時に、連合政府が設立されても、同政府の中にクメール・ルージュが含まれていたため、西側諸国を含む諸外国に連合政府を承認させることはできなかった。

お互いに敵対する派閥同士の同胞による同盟関係が、どのような展開を見せるのか。次の節ではこの点について見ていきたい。

五　ポル・ポト派の二回目の抵抗と戦略の後退

ポル・ポト派及びその監督者が、抵抗活動の前及び一回目と二回目の抵抗活動の間に、カンボジア人民共和国を軍事的手段によって打倒しようと目論んでいたことを想起したい。従って、この段階では彼らは、軍事的措置に重点を置きつつ、政治、経済及び外交的措置を組み合わせて実施した。この期間には、インドシナ諸国がカンボジア問題を平和的手段で交渉により解決するよう呼びかけていたにも拘らず、またカンボジア人民共和国への反対者達がカンボジア問題を政治的方法により解決したいと述べていたにも拘らず、ポル・ポト派は軍事的手段によってカンボジア人民共和国を倒すという幻想にとりつかれていたため、和平交渉には関心を示さなかった。それゆえ、軍事的手段による危険な試みが続けられた。そうでなくとも、彼らは政治的条件を受け入れるよう我々に圧力をかけ、その後に軍事力によって打倒しようとしたのである。

カンボジア人民共和国の敵は、ポル・ポト派の一回目の抵抗活動の失敗と一九八一年から八二年にかけての乾季での失敗の後に、いわゆる「民主カンプチア三派連合政府」を設立するために、国外で非常に活発に活動した。中国は、いわゆる「ベトナムに対する二度目の教訓」について言及し続け、中ソ交渉では「中ソ関係改善の障害となる三つの課題」に言及することで、ソ連に圧力をかけようとしていた。(5)

国内では、ポル・ポト派は戦術を変更した。ポル・ポト派は、国境地帯でいくつかの拠点を失ってから、兵力をカンボジア国内に送り込み、我々を悩ませ、国境地帯への輸送や補給を阻止し、我々にこれに対処するために国境地帯からの軍の撤退を余儀なくさせ、それによりカンボジア・タイ国境地帯で失った拠点を取り戻す機会を確保し、国境地帯に拠点を増やして、いわゆる「カンボジア内での二つの支配地域及び二つの政府」という状態を作り出そうとした。この時の我々革命勢力に敵対する者達による支配地域の準備状況は、純粋な軍事拠点としてではなく、軍事、政治、経済、社会、文化といった性格を持つ社会構造であり、更にプノンメライにある民主カンプチア連合政府国家元首が外国大使の信任状を受ける外交的拠点にさえしていた。彼らは、難民を政治的に利用し、拠点をタイ領からカンボジア国内へと少しずつ押し進めていった。敵は、この問題を利用して国連での合法性を得ようとし、また既に国民によって追放された民主カンプチアが支配地域を有し、領内には一部の国民もいると見せかけて欺き、宣伝に利用しようとした。敵は、国境地帯の拠点から、治安を不安定にし、地下兵力を作り出すために国内に兵力を侵入させてきた。これは、敵がカンボジア人民共和国を打倒するために、国境地帯からの侵入と国内兵力の蜂起とを組み合わせた攻撃を意味する「両手による攻撃」の戦略を実施する段階に進むための準備であった。

一九八二年六月、ポル・ポト派は、部下に対して中軸となる地下兵力を構築し、その兵力を使用して全ての村々でカンボジア革命軍及びベトナム軍を攻撃し、弱体化させるよう指令を出した。同時に、ポル・ポト派は「村落機構を全滅させ、粉砕する」よう指示を出したが、これはポル・ポト派の以前の計画と比較すると政治的に後退していることを示している。一九七九年以来、ポル・ポト派は革命側の国家機構を二面性を持つものへと変更させる計画を持っていたが、実行できなかった。つまり、革命軍の国家機構は敵のために働かなかったのみならず、敵に向けて効果的な攻撃を行って、領土、国家権力、国民及び国民の心理面を破壊しようという彼らの策略を失敗させ、両者の勢力を拮抗する段階に移行させようとする敵の試みにも深刻な敗北を負わせた。このため、ポル・ポト派は平和的手段から、村落機構を破壊するよう自軍に指示するという暴力的な手法へと手段を後退させた。このことは、単に国民の間に怒りを生じさせただけではなく、村落への攻撃がポル・ポト派の家族にも影響するため、同派の構成員や軍人の間でも強い反発が生じた。この時以来、ポル・ポト派は民間人を標的とする活動を増強し、我々の軍隊やベトナム軍との戦闘を避けようと努めた。

一九八二年から八三年にかけての乾季の後、ポル・ポト派は全国で国家権力を奪取する「突撃する段階」に進むため、二回目の抵抗作戦を準備した。

一九八三年三月、ポル・ポト派は、一九八五年または遅くとも一九八六年には最終的な勝利を獲得することを目指した二カ年計画を策定した。この時、敵は兵力比較に関して次のような仮説を立てた。

「一九八四年初頭から同年半ばにかけて、我々の兵力一に対して敵の兵力は一であるが、一九八四年末から一九八五年はじめには我々の兵力一に対して、敵の兵力は〇・七から〇・八となる。つまり、我々の兵力一〇〇に対して、敵の兵力は七〇から八〇となる。従って、一九八五年までには我々は、突撃を敢行して最終的な勝利を獲得し、カンボジア全土を解放する」

このような愚かな評価に基づいて、ポル・ポト派は一九八四年を国内の状況を根本的に変化させる年と位置づける計画を持っていた。ポル・ポト派の理論によれば、両者が拮抗する戦略の最終段階に至った際、彼らの兵力数は、我々及び友好国ベトナムの軍事要員数とほぼ同等となり、彼らは突撃戦略の開始に向けて準備をすることになる。この時にポル・ポト派は、我々及び友好国ベトナムの小隊、中隊及び大隊の拠点を粉砕するために歩兵部隊、大砲部隊及び特殊部隊を含む突撃隊を早急に増員し、また総攻撃を意味する突撃戦略を開始するための勢いを作り出そうとして、我々を道路上で攻撃する指示を出した。

ポル・ポト派は、この策略を実施するため、一九八三年四月、「村の権力機構を崩壊させ、民主カンプチアの国家機構を構築するための地下活動」と題する指令書を発している。この指令書の重要な点は、攻撃計画をくり返すことで、村の行政機構を破壊する活動を進めるというものである。これにより一九八四年には三〇～四〇パーセントの村で国家機構を打ち立て、一九八五年初頭から同年六月までには更に三〇～四〇パーセントの村で国家機構を打ち立て、更に一九八五年三月には六〇～九〇パーセントの村落で国家機構を打ち立てて、州レベルまでの革命側の国家機構を崩壊させ、民主カンプチア国家機構を打ち立てようというものである。

更にポル・ポト派は、広範な解放計画に関する決定を行っている。それは、一九八三年の雨季に第一戦線、つまりトンレサップ湖の西側全体及び第二戦線、つまりトンレサップ湖の東側全体を解放し、一九八三年から一九八四年の乾季までには、プノンペンをそれ以外の地方から孤立させるため、鉄道及び国道五号、六号及び七号線を全て切断しようというものである。

ポル・ポト派が企図した全ての措置は、野心による無謀な行為であり、喩えて言えば「鍋の大きさを測らずに、竈(かま)で煮炊きする」ようなもので、これはポル・ポト派が常に行ってきたやり方である。

ポル・ポト派がカンボジア国内で抵抗活動を準備していた時、中国及び帝国主義諸国もインドシナ諸国に対する圧迫を強めていた点を想起する必要がある。タイは、軍事的にカンボジアの領土を侵犯し、ポル・ポト派を支援していたのみならず、ラオスのサヤボレイ県の三つの村への侵犯行為も行い、両国関係は厳しく緊張した。一方、中国はベトナムに二回目の教訓なるものを与えるとした。奇妙なことに、「この二回目の教訓は、一回目の時のように、中越間に戦争を引き起こさない」とあったが、その意味するところは、カンボジアでのポル・ポト派の抵抗活動及びホーチミン市及びベトナム南部での騒乱状態を引き起こすことで、ベトナムに復讐しようというものである。国際的反動主義者達は、ベトナム革命に背いた反動主義者達を通じて、ベトナム南部の情勢を不安定化させようとする活動を活発に行った。その中で、数億ドンの偽札を密かに流通させ、経済を妨害する活動も行われた。敵は、ベトナム南部に騒乱を引き起こし、カンボジアにいるベトナム軍をそちらに引きつけ、これによりカンボジアにおいてポル・ポト派の反乱の機会を作ろうとした。しかし、ベトナム革命に対する敵の策略は深刻な失敗を喫した。結局、ホーチミン人民革命裁判所は、一九八四年末に策謀に関わった者達を外国人も含めて裁判にかけた。

敵の一回目の抵抗活動を成功裏に鎮圧し、一九八一年から八二年にかけての乾季（攻勢）にも成功を収めた後、カンボジア及びベトナム両国の党及び政府は、カンボジアの国防軍の発展を考慮し、ベトナム軍のカンボジアからの段階的撤退を発表することに合意し、一九八二年七月に一回目の約一万人の撤退を行い、一九八三年のビエンチャンでのインドシナ三国首脳会合の後に、二回目の更に一万人の兵の撤退を行ったことを想起したい。最初のベトナム義勇軍の撤退の際には、国民がポル・ポト派の再来を恐れて憂慮し、ベトナム軍に撤退しないで欲しいと要望したため、必ずしも良いとは言えなかったのも事実である。我々党及び政府は、カンボジア国民の兵力が充実してきており、次第に自身で国防の任務を果たせるようになってきていると考えた。また、我々が国防を確実にできる範囲で、ベトナム軍が撤退するのを原則とし、混乱状態をきたさないようにした。国民の懸念の大きな部分は、自身の軍隊を信頼できないことに起因していたので、我々は、自らを拠り所とするよう精神面でしっかりと教育する必要があった。

ポル・ポト派が二回目の抵抗活動をした際、カンボジア軍、特にベトナム軍の二度の撤退により以前より兵士の数が減少したもののベトナム義勇軍に有利な条件を作り出した地元兵は、突撃隊と協力して兵力を集結し、軍事力を強化していたため、抵抗活動を鎮圧することができた。こうして各地のカンボジア兵は、特に敵の抵抗活動の鎮圧など、重要な任務を遂行した。

一九八四年はじめ、敵の抵抗活動が始まった。乾季が来ると、敵の攻撃は直ちに始まり、攻撃の性格は残虐かつ相当程度大規模であったため、一部の地域では我々の兵力は崩壊させられかけた。その中で深刻だったのは、敵が我々の乾季攻勢を阻止し、国境地帯で敵は兵力の優勢を保持し続けようとしたことであった。もっと重大であったのは、敵が国内情勢を不安定化させ、一九八五年に計画していた最終攻撃に進むために有利な条件を作り出そうとしたことである。当時、一部の地域において我々の地方幹部は、一九八四年はじめにカンボジア人民共和国樹立五周年記念日を迎えたことで、勝利の喜びをこぞって祝賀していて、慎重さを欠いていたことを認めなければならない。敵は、この機会を狙って、一部の地域に攻撃を仕掛け、国民の生命及び財産に損害を与えようとした。

ポル・ポト派の抵抗活動は、我々の軍及びベトナム軍からの激しい反撃を受け、規模を縮小せざるを得なくなった。ポル・ポト派が攻撃を拡大できなかった要因は多数あるが、その中で最も重要なことは国民からの支持がなかったことであり、逆に国民から反撃を受けたことである。我々は、攻撃を制御し、単に敵の攻撃に持ち堪えたのみならず、更にカンボジア・タイ国境地帯で攻撃を開始し、バッタンバン州のタサン、ソムロート、ナムター、五四七高地及びコッコン州の国境沿い地域など一部の拠点を奪取し、後方支援の拠点を陥落させた。このため、全体として、敵は二回目の抵抗では何の成果も上げられず、当初企図したような、一九八五年の攻撃に進むための戦略的な優越性を手にすることができなかった。逆に、失敗後、敵は国境地帯を防御する状況に陥り、引き続き国内で小規模な潜入破壊活動を行った。

ポル・ポト派がカンボジアで敗北した際、中国は中越国境地帯でベトナム国内に数万発の砲弾を撃ち込むなどの圧力をかける活動を行い、またある時には一部の地域で中国兵がベトナム国内に入り、同国国民に対する犯罪に及んだ。タイは、ポル・ポト派を守るために、我々の軍隊を大砲を用いて待ち伏せ攻撃するなど、ポル・ポト派を支援するために介入し、更に兵士及び航空機を投入して我々の軍を直接攻撃することさえも行った。

一九八四年、我々は以前とは異なる戦術をとり、これをバンコク駐在の西側軍事評論家は、「プノンペン（政権）及びベトナムの戦術の変更」と称した。それまで、我々は乾季には攻撃し、雨季には後退して後方で体制を固めるということを繰り返してきており、敵はその機に乗じて失った拠点を取り返した。これは、数年前までは輸送体制に困難があり、雨季に国境地帯の我々の軍隊に輸送補給を行うことが非常に困難であったからである。またより重要なことは、戦場の後方の我々の軍隊はまだ強力ではなく、このため国境地帯から兵を引いて体制固めを行い、乾季になってから国境地帯での攻撃を再開する必要があった。一九八四年には、後方部隊の発展によって有利な条件が整い、雨季でも国境で攻撃を続けられるようになり、そこまでいかなくとも乾季に奪取した拠点を防衛できるようになった。また、一九八四年の雨季に戦術を変更する必要が生じた背景として、一九八四年から八五年にかけて乾季攻勢を行う必要が生じたことが挙げられる。

我々党は、この有利な状況の下で、敵がカンボジア・タイ国境地帯に作った拠点の全てを取り戻し、カンボジアに支配地域と政府がそれぞれ二つずつ存在する状態を解消できると考えた。これは単にある地域を攻め取り、その後に敵に攻め取られるのを許すのではなく、今回はある地点まで攻めたならば、その地を守り、更に敵によって武器弾薬が国内に持ち込まれることを阻むものである。カンボジア人民革命党[*]中央政治局は、ベトナム義勇軍司令部と共に、敵の侵入を阻止するための措置について長時間にわたって議論し、最終的に「カンボジア・タイ国境の防衛体制の構築が必要」との結論に達した[6]。党中央政治局は、一九八四年七月一二日にカンボジア・タイ国境防衛の増強に関する決定を行った。この決定を出す前に、戦略の枠組みと実施戦術に関して、検討に検討を重ねた。我々は、敵がこれまで行い、今後も続けるであろう戦争の性格及びあり方を検討した。我々は、国境地帯の戦場と国内の戦場の関係を分析した。当時我々党としては、国境地帯及び国内の二つの戦線で戦わなければならないと考えたが、これは二つの戦線が分かつことができない関係にあるためであった。国内の国民の安寧を守るためには、国境の防衛を固め、敵が支配する全ての地点を攻め取り、敵が国内に進入して軍事活動を行うことを阻止するために、国境防衛体制を構築する必要があり、また国内の敵の兵力を強く攻めて国境防衛を強化しなければならない。また我々党は、カンボジア及びインドシナ戦争における国際反動主義勢力の長期的な策略についても検討した。我々は、彼らがカンボジア国民及びインドシナ諸国を威圧する策略を放棄したことはなかったと結論した。これまでの経緯からは、カンボジアと国境を接するタイは、カンボジア及びインドシナを威圧する諸外国のための拠点となってきた。このことは、三つの時代にわたる事実が示している。即ち、日本が第二次世界大戦の際に東南アジアに進駐した際、タイは、インドシナのフランスを攻撃する上で、日本が信頼する同盟国となり、また、タイはこの状況に乗じてバッタンバン州、シェムリアップ州、コンポントム州及びプレアビヒア州の諸州をカンボジアから奪った。日本が戦争に負け、米国がベトナム、ラオス、カンボジアを侵略すると、タイは米国の重要な基地となっただけでなく、タイ自身も戦争に加わった。中国がインドシナ諸国と戦争を行った際にも、タイは中国に加勢した。ポル・ポト派及びその他の敵対的なクメール各派に避難場所を与えるタイが存在しなかったなら、彼らは存続できなかっただろう。一九八〇年以来、カンボジア人民共和国はタイとの関係改善のために多くの提案を行ってきたが、その中でも特に重要なことは国境紛争の解決であるので、カンボジア・タイ国境地域に国際的な検証を伴う平和地帯を設置するという提案も行った。しかし、タイはこうした提案を拒否しただけではなく、カンボジアの領土への侵犯活動を活発化させることさえした。過去に、カンボジアがいかなる政権であっても、タイは常にカンボジアの政権に反対する勢力を養ってきた。カンボジア王国〔一九五三年～一九七〇年〕の時代には、タイ領内にシハヌーク殿下に反抗するクメール・セレイと呼ばれる勢力があった。ロン・ノルのクメール共和国〔一九七〇年～一九七五年〕となってからは、クメール・セレイの多くがロン・ノル側に加わり、タイもロン・ノル側を支持していたにも拘らず、タイ領内に一部のクメール・セレイが残存していた。ポル・ポトの民主カンプチア政権〔一九七五年～一九七八年〕になってからは、タイはこの政権と関係を有していたが、それでもタイは武装したクメール・セレイの多くのグループを支援し、民主カンプチア政権に対抗させようとした。更に、カンボジア人民共和国となってからは、カンボジアに敵対するためにタイが支援する極左及び極右の両方の勢力が存在した。このように、カンボジアのどの政権もタイからの干渉と敵対を免れることはできなかった。これらは、数世紀前にタイがクメール国王の戦争捕虜を保持し、タイに従おうとしないクメール国王を倒すために利用しようとしていたことなどは、考慮に入れていない。

タイのこれまでのカンボジアへの政策を検討した結果、特にタイがカンボジアでの戦争に関して中国と手を組んでいるという状況の中で、我々は一層警戒しなければならないと考えた。更に、国境防衛体制の構築の決定に関して、これは自衛のためであり、タイに侵攻するための拠点とするわけではないため、タイ国民に懸念を生じさせるべきではないという点について明確に認識していた。

我々は、敵の拠点を奪還し、国境防衛体制を構築するという二つの任務を同時に行わなければならなかった。これらの任務は重大で負担も大きかったが、「国民の戦争」という方針にのっとり、我々にはこれを実施する能力があると考えていた。国境防衛体制の構築を検討する際には、我々は国民の能力を具体的かつ真剣に検討した。革命は、国民からわき起こったものなので、国民が参加してこそ、「国家を防衛し、国民全体による革命の成果を守る戦争」に勝利することができる。従って、我々は、国境防衛体制を「国民による国防の基礎を強化するためのもの」と意義付けたが、これは当時の状況とその歴史的な任務にかんがみれば最も適切であった。

一九八四年には、地域・国際情勢は依然として緊張していたが、平和共存のために、軍拡競争や核戦争の危機を緩和し、阻止しようとする動きが世界中に広がりつつあった。東南アジアでも、対峙する動きが弱まり、対話の機運が高まる兆候が見られた。ベトナムとインドネシア及びその他のアセアン諸国との対話の実施により、この地域にも緊張緩和がもたらされようとした。一部の国々や多数の政治家は、カンボジア情勢が逆戻りしないということを明確に理解し、関係者に対してカンボジア問題の政治解決を考え始めるよう求めた。この時、「カンボジア人民共和国を軍事力で打倒しようという幻想」は少しずつなくなっていった。カンボジア人民共和国の外務大臣が率いる政府代表団の諸外国訪問を通じた外交活動により、特にアフリカ諸国との外交関係は強化された。カンボジアの外相が、スウェーデン及びフランスを訪問した際の両国外相との会談で、フン・センーシハヌーク会談の可能性の模索が始まった。ここで、一九八四年の第四四半期に、フランスでフン・センーシハヌーク秘密会談を行おうとの動きがあったことを特記しておきたい。当時、フランスのクロード・シェイソン外相は、フランス議会のフランス・カンボジア友好議員連盟を活用して、シハヌーク殿下との会談を行うため、当時外相であった自分をフランスに招待すると発案した。しかし、中国とクメール・ルージュがシハヌーク殿下に圧力をかけたため、不首尾に終わった。また中国は、シハヌーク殿下に「フランスは、カンボジアを再度植民地にしようとしている」と話し、フランスにも脅しをかけた。この点について、シェイソン外相は、一九八四年一二月一日の朝食会で私に、「中国は、フランスの頭上に薪を投げかけた」と語った。

一九八四年から八五年にかけて乾季攻勢が始まった。雨季攻勢の状態を保持し、また兵力的、資材的に、また精神面でも準備を整えてから、攻勢を開始した。武力攻撃は、イエンドンコム及びノンチャンの西側のソン・サン派キャンプから始まった。一九八四年一一月一八日、我々はセレイカーの二〇五陣地を奪取し、同年一二月一二日には第一ソクサーン拠点を奪取し、更にポル・ポト派、ソン・サン派及びシハヌーク派の拠点がある国境地帯への攻撃を続け、最後に一九八五年三月八日に、タトゥムにあるシハヌーク軍の参謀本部を粉砕した。しかし、ダンレック山にはセレイカーの隠された拠点第二〇一陣地が残ったが、雨季の一九八五年八月五日にようやく奪取した。一八の拠点の中で、最も重要かつ堅固な拠点はプノンメライである。そこは三派連合政府の三つの党を代表する省庁などの事務所が置かれた拠点であり、また民主カンプチア政権の元首が同政権を支持する諸国の大使からの信任状を受ける場所でもあった。プノンメライの拠点が失われてからは、新華社、AFP、UPI、APなどがプノンメライ発としてきた報道を見聞きすることはなくなり、また数年前まで、（三派側は）「民主カンプチア政権の支配地域」と呼んで宣伝を行うためにこの拠点を利用してきたが、これも見られなくなった。

カンボジア・タイ国境地帯で拠点を失ったことは、（三派側の）侵略戦争及び軍事的手段による（プノンペン政権の）打倒という目的を実行するため、「カンボジア領内に二つの支配地域と二つの政府を作り出す」という策略の苦い失敗となった。

敵は（我々からの）攻撃を受け、その後カンボジア・タイ国境地帯の拠点を失ったため、カンボジア内戦における戦略・戦術を変更したようであった。数年前までは、敵側はカンボジア人民共和国を軍事力で打倒しようとしていた。それゆえ、彼らは軍事的手段を重点的に使い、これに政治的・経済的・外交的活動を加えて、我々を攻撃した。しかし、国境地帯で拠点を失ってからは、軍事力で（プノンペン政権を）打倒しようという幻想とも言うべき望みを失ったようであった。従って、彼らは今度は政治的・経済的手段を重点的に用い、これに軍事的な破壊活動を加えた。こうしたことから、心理的戦争、スパイ活動の戦争や経済面・精神面での破壊戦争が、今までよりも一層増えたように見られた。

国境地帯での攻撃を阻止するための（敵の）軍事活動については、（敵側が）失った拠点を奪い返すための機会を作ることになった。国境の広大な地での国境防衛体制の構築は始まったばかりで、我々が国内で不注意な対応を行っている時に、敵は、我々を「皮膚は固いが、肉は柔らかい」状況に陥らせるために兵力を国内に送り込んだ。「固い皮膚」とは、我々革命勢力側の国境の防壁の構築を含んだ国境地帯での優越性を指すのに対し、「柔らかい肉」とは、ポル・ポト派が我々を破壊し、また国境地帯の拠点奪還の機会を得るために、我々の部隊を国境から移動させて国内情勢への対応に当たらせようと、同派が国内に作り出す情勢不安を指している。

我々は、敵を倒す「総合的措置」の実施に関して、不十分な点があることを認識しなければならない。一九八四年の終わり及び一九八五年の初めに、我々は、敵を攻撃する任務を果たし、また国境の防壁を構築するために多数の兵力を集結した。ほとんど全ての突撃隊と後方支援の各州・市の軍隊の一部も国境地帯に駐留させなければならず、また一部の民兵や国民も国境で任務に当たらなければならなかった。この時、後方部隊が防衛措置をうまく実施しなかったこと、これに加えて敵を攻撃するために全部隊を投入し、国境地帯での攻撃とも連携したことから、一部の地域では勝利があったと自己満足し、慎重さを欠いてしまった。敵はこの機を捉えて、小規模部隊を活用して破壊活動を行い、一部の地域で情勢不安を引き起こした。

国内における敵への攻撃行動が、国境地帯における敵への攻撃ほどの成果は収めていなかったことを認めなければならない。もしその時、国内における敵への攻撃が、国境における攻撃の成功と相まって首尾よく行われていれば、我々は敵を「陸に上がった魚」のように一層困難な状況に追い詰めることができたであろう。

ポル・ポト派は、（カンボジア人民共和国による）革命を「皮膚は固いが、肉は柔らかい」状況に陥れる措置を実施するに当たり、自軍を国内に侵入させ、カンボジアの戦場を次の三つに区分した。第一はトンレサップ河、トンレサップ湖周辺とプノンペンまでの諸州、第二はカンボジア・タイ国境地帯、そして第三は第一及び第二以外の残った地域である。敵は、第一の戦場を重要な地域とし、国境地帯にいる我々の突撃隊の兵力を国内の戦闘に対応させるために移動させ減少させようとした。そして、国境地帯の敵兵力が抵抗活動を展開して我々の軍と対峙する機会を作り出すと共に、第三の戦場を秘密の戦場とし、我々の軍を消耗させ釘付けにすることで、他の地域へ援軍として行かせないようにした。

一九八四年から一九八五年にかけての乾季の終わりに、党中央政治局は状況の進展を正確に評価し、「敵が小規模な部隊を使用して潜入攻撃を行っても、軍事的に問題を解決することはできない。従って、国内で対応するために国境地帯から部隊を移動させる必要はなく」、国境の部隊は、敵への攻撃を強力に続け、国境の防壁をしっかりと維持して拠点を守り、敵の侵入を阻止しなければならない、と結論した。これを基本方針として、我々は国内にいる敵の活動を減少させようとした。国内では、敵をこれまで以上に効果的に攻撃するために我々は軍の駐屯体制を改善し、包括的な措置を実施し、また敵を攻撃する国民の運動を支えるために、敵が往来していた遠隔地に武装した軍隊を駐屯させなければならなかった。当時、中央は重要地点を強化するために州や市当局と共に数百人の幹部を派遣した。こうした措置を通じて、我々は国境地帯及び国内の両方で、敵への攻撃に際して戦略的な優越性を保持し、敵をこれまで以上に困難な状況に追い込んだ。

ポル・ポト派は、失った拠点を奪還できず、また我々の国境防衛体制が、補給を行い、国内の部隊への指令を出す上で重大な障害となったので、我々の攻撃から逃れて移動がしやすく、かつ食糧問題の解決を容易にしようとして、大規模な軍隊を小規模なものに分割することを余儀なくされた。

一九八五年以前には、ポル・ポト派は、国境地帯の拠点とタイ領内に相当程度の大規模な兵力を集結させていたが、一九八四年から一九八五年にかけて（我々の）攻撃をうけた後、ポル・ポト派の兵力は、カンボジア国内に侵入させるために小規模な兵力に分割された。この大規模な兵力の小規模な兵力への分割は、「戦略面での後退」である。理論的にも、また多くの国々の事例からも、軍事力の構築は小規模なものから大規模なものへという過程を辿るが、ポル・ポト派の場合は逆で、大規模な軍を小規模な軍に分割した。小規模な兵力を活用して密かな攻撃を行っても、通常は軍事問題を解決することはできない。それは、単に破壊的活動を行っているに過ぎない。実際、ポル・ポト派は同じような潜入破壊活動を行う段階に留まっており、その形態も以前よりも小規模でまとまりがないものとなり、その多くは民間人を狙って破壊活動をし、食糧を奪うものであったので、ポル・ポト派が攻撃し、支配することができたのは一か所としてなかった。（我々の）カンボジア・タイ国境地帯の拠点への攻撃と奪取及び国境防衛体制の構築によって、敵を困難な状況に追い込んだが、これは単にポル・ポト派に対してのみではなく、兵力防衛の戦略をとっていたシハヌーク派及びソン・サン派も、一層困難な状況に追い込まれた。一九八四年から一九八五年にかけての乾季攻勢の成功により、ベトナム義勇軍のカンボジア駐留の期間は半分に短縮された。一九八四年、ベトナム軍が三回にわたって撤退した後、カンボジアとベトナムは、もし政治解決ができない場合でもベトナム義勇軍は五年から一〇年の間にカンボジアから完全撤退すると表明した。一九八四年から八五年にかけての乾季攻勢が終わると、カンボジア及びベトナム両国の党及び政府は、カンボジアにおける兵力の比較分析を行った。カンボジア革命側の兵力の段階的発展と敵兵力の衰退を通して、両国政府は「ベトナム軍は、毎年部分的な撤退を続け、一九九〇年に完全撤退する」と結論づけることが可能となった。これは、ベトナム軍による一方的な撤退であり、もしカンボジア問題の政治解決が図られれば、一層早期に撤退できるであろう。一九八五年八月、プノンペンで行われた第一一回カンボジア―ベトナム―ラオス外相会合の声明において、ベトナム義勇軍の撤退の最終期日に関し、一九九〇年と発表した。この点は、カンボジア革命勢力が発展していること及びカンボジア問題の政治解決を望むカンボジアとベトナムの意思を明確に示したものである。

六　ポル・ポト派の新戦略

一九八五年、カンボジア人民共和国を攻撃し打倒しようというポル・ポト派の計画は、失敗に終わったのみならず、同派を窮地に追い込んだ。ポル・ポト派は、大規模な軍隊を分割し、民間人を主たる攻撃目標とする、散発的な密かな戦闘を行う小規模な軍隊に再編するという戦略上の後退を余儀なくされた。ポル・ポト派は、革命政権を軍事的に打倒するために、軍事力を主体とし、これに政治、経済及び外交活動を組み合わせるという手法から、政治的・経済的方策を主体とし、これに軍事的破壊活動を組み合わせるという手法に変更したが、このことは次のようなポル・ポト派の戦術の変更をもたらした。

敵はカンボジア人民共和国の打倒を企図していたが、その方法は、村レベルでの革命権力の打倒によって支配地域を作り、それを州レベルにまで広げ、民主カンプチア政権の支配機構を打ち立て、その後に中央政権を攻撃して打倒するというものであった。しかし、これを変更して、彼らが人民による戦争路線と呼ぶ、主として各地方で静かに破壊活動を行う方式にした。敵は、（革命側による）各地方の建設を破壊し、革命側から国民を奪う取り組みに集中した。この時、ポル・ポト派は、一九八四年から八五年にかけての乾季に敗北したために意気消沈した士官から下士官までの兵員の志気を高めることに全力を注ぐと共に、兵員組織を持続し、新たな戦術に合致するよう組織の改革を行った。彼らは、軍隊を師団内の戦術団と呼ばれるものを含めて小規模な部隊に分けたが、これは食糧問題を解決しやすくし、攻撃を避けるために移動しやすくし、また村落などに忍び込んで活動することを容易にするためであった。ポル・ポト派は、軍隊を分割して、宣伝活動を行ったり、地下組織を形成したりするグループを整備し、その中で「心情（に訴える）」戦術を実施した。これは、敵が兵員をその出身地に派遣して、家族や親類といった心情的な結びつきに訴え、それを通じてその地域を味方にしようとするものである。

地方拠点や住民を奪取しようとするポル・ポト派の策略は、革命側が地方拠点を構築し、強化して、ポル・ポト派の計画にとって大きな障害となった後に実施された。全体として、敵の部隊は国境地帯及び国内という二方向からの圧力に直面して、活動を大幅に拡大することができなかった。国境地帯では国境防壁が構築されたため敵は出入国に際して困難に直面したが、重要なことは、武器・弾薬や食糧の国内への持ち込みに際して困難に直面したことである。敵は、国内に入る前にまず死を乗り越えられるかどうかを試された。またある時はタイ軍の支援に依存することもあった。一九八七年の「クメール三派軍の侵入の方角」について記載した、情報源秘匿のタイの秘密文書によれば、タイのフラン（Fran）と呼ばれる軍隊は、ヘン・サムリン軍やベトナム軍の進行を阻止したり、偽りの軍を駐在させたりすることで（三派軍を）擁護した。通常、この侵入は秘密裏に行うために、ジャングルという地理的条件を利用して夜間の暗闇の中で行われる。タイ兵士は三派軍の侵入を支援する活動に加わっており、この点から、我々は、タイ側が国境地帯で軍事活動を強化する際には、間違いなく敵部隊の国内侵入に関係していると記憶している。その同じ文書は次のとおり評価している。

「カンボジアに密かに侵入し、拠点に戻ってきた部隊の多くは人数が減少しており、中には出発したときに比べて八〇パーセントまで減少している場合もあった。これは、相手に掃討されているのであり、また多くの場合、食糧不足や悲惨な生活、また長期にわたって故郷から離れていることに耐えられずヘン・サムリン側に投降していた」

この文書は、次のようにも述べている。

「これらの人々をスパイ活動のために国内に潜入させる措置については、年長で凶暴な考えの持ち主の司令官による追跡と監視が行われた。これらの人々の中で、逃げ出したいなどの考えを持っているという疑いがかけられた場合、直ちに射殺されるか、その部隊ごと地雷を踏まされることになった」

国内でのポル・ポト派の活動は、一九八四年の国境防壁の建設前と建設開始後とを比較すると、建設開始後には、国内に潜入して活動を行ったり、補給のための輸送や国内の部隊への指令を出したりする上で困難に直面したため、大きく減少した。一九八五年には、国内における敵の活動は四〇パーセント以上減少し、その後も年を追うごとに活動は回数の面でも規模の面でも後退した。敵は、国境地帯にいる部隊よりも国内の部隊の方がより多くの困難に直面した。これは敵が国内に深く入れば入るほど、物資補給の面で困難をきたし、輸送のために大部分の部隊が兵力の三分の一から場合によっては三分の二を使用しなければならなかったからである。殆どの部隊には安定した拠点がなく、革命側の攻撃を避けるために常に移動しなければならなかった。この結果、彼らは指揮命令・連絡体制に関して困難に直面し、特に病院や治療薬がなかったために、病人や負傷者にとって一層困難な状況であった。病人や負傷者を連れて行くことができない場所もあり、そうした場合に、ポル・ポト派の司令官は、これらの病人や負傷者が革命軍側に捕らえられたり、革命軍側へ投降したりしないように、彼らを殺害した。革命側の発展と国民生活の精神面及び物質面での発展、また党と政府の寛大な政策は、敵側の兵士らの精神面に強い影響を与え、これにより敵司令官の悪意の宣伝は効果を失い、多くの敵兵士を革命側への投降に走らせた。

ポル・ポト派は、こうした状況を立て直すため、国内にいる士気の低下した兵士を国境地帯に戻すことなどを内容とする体制を強化するための計画を策定した。また場所によっては、兵士達に革命側に偽って投降することを許し、これにより士気の問題や食糧問題を解決し、革命軍の粉砕から逃れつつ、彼らが戦争を継続するための地下組織の軸にしようとした。ポル・ポト派は、「戦争を利用して現場の戦争を養う」という措置を講じた。その重要な点は、食糧を強奪したり密かに買い入れたりし、また遠隔地域で若者に圧力をかけて勧誘し、彼らを兵員にするというものであった。食糧を強奪し、また買い入れることは、ポル・ポト派の勢力を持続させる上で必須な要素となっていった。三派連合政府の兵力のカンボジア国内侵入について記述した情報源によれば、（侵入に関して）一部の国々による支援があったとされている。ある文書は次のとおり記載している。

「カンボジア国内に密かに侵入するためには七日間かかる。もし深く侵入しようとすれば一五日間かかる。彼らは、食糧や缶詰を中心とする物資などを持ち運ばなければならず、また一部の者は現在のカンボジア政府のリエル貨を使用していた。これらのリエル貨は、（三派連合政府側の）友好国が供与したもので、例えばシンガポールがカンボジアと交易を行い、リエル貨に交換した後、内部の約束に基づいて中国、米国、タイに送金するという経路を経たものであった」

三派連合政府がカンボジアと交易する国から得たリエル貨以外にも、敵勢力が国民を欺いて食糧を得るために使用した偽リエル貨も見られた。秘密情報によれば、これらの偽リエル貨はバンコクやシンガポールで印刷された。国民から食糧を得る手段として、金、米ドルや物々交換の手法も用いられたため、敵は輸送に関する困難さを軽減することができたが、安定的な解決を図ることまではできなかった。全体として、敵に食糧備蓄はなく、その状況下では、たとえ銃や弾薬が十分にあったとしても、長期に戦闘を行って、戦争を拡大することはできなかった。

一九八七年に入ると、ポル・ポト派は「三つの『べからず』戦略」を推進し、また「二つの破壊と三つの建設」戦略を打ち出した。三つの「べからず」戦略とは、敵が自らにとって危険と見なした革命兵力による建設を破壊しようとするもので、具体的には「国に食糧を売るべからず」、「民兵に入隊するべからず」、及び「国境防衛体制の建設に加わるべからず」、の三つである。

一九八七年はじめ、ポル・ポト派は政策面で更に一歩後退しているように見られたが、その後退は今日まで続いている。これは、ポル・ポト派が国民に暴力的な措置を取っていることを示している。数年前、ポル・ポト派は既に一度政策面で後退した。同派は、村レベルの革命国家機構を二つの顔（人民共和国政府と三派連合政府）を持つものへと変容させるよう努める政策から村レベルの国家機構を破壊する政策に変更した。しかし、ポル・ポト派は依然として国民の間に地下組織を構築する取り組みは続けた。ポル・ポト派は、この地下組織建設計画が失敗してからは、国民を殺戮による鎮圧か、ジャングルに連行して学習させるか、または同派の輸送支援に従事させるかしたが、このことで国民は一層激しく憤慨した。国民を連れ去ってジャングルで学習させることに関して、ポル・ポト派の政治戦略において驚くべき点が一つある。それは、一九八七年四月のポル・ポトの文書に記載されている長期的な戦略の準備であり、そこでは、シハヌーク殿下を連帯もし（敵に回して）闘争もしなければならない戦術上の同盟者と見なしている。ソン・サンは、長期的には危険な敵であるが、当面はベトナムに対抗する上で協力すべき存在とされている。現在のカンボジア革命勢力に関しては、シハヌーク殿下やソン・サンを通じてカンボジアで将来再度台頭しうる封建主義や資本主義の危険を防ぐための長期的な戦略上の同盟者と見なしていたようである。もう一つ注目すべき点として、ポル・ポト派は、政治解決がなされ、選挙が行われる場合には、キュー・サンパンに投票するよう国民に宣伝していた点である。従って、ポル・ポト派は、軍事的手段による権力奪取が成功しない場合、政治解決に参加する準備をしていたようであり、対外的にはシハヌーク殿下がずっとカンボジアの国家元首であると言いつつも、選挙ではシハヌーク殿下と対決する準備をしていた。

写真5　タイ国境近くのバンティアイミエンチェイ州で訓練する政府軍兵士（1992年10月7日、出典：毎日新聞）

カンボジア問題の政治解決に向けて情勢が急速に進展し、ポル・ポト派にとって政治的、心理的、また軍事的にも不利になっていく中、一九八八年はじめにポル・ポト派は事態を自らに有利にするために、同年一月から四月までの四か月間の計画を策定し、二つの破壊と三つの建設という戦略を進めた。一九八八年二月、ポル・ポト派中枢は、もう一つの新たな指針を打ち出して、二つの破壊と三つの建設に加えて「二つの破壊と四つの建設」とした。二つの破壊とは、現場の革命政権側の武装組織（軍、警察、民兵）及び権力機構を破壊することである。四つの建設とは、（最初の二つは）家庭ごとに、また家族グループごとに中核組織を構築することであり、これは水面下で行うものである。また、（次の二つは）スパイ組織を構築し、村の中核組織を構築することであり、これは村レベルでの権力機構を作るという性格を持つ。敵は、これを政治の中核、経済の中核、通信の中核、スパイ活動の中核、クメール兵士運動の中核、政府機関運動の中核、教育の中核及び生活・社会事業の中核としての任務を持つ技術的な中核組織と呼んだ。

敵は、村を四つに分類した。第一の解放された村では、中核組織を公然と、また半ば公然と構築し、第二の半分だけ解放された村でも、公然と、また半ば公然と構築するのに対し、夜間の解放村では、中核組織を密かに構築しなければならず、革命側が暫定的に支配する村についても、密かに構築する必要があるとしていた。敵は、二つの破壊は、彼らが実施する上で鍵と考える四つの構築のために扉を開くものと考えていた。

敵の計画は大規模だったが、その能力には限界があった。更に、現場の革命側の兵力が増強されたために、この有害な策略は後退を余儀なくされた。ポル・ポト派は、二つの破壊と四つの建設計画の実施を管理するために各方面に出した指導の中で、計画を実施できていない下部組織に対して、足踏み状態で前進することができずにいる戦場があり、正しい目的に従って進んでいないという認識を示し、批判した。

ポル・ポト派は計画が実行されていないことを見て、一九八八年五月に民主カンプチア軍最高司令部が、コンポントム州とコンポンチャム州で七〇～八〇パーセントの住民を掌握し、兵力組織とする活動を行うための「驚くべき」計画を自身の部隊に指示した。その計画とは、水田改革とゴム園の国有化を行うもので、水田を奪い、あまり広すぎない面積で貧農に分配し、農民にできた作物の一部を納めさせる。また、ゴム園を奪い、住民に分け与えて、できた作物をポル・ポト派との間で半々に分け合う、というもので、同派はこれを選挙の際に住民から票を得るための準備と呼んだ。また、ポル・ポト派は「人々を集めて、木を切り、道路をふさぐ」という奇妙な計画も策定したが、同派はこれを政治的、軍事的、経済的に大きな意義があると見なしていた。敵は、国民一人が一〇本の木を切って道を囲むという計画を作り、一週間から二〇日間道路を完全に閉鎖する計画とした。この計画は、囲んだ区域から同派の支配地域を拡大し、または政治解決が行われた際に同派の合法性を示すために、戦略的地域、または戦略的村落を作るというもののようである。当時ポル・ポト派は、バッタンバン州、バンティアイミエンチェイ州、シェムリアップ州、コンポントム州を解放し、国道四、五及び六号線を分断するよう自軍に指示を出したことも明らかにしておく。しかし、この無謀で野心に満ちた計画は、一か所でも実施されずに、敵は革命側の攻撃から身を隠し、逃げ続けていた。

ポル・ポト派は、自派の合法性を継続し、カンボジアの政治世界から同派の抹殺を求める声を防ぐための心理作戦及び対外宣伝の中で、カンボジアの政治解決における中国及びクメール・ルージュの役割について考えるようになり、人々の精神を脅迫し、更にベトナム軍の期限通りの撤退を阻むようになった。ポル・ポト派は、「一九九〇年の戦略的機会」と呼ぶものを提起したが、これはベトナムのカンボジアからの完全撤退後に権力を奪うというものであった。同時に、ポル・ポト派は同盟者のシハヌーク派やソン・サン派を一層激しく攻撃したが、これはカンボジア問題の政治解決においてクメール・ルージュなしで個別に合意を結ぶことを阻止するためだった。

最近の戦場における戦力バランスは、カンボジア国民の闘いにとって好ましいものである。敵は、ベトナム軍がカンボジアから撤退を続ける中で、カンボジア革命勢力を弱体化させようと試みた。一九八七年一一月、ベトナム軍はカンボジアから二万人を撤退させ、一九八八年はじめには、カンボジアとベトナムの善意により、そしてチャワリット・ヨンチャイユット・タイ軍最高司令官の善意に応える形でカンボジア・タイ国境の三〇キロの地帯から撤退した。チャワリット司令官は、カンボジア国境地帯に駐屯するタイ軍の数を減少させることを発表したが、我々の重要な願いは（タイ軍との）衝突を避け、両国間の国境地帯を安定した平和なものとすることにあった。一九八八年六月から一二月まで、ベトナム軍は国境地帯及び国内に駐屯していた軍を含めて更に五万人が撤退した。敵が再び優位に立とうとする中でベトナム軍が二度にわたって七万人が撤退したことは、国防に関して国民にとっては重い負担となった。しかし、カンボジア革命軍の発展により、我々は国内及び国境地帯で勝利への優位性を確保し、また全国で国民が生産活動を行うための安定を保持したが、この結果、各地方は、その優位性に基づいて発展を続けた。ベトナム軍がカンボジアから段階的に撤退しつつも、国内は堅固に保たれたことで、カンボジア紛争各派に対しては問題を政治的に解決するための交渉テーブルに急いでつくよう促す重い圧力となり、また問題の焦点もベトナム軍の撤退に関する要求から、敵対する各派に交渉テーブルにつくこと及びポル・ポト政権再来の危機を阻止することへの要求に移った。

七　対抗勢力の分裂

対立する勢力同士が同盟関係を構築することは、容易ではない。権利や利害関係に関して平等ではなく、相互に誠実さを欠く同盟関係においては、永続性を持たせることはできないに違いない。各勢力の意図や最終目的が異なるため、いかに利益面や今後の活動に関して調整を図ろうとしても、相互の意見対立を隠すことはできない。

三派連合政府が樹立される前から、彼ら各派は互いにその本質と最終目的についての相違をはっきりと示していた。彼らは、難民キャンプを支配し、自派の影響力を拡大し、またこれから結成される連合政府を支配するために躍起になっていた。シハヌーク殿下やソン・サンは、クメール・ルージュとの三派連合政府の結成に踏み出す際には非常に慎重だったが、結局クメール・ルージュの人質になることから逃れることはできなかった。ソン・サンは、自らの支援国に対し、虎の檻に入れられる前に頑丈な棒を与えてくれるように頼んだが、実際にはソン・サンは虎に対して何もできず、逆に虎の餌食となり、生きるために「しゃがんで川に入り、肉を削いで虎に差し出す」という言葉をそのまま行うことを余儀なくされた。確執は、単に各派閥間にあったのみならず、それぞれの派閥の内部にさえもあった。クメール国民解放戦線の内部確執のためにソン・サンは非常に困難な状況に押しやられ、ソン・サンは中国とクメール・ルージュの支配下に置かれた。一九八五年以来、クメール国民解放戦線内では、ソン・サン派とサック・スット・サコーン将軍派との間で内部分裂が生じており、それはサック・スット・サコーン将軍がソン・サンを戦線の長の職から引きずり下ろすというクーデター的性格を有するものであった。この一派閥内の両者の亀裂は既にずっと以前から生じていたが、内部抗争が決定的な引き金となったのは、ソン・サンが、ヒン・コントンとアブドルガファピアンメットを一九八五年八月二二日に執行委員会から、そして一九八五年一二月四日にはクメール国民解放戦線から追放する決定をしたことに始まる。この機に乗じて、軍最高司令官のサック・スット・サコーン将軍と参謀総長のディエン・ダエル将軍は、一九八五年一二月一七日にソン・サンの執行委員会に代わる「クメール国民解放戦線救済暫定中央委員会」という名の委員会を設立した。その後の和解努力も功を奏さず、一九八六年二月一五日、ソン・サンはサック・スット・サコーン将軍とディエン・ダエル将軍を軍最高司令官及び参謀総長の職から追放する命令に署名した。

このように発生した内部抗争は、ソン・サンが抑えられる範囲を超えてしまった。戦線内での混乱は、三派連合政府設立に関するクアラルンプール憲章をも揺るがすようになった。二つのグループは、互いの弱点を暴露して非難しあった。サック・スット・サコーンのグループは、ソン・サンを党派的家族主義で、独裁者であり、自らの家族と党のために外国からの援助を騙し取り、外国の援助を使って外国旅行をしているなどと非難した。それに対し、ソン・サンのグループも激しく応酬したが、その非難はサック・スット・サコーンから行われたものと大きくは変わらなかった。しかし、「監督者の言葉を聞かず、腐敗しており、人権を侵害している、この（サック・スット・サコーンの）グループが、一九七〇年三月一八日にシハヌーク殿下を陥れ、また一九七五年四月一七日にクメール共和国をクメール・ルージュの手に渡した張本人である」とする点は、趣旨が異なっていた。ソン・サンのグループは、サック・スット・サコーンに圧力をかけ、この確執の中で、シハヌーク殿下の支持を得るために一九七〇年三月一八日のクーデターを取り上げるなど、これまでの政治的事件を利用しようとしたが、ソン・サンは、自身の傍らにはかつて反シハヌーク運動に参加した将軍などがおり、ソン・サン自身もそれに参加していたことを忘れていた。クメール共和国をクメール・ルージュの手に渡した責任について提起したのは、ソン・サンが、サック・スット・サコーンは一九七五年四月一二日にソー・カームコーイ将軍に対するクーデターを行ったと見なしていたので、（この点を提起することで）同将軍などの人々を自分の方に引き寄せたかったからである。ロン・ノルが国外に出た際、ソー・カムコーイがクメール共和国の大統領代行に任命されていたことを想起したい。ソー・カムコーイは、一二日間大統領代行を務めた後、駐プノンペン米国大使館が閉鎖された一九七五年四月一二日、米外交官をカンボジアから出国させるべくやってきた米軍ヘリに乗ってバンコクに発った。ソー・カムコーイは、出発前にロン・ボレートにクメール共和国の第一大臣の職を与えた。ソー・カムコーイ将軍の出国後、有力者が集まって、「最高七人委員会」と呼ばれる委員会の結成を決定した。この委員会は、プノンペンから逃走し行方不明という理由でソー・カムコーイ将軍に対するクーデターを行い、国民に対してはソー・カムコーイ将軍を大統領代行と認めることを止めさせた。この最高七人委員会は、サック・スット・サコーン将軍が委員長で、ロン・ボレット、ホン・トンハック、タオン・ブァンファンムーン、ブォン・サルンディー、イア・チョン、アウブ・キムアンが委員であった。ソン・サン・グループは、最高七人委員会が委員長のサック・スット・サコーンに頼っていたために、クメール共和国の失敗をサック・スット・サコーンの責任に帰した。クメール国民解放戦線内部の対立により、カンボジア人民共和国の反対勢力に支援を行っていた諸国は、一九八二年六月二二日の民主カンプチア連合政府樹立宣言において政府内におけるクメール国民解放戦線の役割について触れておらず、シハヌーク殿下、キュー・サンパン、ソン・サンの三人の指導者の名前が書かれていたのみだったことから強い懸念を抱き、その影響は三派連合政府にも及んだ。もしサック・スット・サコーンがソン・サンを追放すれば、クアラルンプール宣言を放棄しなければならないからである。そうなれば、連合政府の発案者たちの面子は深刻に損なわれ、カンボジア革命政府側及びベトナムに圧力をかけるための格好のカードを失うことになる。こうした理由から、これら諸国は、三派連合政府を守るという方針を堅持し、そのために行動しなければならなかった。こうした動きは、米国、中国、アセアン、特にタイが、「この（カンボジア）問題に干渉する活動はせず、当事者同士に解決を委ねる」というバンコクの外交団の分析とは逆であった。もし、干渉と圧力がなければ、ソン・サンはクメール国民解放戦線の委員長を継続することはできず、またいわゆる民主カンプチア連合政府の首相も務められなかったことは確実であった。連合政府及びクアラルンプール宣言を支持する諸国がこうした状況を懸念したため、サック・スット・サコーンやディエン・ダエルと争うソン・サンの立場は強化されることとなったが、このためにソン・サンはますます強く中国、タイ及びクメール・ルージュの支配下に置かれることになった。ソン・サンは、シハヌーク殿下が一九八七年一二月二日に私に対し、「ソン・サンは、中国が援助を打ち切るのを恐れているので、（フン・セン）閣下と話し合うことはできない」と明確に語ったとおり、カンボジア問題の政治解決への道の探求も含め、中国などの支配から逃れることができなくなった。我々の理解するところでは、ここでの支援とは多種多様なものであり、ソン・サンが現在の地位からの追放を避けるための個人的な支援も含まれていた。サック・スット・サコーンとの争いにより、ソン・サンは、それまで数年間厳しい対立関係にあったシハヌーク殿下に対する態度をある程度軟化させた。その時、ソン・サンは、クメール国民解放戦線議長としての、また連合政府首相としての地位を守るためにシハヌーク殿下の援助または支持を必要としていた。しかし、この争いにより軍事面でのソン・サン派とシハヌーク派の協働は妨げられた。これら二派の間の「常任軍事委員会及び連合最高司令部」の設置につき、シハヌーク殿下は一九八五年一二月一二日に、ソン・サンは一九八六年一月四日にそれぞれ合意していた。この常任軍事委員会及び最高司令部では、サック・スット・サコーンが連合司令官でアブドル・ガファピエンメートが副参謀総長であったが、これはソン・サンにとって脅威となっていたので、ソン・サンは「常任軍事委員会及び連合最高司令部は暫定的に活動停止を宣言する」旨の通知を発した。この通知により、サック・スット・サコーン・グループは、ソン・サンに対し、クメール国民解放戦線とシハヌーク軍との間の協力に反するとしてソン・サンに反対すると喧伝する機会を得た。

民主カンプチア連合政府の設立を提唱した諸国は、「援助を削減し、庇護を与えない」「一つの戦線で二人の議長は認められない」「民主カンプチア連合政府を設立したクアラルンプール協定に抵触させない」「旧執行委員会とクメール国民解放戦線救済委員会との共存を図るために調整する」といった理由でサック・スット・サコーン・グループに対して秘密裡に、またあからさまに圧力をかけることで、ソン・サンの地位保持に成功したが、両者の間に生じた亀裂を消し去ることはできなかった。両者は、それ以来お互いに牙をむき出してきた。こうしたことから、ソン・サンは民主カンプチア連合政府から脱退することができなかった。シハヌーク殿下は既に脱退していたので、連合政府に大統領はおらず、首相のみであった。もし、ソン・サンが連合政府の首相を辞任していればサック・スット・サコーンはその機に乗じてソン・サンをクメール国民解放戦線議長の職から追放しようとしたであろうし、中国もソン・サンへの支援を無益として中止したであろう。一方、ソン・サンが連合政府首相を継続するならば、クメール・ルージュを粉砕しようとする要求が行われる中で、クメール・ルージュはソン・サンの兵力への攻撃を継続するであろうから、ソン・サンにとって政治情勢はますます緊迫したものとなろう。従って、ソン・サンは、自分自身の問題に関しても、また全体的問題に関しても、戦略の選択が困難な、身動きの取れない状態にあった。

シハヌーク殿下の派閥内にも深刻な対立があり、権力の争奪、党派・家族主義、独裁や陰謀があった。ムリナカ運動指導者のコン・シロアという人物の毒殺は、このグループ内の秘密とされていたが、ソン・サン派とも関連があった。コン・シロアは、フランスに亡命した元ロン・ノル政権の将校だったことはよく知られている。コン・シロアは、ブオ・ホルという名の者と共にタイに来てクメール・セレイ武装グループを指導し、一九七九年に「ムリナカ」と呼ばれるカンボジア国民解放運動を設立した。コン・シロアが一九八一年乾季に毒殺されてから、元クメール共和国首相のイン・タムが、シハヌーク殿下の指導により、シハヌーク軍と呼ばれる軍を擁する「独立・中立・平和と協力のカンボジアのための国民統一戦線（フンシンペック）」の枠組みの中で、コン・シロアの後任となった。イン・タムは、フンシンペックの最高司令官及び第二副委員長という役職と共に民主カンプチア連合政府国防部門の調整事務所委員となった。

イン・タムは、フンシンペック内での仲違いや軍内部での無秩序状態、更にはタイ及びシンガポール政府からの圧迫や干渉のために、一九八四年一月二三日に辞職願を提出し、同年二月二日に活動を停止した。イン・タムは、自分の名前が利用されないように一九八五年二月一八日に辞職した旨を声明で公表した。イン・タムは、一九八五年三月一日付でバンコクのＡＦＰ支局に送付した二ページの声明の中で、フンシンペックとシハヌーク軍内での深刻な対立について明らかにしている。イン・タムは、シハヌーク殿下が彼の後任として一九八五年三月一六日に最高司令官に任命したティエプ・バエン将軍について、タイやシンガポールの息のかかった将軍であると言い、またタイやシンガポール政府に対してはイン・タムの最高司令官としての職務に干渉し、軍内部の至る所に無秩序をもたらしたと非難した。より重要なこととして、イン・タムは、タイによるバッタンバン、シェムリアップ、オッドーミエンチェイ、トマープオク、プレアビヒア及びコッコン各州の奪還政策を明らかにした。これらの各州は、シャムが一九〇七年の仏シャム協定に従ってカンボジアに返還したものであり、また日本が第二次世界大戦に敗北した際にはコンポントム州も含めて返還したものである。イン・タムは、次のとおり明らかに述べている。

「私がジャングルで闘争を行った三年間を通じて、タイは、たとえプレアビヒアの問題を取り上げないと約束しているとはいえ、（フランスの）アルザス・ロレーヌ地方と類似した歴史を有するバッタンバン、シェムリアップ、オッドーミエンチェイ、トマープオク、プレアビヒア及びコッコンの各州を取り戻そうとする政策を放棄したわけではないと確信した」

インン・タムは更に付け加えて、「クメール人に対するタイ軍部の闘争戦略の真の目的は三つある。それは、共産主義タイ勢力を引き揚げ、ベトナムの兵力を分断し、これらの領土を奪還するための計画の準備である。これは、クメール民族の名に値するクメール人が良心をもって注意していくべき長期的な状況の推移である」。最後に、彼は次のように強調している。

「私の意見では、カンボジア問題は早期には解決できず、長い時間がかかる。戦争が長期化すれば西部諸州を失う危険はますます大きくなる。私がフンシンペック及び連合政府から脱退したのは、クメール人の闘争を反ベトナムと同時に自らの祖国にも背かせるとの両面を持たせようとする外国の干渉に対抗するためであった」

イン・タムによるタイのカンボジアに対する政策に関する評価は正しく、彼の脱退は理性によるものだった。しかし、彼は西部諸州の喪失を防ぐための行動は何も行わず、逆にイン・タムはソン・サン派及び連合政府の分裂に大きく関与し、そのためにソン・サンに忠告の手紙を書くこととなったが、結果は彼の意図とは逆になった。

イン・タムが正式に脱退すると、シハヌーク殿下は、ティエプ・バエン中将をシハヌーク軍の最高司令官兼参謀総長に任命し、妃のノロドム・モニク・シハヌークをイン・タムが務めていたフンシンペックの第二副委員長に任命した。第一副委員長はニュック・チューロンであった。

ティエプ・バエン中将の任命後、内部対立やその他の危機が起こり、またタトムでの最後の拠点を失う中で、最高司令官兼参謀総長の職から解任された。シハヌーク殿下は、一九八六年一月三〇日に殿下が中国に滞在している頃から同中将の交代を決めていたという情報がある。ティエプ・バエンの解任は、酒の飲みすぎ、二万ドルの紛失、シハヌーク殿下の個人代表ノロドム・ラナリットとの不仲や部下を虐待し行方不明にさせたことなどの中将個人の過失によるとされている。シハヌーク殿下の個人代表に任命されていた同殿下の息子のノロドム・ラナリットは、ティエプ・バエン中将が務めていた二つの職を引き継ぐように任命された。ノロドム・ラナリットの夫人も一九八五年にクメール女性協会会長の職に任命された。当初参謀総長にはノロドム・チャックラポン〔シハヌーク殿下の四男〕を任命するという情報もあったが、様々な人との対立が多すぎたために見送られ、チャクラポンは旅団長に留まった。フンシンペック及びシハヌーク軍内部での頻繁な指導者の交代により、その内部は安定しなかった。フンシンペックの内部抗争は続いたが、特に大きな問題は上司の個人的利益のための部下への支配であり、そのために内部は多くの派閥に分裂し、ついにはこれらフンシンペックのメンバーは国外に行っても多くの別々のグループに分かれていた。

クメール・ルージュ、ポル・ポトの一味については、確かに内部事情を秘密にすることで有名であるが、それでも内部分裂を隠すことはできず、最も明らかだったのは、頑迷な上司による下級兵士や下級士官への残虐行為である。ポル・ポト派は、敗北したにも拘らず、内部の粛清を継続していて、オンカー（組織）を裏切った者や敵か味方かがはっきりしないという疑いがある場合には生かしてはおかなかった。幹部の間でも、闘争しつつも、現場で柔軟に対応するという方針を実施してはいたものの、意見の

写真6　左からポル・ポト、イエン・サリ、イエン・ティリット（出典：1979年12月8日付毎日新聞）

相違もあり、お互いに多くの疑念を抱いていた。キュー・サンパンは、公にはクメール・ルージュのトップとして任命されてはいたが、この人物は名目的な役職があるのみで何の決定権もなかった。シハヌーク殿下は、キュー・サンパンはイエン・サリの妻のイエン・ティリットの命令に従っていると語ったことがある。イエン・サリは、残虐な殺人者たちの首領であり、外務大臣を辞めてからは、自分の妻を通じてキュー・サンパンに命令していたのである。

タ・モック指揮下の勢力は、扇動・宣伝活動を行うためにキュー・サンパンの名前を使用しなければならなかったにも拘わらず、キュー・サンパンを信頼しておらず、時にはタ・モック派はキュー・サンパンがプノンペン政府の策略に負けたと言って非難したほどであった。秘密情報によれば、中国もキュー・サンパンを信頼しておらず、好んでいなかったようである。ポル・ポト、イエン・サリ、タ・モックは依然としてクメール・ルージュを指導する上で重要な役割を担っていた。一九八八年のジャカルタ非公式会議に先立ち、クメール・ルージュ内には、会合への参加の是非をめぐって三つの異なる意見が存在した。情報によれば、第一が、ポル・ポト、イエン・サリ、タ・モックの意見であり、第二がソン・センの意見で、第三がキュー・サンパンの意見であった。このように意見の相違はあったが、最終的には、他の派閥や他の国々が参加する中で孤立を避けるため、またプノンペン政権とシハヌーク殿下及びソン・サンとの間で合意が結ばれるのを阻止するために会議に参加すべきとの北京の意見を受け入れなければならなかった。七月二四日から二八日までインドネシアのボゴールで行われた会議では、キュー・サンパンは独立したところが全くなく、名目的なトップで、事前に指導されたこと以外には話さない人物であるということが明確に示され、仮に話すとしても顧問のポル・ポトが決定したこと以外は話さなかった。更に、キュー・サンパンは、自らが開いた記者会見でも記者の質問に答えようとしなかったので、数百人の記者たちは「非常に変わった記者会見」と呼んだほどであった。キュー・サンパンは、常に組織を尊重していたので、クメール・ルージュ派のトップとして独立した行動をとろうとはしなかった。ポル・ポトは、これほどまで尽くしているキュー・サンパンを信頼しなかった。それではポル・ポトは、一体どんな人物であれば信頼するのであろうか。

連合政府内のクメール三派の間の関係については、フランスの新聞が「連合政府は、石鹸の泡のようなもので、吹くと様々な色で眩しく輝くが、早晩この泡は必ずや割れるだろう」という笑止な比喩を用いているとおりである。これは事実であり、この政府は成立したその日から、常に危機的であった。クメール・ルージュ・ポル・ポト派は、シハヌーク派やソン・サン派を友人と見なしたことは一度もなかった。民主カンプチア連合政府が成立した一九八二年六月二二日の五日後の六月二七日に、ポル・ポトの暗号である第八七号が、シハヌーク殿下及びソン・サンを戦うべき敵対階級と見なし、部下に対して、シハヌーク殿下とソン・サンに注意深く対応するように指示を出している。彼らは、シハヌーク殿下を封建主義者、ソン・サンを資本家のコンプラドール（ブローカー）と見なし、民主カンプチアから権力を奪取するためにやってきたのであり、注意し、戦うべきであると考えていた。この時のシハヌーク殿下及びソン・サンとの連帯は、単にベトナムに対抗するための戦線の勢力を結集するためだけのものであった。ポル・ポト派は、現在のシハヌーク殿下及びソン・サンとの共同戦線は一体性と共に内部対立も有しており、階級の本質において相容れない者同士であることから、将来は敵同士になると考えていた。従って、戦線は外部に対しては連帯することが重要だったが、国内的には将来面倒なことにならないように、シハヌーク派及びソン・サン派の活動を妨げ、国民への影響力を拡大させないようにする必要があった。ポル・ポト派軍は、シハヌーク派及びソン・サン派の兵力に注意すべきとの指示に従い、常にシハヌーク派及びソン・サン派の軍隊を攻撃し、このために多数の兵員が死傷した。シハヌーク殿下は、ポル・ポト派からシハヌーク軍に対して次々と行われる攻撃に激怒し、一九八二年以来何度も何度も三派連合政府の代表を辞任すると脅しをかけた。シハヌーク殿下が辞任に言及する際には、常にポル・ポト派による同殿下の忠実な部下に対する犯罪行為を激しく非難していた。

慢性的な軍事衝突のために、政治的意見の衝突は先鋭化していった。シハヌーク殿下は、三派連合政府の傘の下では、そして中国及びアセアンの保護下においては、カンボジア問題の政治解決を模索することはできないと明確に理解していた。一九八七年五月七日に、シハヌーク殿下はポル・ポト派からの同殿下の軍への激しい攻撃に対応して、「半分」の措置を取る、つまり三派連合政府の大統領から五〇パーセント辞任する決定をした。この時からシハヌーク殿下はカンボジア人民共和国との交渉を模索し、一九八七年一二月と一九八八年一月の二回にわたってフランスで交渉を行った。この時期ポル・ポト派は、自軍に対し、これはシハヌーク殿下の独自の活動であるとの宣伝を開始したが、一方でシハヌーク殿下を引き付け続けようともした。一九八八年一月三〇日、北京においてシハヌーク殿下は、民主カンプチアの大統領職から完全に辞任する旨発表した。この時シハヌーク殿下は、三派連合政府を恐るべき亡霊と呼んでいた。ポル・ポトは、急いでキュー・サンパンを派遣し、シハヌーク殿下に復職を懇願した。その後短期間静かに時が過ぎてから、一九八八年七月一一日、シハヌーク殿下は二度目の辞任を発表したが、その態度は一層断固たるもので、これまでよりも激しくクメール・ルージュに反対するものであった。一九八八年七月二七日、紛争中のクメール各派、インドシナ諸国及びアセアン諸国がジャカルタで非公式会議を行っている最中に、ポル・ポトは自軍に対し、シハヌーク殿下及びソン・サンの兵力に政治的・軍事的攻撃を行うよう指令を出した。その「八七から全方面へ」と呼ばれる指令の全文は次のとおりである。

一、現在の状況は、我々が二つの破壊、四つの建設及び三つの戦術を実施する上で益々有利となっている。従って、我々が前進しやすいように、各方面においては、全ての戦場において、大規模な四つの兵力の構築に努めるよう求める。内部に対しては、敵ベトナムの策略及び他のクメール勢力、特にシハヌーク派とソン・サンのクメール・セレイに関する我々の考え方についての各種文書を丹念に学ぶよう求める。

（1）ジャカルタでの交渉がどんなものであっても、それで我々の問題を解決することはできない。重要なカギは、我々が敵を攻撃すれば、敵は後退するということである。

（2）シハヌークについては、三派連合政府から離脱して、ぬかるみにはまり、手足を縛られてフランスの奴隷になっており、三派を捨て、国家を捨て、我々国民を捨ててしまった。シハヌークは、ベトナムにより国民が殺戮され国家が被害を受けていることを考えず、自分の利益だけを考えている。

二、この問題への我々の対抗措置

(1)　シハヌーク派及びソン・サン派の政策を次のように攻撃または中傷しなければならない。

㋐我々農民は、数十年間にわたる虐待や搾取を受け、立ち上がることを余儀なくされたこと、また極貧生活を強いられ、農民の中には食い扶持を得るために他人のところで働かなければならないという事実を宣伝する。

㋑シハヌーク派及びソン・サン派が、腐敗し、無知で、放蕩であり、国家や国民のことは何も考えていないという事実を宣伝する。

㋒シハヌーク派及びソン・サン派は、強盗を行ったり、我々国民の娘を犯したという事実を宣伝する。国民は、彼らが野蛮な人間で、我々の軍のように慈しみの心がないことを明確に知っていた。彼らが敗北する理由は、政治路線と指導のあり方が正しくないからである。

㋓歴史を分析すると、クメール・セレイは誰にも勝利したことがなく、いつの時代にも彼らは負けていても同様で、彼らの政策には基礎となるものがないように見える。それゆえ、我々の友人がこれまで見てきたように彼らは負けてばかりで、これまで九年間、クメール・セレイは前進できていない。たとえ彼らの兵力が我々の陣地まで来ることができたとしても、国民は彼らの実態を知っており、彼らのために働くほど愚かではなく、行動を共にすることもない。

(2)　これらのクメール各派の政策を破壊し、国民の目がくらませられないようにするための解決方法について

㋐国民がこれらのクメール各派の実態を明確に把握できるよう宣伝・教育を行うこと。

㋑我々の戦列の者達へ宣伝・教育を行い、我々と敵とを明確に区別できるように徹底し、その上で我々はどのような存在で誰のために働くべきなのか、またシハヌーク派やクメール・セレイのソン・サンとはどのような存在で、彼らはどの階級のために働いているのかを明確にすること。

㋒我々の戦列を強化し、国民への教育に努める。何故なら、もし我々の戦列が強固で、国民がシハヌーク派及びソン・サン派を憎んでいれば、これらクメール各派は居場所を失うであろうし、人々が彼らのために働かなければ、彼らはどのように兵力を増やせるだろうか。それゆえ、彼らは必ずや崩壊していくだろう。要するに、国民及び我々内部への教育に努め、理解を徹底させると共に、国民の力を用いて、シハヌーク派とソン・サン派の政策を崩壊させれば、彼らは必ずやバラバラになっていくだろう。

（3）今日からは、我々はシハヌーク派及びソン・サン派に遭遇したならば、兵力に指示して、彼らを攻撃し粉砕しなければならない。我々は、自身の兵力を用い、また村レベルから家族レベルに至るまで綿密な連絡体制を張り巡らせつつ四つの軸を用いていく。これまでの経験から言えることは、我々は、シハヌーク、フランス、ソン・サン、米国などの全ての敵に勝利してきたが、これは我々の勝利を決する要因である国民の力に依拠することを知っていたからである。我々は、偉大な国民を信用しなければならず、もし国民が我々を支持してくれれば、我々は、どのような敵であろうと、シハヌークは言うに及ばず全ての敵に勝利することができる。

要するに、我々内部において、また国民に対して宣伝・教育に努め、シハヌーク及びソン・サンに対して憎悪を抱かせ、これらのクメール各派に反対させるように仕向けるのである。

八七号による指令全体を通して、シハヌーク派及びソン・サン派に対する攻撃に重点が置かれている。これは、クメール・ルージュ・ポル・ポト派がカンボジア人民共和国を攻撃するために策定した四つの機軸についてさえも、シハヌーク派及びソン・サン派に矛先を向けることで、同盟関係の変更を意味する政策決定を行うことにより、クメール・ルージュが政策面で自殺行為に及んだ段階のようである。ポル・ポトと分かる民主カンプチア国民軍最高司令部は、一九八八年八月八日の不十分な指導において、自軍に対し更にもう一つの指令を出して、戦列の間でシハヌーク派及びソン・サン派に対する怒りを抱かせるようあからさまに非難し、また武装兵力に対して、これら二派兵力への攻撃を活発化するよう促している。これは、これまでになかった最も深刻な分裂である。この指令が行われてから、ポル・ポト派によるシハヌーク派とソン・サン派に対する攻撃は毎月何十回と行われ、多くの死傷者が発生し、また革命側に投降してくる者も多人数に上ったと見られる。

ジャカルタ非公式会議の際の三派の分裂について述べたい。ソン・サン、キュー・サンパン及びラナリットは、ラナリットが「双方が問題の半分だけを取り上げても解決はできない」と述べた際に、隠し切れない、解決が容易でない内部対立を露呈した。私は、すぐにラナリットに対し、最初の半分は何で、二番目は何かと聞いた。ラナリットは、最初の半分はベトナム軍の撤退であり、二番目の半分はクメール・ルージュ・ポル・ポトの権力再奪取の危険をなくすことであると答えた。この答えが終わると、キュー・サンパン及びその代表団の顔は、怒りのあまり顔から出血するように見えた。また、キュー・サンパンは、ソン・サンが「ベトナム軍が撤退した際、クメール・ルージュは一人で権力を握らない」と約束するように強く求めたところ、その怒りは更に激しくなり、キュー・サンパンは何も話さなくなった。三派内の分裂は、ジャカルタ非公式会議のクメール各派の間で行われた第一期会議の際に示されたのみならず、参加諸国との間での第二期会議でも示された。アセアン諸国がインドシナ諸国との間で、クメール・ルージュ・ポル・ポトの再来阻止の必要性及び敵対するクメール兵力への援助停止について同意した際、ソン・サン及びシハヌーク殿下代表のラナリットは、自分たちをポル・ポト派と同じ「籠」の中に入れないで欲しいとの意見を述べたが、このことでクメール・ルージュ代表団はひどい孤立に追い込まれた。ソン・サンによれば、キュー・サンパンはジャカルタ非公式会議の最終声明に反対を表明する発言案及び記者会見で読み上げるためのステートメント案を用意し、ソン・サンに読ませようとしたが、ソン・サンは同意しなかったので結局キュー・サンパンが自分で読まなければならなかった。

これまでの何回かのシハヌーク殿下との話し合いを通じて、シハヌーク殿下は三派連合政府内の仲間を攻撃するために多くの時間を使っているように見られた。中には、これは、シハヌーク殿下がクメール・ルージュと同盟を組んだという批判を避けるための戦術であると考える者もいたが、我々は、お互いに敵対する派閥の同盟の本質からくる対立であると見ていた。

シハヌーク殿下及びソン・サンとクメール・ルージュとの緊張関係以外にも、双方とも民族主義者とされるシハヌーク派とソン・サン派との関係も非常に緊張していた。彼らは、お互いに相手の政治的前進を阻止し、影響力をそぎ落とそうとあらゆる手段を用いようとした。彼らは、ほとんど全ての会報、新聞や機関誌でお互いに非難し合い、それは単に小さな問題についてのみではなく、政治的本質についても非難し合っていたため、それをお互いに阻止しようと多くの時間と労力を割くことになった。彼らの中での対立は、難民キャンプでの支配権の争い、人道援助獲得の争い及び影響力を巡る争いのために、三派連合政府成立以前から常に生じていた。この対立は、軍事的衝突にまで発展し、双方が損失を被ることとなった。ソン・サンのクメール国民解放戦線に内部対立が生じてから、ソン・サン派の態度は、ソン・サンがサック・スット・サコーンとの争いでシハヌーク殿下の支持を必要としたために一時的に軟化した。その後ソン・サンは、クアラルンプール憲章及び三派連合政府の義理の父の国々からの支持により自身の地位を保持し強化できたため、再びシハヌーク殿下に牙をむき始めた。シハヌーク殿下は我々との交渉の機会を利用してソン・サンを全面的に攻撃した。またソン・サンも、シハヌーク殿下がカンボジア人民共和国政府と交渉したことを利用して中国とクメール・ルージュからの支持を確固としたものにしようとし、シハヌーク殿下に対しては敵に手を差し伸べることで「国を裏切った」と攻撃した。一九八八年一月にフランスで行われた第二回フン・セン―シハヌーク会談で、シハヌーク殿下はソン・サン及びクメール・ルージュが参加しない、同殿下とカンボジア人民共和国政府の二者による政府樹立という方策について言及した。これに対し、ソン・サンは、シハヌーク殿下がカンボジア問題の解決から自分を外したと考えて、シハヌーク殿下を激しく非難した。

シハヌーク殿下は、ソン・サンから何度も何度も攻撃のメッセージを受け取った。また、殿下は、バンコクにいる息子のラナリットから、一九八八年一月二九日からクメール国民解放戦線軍三〇〇人が、タイのトラート県に駐留中のシハヌーク軍を包囲したとする内容の電報を受け取った。包囲の理由は、シハヌーク軍のこれ以上の駐留を望まないこと及び一九八七年一二月にシハヌーク軍に投降したソン・サン軍二〇〇人を取り戻すことであった。この後、シハヌーク殿下は、一九八八年一月三〇日に北京で三派連合政府大統領の職から完全に辞任する旨の声明を出した。シハヌーク殿下は、同日付の声明とノロドム・ラナリット宛の電報の中で、ソン・サンとの対立に関して、「私（シハヌーク殿下）が、一九八八年一月三〇日付で民主カンプチア連合政府大統領の職から完全に辞任する決定をしたのは、ソン・サン及び同人のクメール国民解放戦線とこれ以上一緒にいられないからである」と述べた。その後しばらくして、シハヌーク殿下は、一九八八年七月二九日のジャカルタ非公式会議で共通の立場を策定するため、インドネシアのジャカルタへ出発する前に、新聞記者に対し、クメール・ルージュを阻止するためのシハヌーク派とプノンペン政権（カンボジア人民共和国政府）との同盟結成の可能性について述べると共に、「ソン・サン派は、共産主義に強く反発し、また王制主義にも非常に強く反発しているため」困難があるとしてソン・サン派を強く非難した。

一九八八年八月九日、ソン・サンは、マレーシア、ブルネイ及びシンガポールを訪問した後、シハヌーク殿下に忠告の書簡を書いた。ソン・サン自身が知っていたように、シハヌーク殿下は、ソン・サンからも他のどのクメール人からも忠告を受けたことはなかった。このため、ソン・サンの書簡は爆弾を炸裂させたようなもので、そのやりとりは、政治家同士の紙の上の戦争のようだった。一九八八年八月一五日、北京でシハヌーク殿下は、ソン・サンからの忠告に対する厳しい内容の返書を書いたが、ソン・サンが書簡の中でシハヌーク殿下を「民主カンプチア政府大統領」と呼んでいたのに対し、シハヌーク殿下はこの言葉を指して、「私は既に民主カンプチア政府大統領を辞任した」と書いたほどであった。

同盟関係を結んだ三派の間には、協調する派閥が一つもなかった。彼らは、部下などの下のレベルから最高指導者まで敵同士であり、更に三派連合政府への支援国の間でさえ仲が良くなかった。アセアン諸国、米国及び一部の西側諸国は、ベトナム及びカンボジア革命側を弱体化させようと機に乗じてクメール・ルージュを利用した。しかし、これら諸国もクメール・ルージュが単独で政権を掌握することを阻止しようと努めてきており、西側諸国のカンボジアに対する影響力を回復できるよう、またシハヌーク殿下とソン・サンがカンボジアを支配できるように、これら二つの派閥の役割を強化しようとした。また、中にはカンボジアが、ベトナムとタイとの間の緩衝地帯になることを望んでいる国もあった。中国は、クメール・ルージュ・ポル・ポトを強力に支援していた。中国は、ポル・ポト派が国際政治の舞台で役割を失う危険を逃れるためのお飾りとして、時にはシハヌーク殿下とソン・サンを利用したが、シハヌーク殿下とソン・サンが支配的な力を持ったり、ポル・ポト派に対抗できるだけの軍事力を保持したりするほどの援助は行わず、少なくともポル・ポト派が、カンボジアの支配力において最強であることを維持しようとした。こうした諸国間の立場の違いは、最終的な戦略の違いから来るもので、たとえこれらの諸国が戦術を一致させようと努めても、相互の対立を隠すことはできなかった。

タイは、アセアンのメンバー国であるが、中国のカンボジア及びインドシナに対抗する政策に飛び入り参加した。この時、他の諸国、特にインドネシアは、中国をインドネシア及び東南アジアにとっての脅威と見なしていた。これは、単にカンボジア問題のみに関する立場の相違ではなく、東南アジアの平和と安定の問題に関する戦略における相違であった。タイと中国が、タイ国内における中国の武器庫の建設について協議していた際、全てのアセアン諸国は程度の違いはあったが、それぞれ懸念を持っていた。

多数の西側諸国は、シハヌーク殿下とソン・サンを支援していたが、たとえシハヌーク殿下が大統領を務めていたとしても民主カンプチア連合政府を承認することはできなかった。それはこの政府の中心にクメール・ルージュが存在していたからである。西側の米国及びアセアンは、ここ数年シハヌーク殿下支持を表明しているが、一九七〇年代には彼らはロン・ノルを支持し、米国はシハヌーク殿下に反対していたという意味で、シハヌーク殿下とは苦い思い出があった。シハヌーク殿下も、これらの諸国が自分を支持しているのは、当時自分以上に良いカードがなく、かつ、その支持も彼ら自身の戦略上の利益のためであることをよく分かっていた。タイは、プレアビヒア寺院の帰属問題及び第二次世界大戦後の一九四七年にカンボジアに返還させられた諸州の問題に関し、シハヌーク殿下を嫌悪していた。それゆえ、タイのシハヌーク殿下支持は、これらの返還させられた諸州を圧力をかけて取り戻すための当座のものでしかなかった。タイは、シハヌーク殿下が権力を握るために十分な力を持つことを許さなかった。シハヌーク殿下は、「中国がシハヌーク軍に供与した援助に比べれば、タイからは一〇パーセントしかもらっていない」と認めている。中国も、タイも、シハヌーク軍が増強されることを阻止していた。シハヌーク殿下は、「タイは、私が強力な力を有することを望んでいない。タイは、私が要らないのである」と述べている。一九八八年七月二七日、ジャカルタでクメール四派の会合が行われた際、シハヌーク派代表団は、タイの国会議員が国境地帯の同派の支配地域を訪問し、そこで将兵に対し「シハヌークは、プレアビヒア州、バッタンバン州、シェムリアップ州及びコンポントム州を返還することを受け入れたのか」と質問した、と述べた。この点は、タイがシハヌーク派及びクメールの他の派閥を支持する、秘められた理由を示している。これは領土を奪うための策略であり、「投資であり、魚を取るために餌を撒く」術策である。カンボジアに対峙する同盟関係に関する政治ゲームの全ては、クメールの各派閥から連立政府樹立の義理の父たる国々に至るまで、全て自らの利益のための当座のものでしかなかった。

実際、三派連合政府は、統治する領土も国民もないにも拘わらず、外国からのお墨付きにより国外で生き長らえているという意味で既に崩壊していた。しかも、理屈の上でも、連合政府を構成する三派が軍事的政治的にお互いに攻撃し合っているために意味をなさないものになっており、更に一九八二年六月二二日のクアラルンプール憲章の観点からも、一九八七年五月七日にシハヌーク殿下が大統領職から「半分」辞任した時点で、同政府は崩壊していたのである。国際的慣行として、国家元首または首相がその職から半分だけ辞任するなどあった試しがなく、半分にせよ、完全にせよ、辞任に変わりはない。辞任の数時間後または数日後、代わりの人物が任命されなければならない。一九八七年五月七日（の殿下の「半分の辞任」）を認めないとしても、一九八八年七月一〇日にシハヌーク殿下が民主カンプチア政府大統領から完全に辞任したことは認め、クアラルンプール宣言を破棄しなければならない。何故なら、この宣言には、単に大統領としてシハヌーク殿下の名前があるのに対し、（同殿下が設立した）フンシンペックについては言及がないからである。一九八八年一一月七日のフェール・アン・タルドノアでのフン・センーシハヌークーソン・サンの各派の長による協議の機会に三人で昼食を取った際、私はシハヌーク殿下に、殿下が完全に辞任したのであれば、三派連合政府は存続するのかどうかを尋ねた。シハヌーク殿下は、法的には終わりだと答えたが、そのことは連合政府が既に崩壊したことを意味し、その際ソン・サンは何も言うことができず沈黙を保つしかなかった。連合政府は、ソン・サンが首相を務めることで存続できるだろうか。もしそうなれば、サット・スットト・サコーン及びディエン・ダエル・グループの主張は正しく、ソン・サンは、利己主義的、家族主義的、封建主義的であるということになるだろう。何故なら、ソン・サンは首相職を喜んで受け入れる一方で、クメール・ルージュ・ポル・ポト派からの攻撃で自軍の兵士を死なせているからである。インドネシアのボゴールにおける一九八八年七月二八日の私との夕食で、ソン・サンは、中国とクメール・ルージュは自分（ソン・サン）に怒っており、いつまでも中国のお乳を飲んでいるわけにはいかず別のお乳を探さなければならないが、これまでのところ、自分（ソン・サン）は配下の戦闘員よりも中国とクメール・ルージュの方が必要であると述べた。上述のとおり、クメール国民解放戦線の内部抗争により、ソン・サンは、中国とクメール・ルージュにより支配されるようになった。ソン・サンは、首相を辞めればサット・スット・サコーンにより追い出され、首相を続投すればクメール・ルージュが彼の兵士を殺すという板ばさみ状態で、身動きが取れなかった。今ソン・サンにとっては、（政治的）地位の方が、兵士の人命よりも重要であり、更にお金（が重要）なのである。一九八八年一一月一〇日にフランスで私は、ジャーナリストのジャック・ベカール氏からのインタビューを受けたが、国連でクメール・ルージュを擁護することに関連して、ソン・サンに話が及んだ時、同氏は思わず、「ソン・サンはお金だけが必要なのだ」と語った。

敵対勢力が分裂する一方で、カンボジア人民共和国の一体化と強化が進んだが、それによりカンボジア問題解決への新しい政治環境が作られた。

八　対峙から交渉へ――革命段階の移行、同盟関係の変化

ポル・ポト派が打倒されてからの段階は、東南アジアにおいて相対峙する同盟関係が成立した段階であった。中国と米国は、ベトナムとカンボジア人民共和国に対峙する戦線樹立のために活発に活動した。彼らは、あらゆるものを結集し、自らの利益のために他者の利益を犠牲にすることも厭わなかった。例えば、中国は、長年にわたって支援してきたタイ共産党を交渉のカードとして利用し、タイ王国政府に対してポル・ポト派を支援させるようにして、タイを中国の戦略に引き込んだ。中国は、カンボジア及びベトナムに対抗していたのみならず、カンボジア問題を利用してソ連や社会主義諸国に対抗しようとし、更に米国と謀議をこらし、自国の四つの現代化のために米国や西側諸国の資本や技術を引き出すための口実とした。彼らは、カンボジア問題を東西対立に結びつけたが、それにより東南アジアの平和と安定は失われることになった。世界情勢も複雑で非常に緊張したものであり、特に東西両陣営間の関係において顕著であった。一九七九年にはアフガニスタン問題が発生したが、帝国主義者達は、カンボジア問題とともにこのアフガニスタン問題を、ヨーロッパなどの地域で既に緊張状態が生じる中で、特にアジア大陸で諸外国が対峙する状況を助長するための契機とした。

一九七九年の東南アジアでは、対峙する状況があるのみで、交渉の機運は見られなかった。あらゆるところで緊張状態が生じたため、カンボジア人民共和国を軍事的に倒壊させようという幻想が、依然と

してカンボジアに対抗する国々の指導者の考え方に支配的影響を及ぼしていた。それゆえ、彼らは、カンボジア問題を平和的手段で解決するために交渉を求める我々の要望に関心を示さなかった。

カンボジア国民は、多くの国民の犠牲を伴った数年間の闘争後、ベトナム、ソ連、社会主義諸国及び国際機関の援助により灰燼の中から生き返った。飢餓の撲滅、国民生活の安定化、蜂起する敵の鎮圧、党及び政府組織並びに全ての組織構築の成功裡の実施、また一九八二年のベトナム軍の第一回の撤退により、「カンボジアの状況が逆戻りすることはない」という見方を強めた。この問題のほか、アセアン諸国の要人の中には交渉を行う機運も出始めていたが、中国とタイはこれに懸念を示し、対峙政策を続けさせるよう活発に破壊活動を行った。状況は変化を続け、アセアン諸国の間で意見は一致せず、タイは自らを前線と位置づけ、カンボジア及びインドシナ問題に関するアセアンの政策に指示を与えた。この時、インドネシアとマレーシアは、ベトナムとの関係強化を探っていた。この二か国は、ベトナム軍の撤退とポル・ポト派の撲滅を前提にし、カンボジア問題に関してアセアンとインドシナとの間での解決を目指して、ベトナムと交渉を進めようとしていた。中国は、タイで影響力を拡大したが、他のアセアン諸国にとっては脅威となった。シンガポールは、「カンボジア及びベトナムに対して経済制裁を課す」ことに関しては最も大きな発言力を持つことになった。しかし、この国は、カンボジアとベトナムとの最大の貿易相手国となっており、タイの製品がカンボジア及びベトナムに入る際にはシンガポールを経由し、またカンボジアとベトナムの製品がタイに入る際にもシンガポールを経由することとなり、同国は多大の収入を得ることとなった。

中国と米国との謀議は、心理戦となって、中国を恐れるアセアン諸国が懸念を抱くこととなった。また、アセアンは、中国とソ連が一九八二年に関係回復のための交渉を開始してからは、両国の関係回復にも懸念を抱くようになった。このことは、ベトナムと中国との関係改善をもたらす恐れがあり、それは地域の勢力バランスにとって望ましくない動きをもたらしうるからであった。

インドネシア、マレーシア及びタイは、中国の影響力及びベトナムとの関係について政策面、心理面、特に戦略面で相違はあったが、カンボジアに関して共同戦線を形成するという点では結束し続けていた。このため、交渉の流れができ始め、対決の雰囲気は緩和されたが、その速度は遅かった。中国は、タイがカンボジア問題においてアセアンの政策の主導権を握るように促し、この問題ではタイの後ろ盾となっていた。

カンボジア革命の敵たちは、カンボジア問題の発生原因を認めようとせず、また東南アジアで平和と安定が失われた事実も認めようとしなかった。当時は様々な解釈が行われており、カンボジア問題はカンボジア国内の問題である、ベトナムとカンボジアの間の問題である、東側陣営と西側陣営の間の紛争である、ソ連と中国の間の問題である、ベトナムと中国の間の問題である、インドシナと中国の間の問題である、インドシナとアセアンの間の問題であるなどの考え方があった。東南アジアにおける平和と安定の喪失については、ベトナム軍のカンボジア駐留や東南アジアにおけるソ連の存在などを理由として挙げるのみで、事の真相を取り上げようとしなかった。彼らは、東南アジアの平和と安定の喪失がはるか昔から存在しており、フランス、英国、オランダ、日本、米国などの域外国による帝国主義、植民地主義、拡張主義者の侵略により発生したものであり、その後は中国が東南アジアに流血の戦争をもたらしたとは考えなかった。また彼らは、外国からの侵略戦争の真の被害者は、次から次へと戦争に晒されたカンボジア、ベトナム、ラオスの国民であり、特に、カンボジアでは中国の指導の下で民族大虐殺さえもが行われたとは考えなかった。更にまた、彼らは、インドシナ諸国への侵略に際して、域外国が、タイをはじめとしてどれだけの国を後方支援国として利用したのかについても考えなかった。タイは、第二次世界大戦において日本の信頼すべき同盟国であり、米国がインドシナを侵略する際の強固な拠点であり、中国がカンボジア、ベトナム及びラオスに対して戦争を行う上での信頼すべき同盟国であった。「もしタイがなければ、ポル・ポト派は生きることができない」のであった。また、カンボジア革命の敵たちは、帝国主義、植民地主義、拡張主義者による東南アジア諸国民に対する分断支配政策についても考えなかった。更に、彼らは、タイで続発するクーデター、フィリピンやその他の国の国内的危機などの国内不安は、各国の内部的要素に起因するのであり、カンボジアにおけるベトナム軍の存在が原因では決してないということも忘れていた。

一九八四年末、西側諸国、特にフランスにおいて交渉を促す機運が盛り上がった。これらの諸国は、シハヌーク殿下とカンボジア人民共和国の代表との間で静かな形で会談が行われることを希望した。フランスは、パリでの会談を準備し、一九八四年一一月の実施が予定された。しかし、中国とクメール・ルージュからシハヌーク殿下に対して強い圧力が加えられたので、この会談は実現しなかった。

一九八五年には、世界情勢は緊張緩和の方向へと対話の機運を盛り上げるために好ましい動きが見られるようになり、七年間（一九七八～八四年）続いた最も厳しい時期は終わった。一九八五年には、ソ連、米国及び中国の間の関係に注目すべき新しい進展があった。米国は、三つの革命の流れに対して断固として攻撃を加える政策を長期間行い、また軍拡競争を激しく行っていたが、ベトナム戦争の泥沼にはまって以降、軍事的優越性を失い、回復できなかった。当時、米国は、中東、アフリカ南部や特に中央アメリカ及びカリブ諸国で起こっている革命の動きを阻止することがますます困難となった。同時に、一部地域では親米的な政権が弱体化したり、国内で政治危機が発生したりした。例えば、東南アジアでは、タイでクーデターが繰り返し起こり、フィリピンでは情勢が混乱し、ヨーロッパにある米国の同盟国や日本は、米国のソ連に対抗する政策に同調せず、東西両陣営間の緊張緩和政策の中でソ連との共存政策を継続した。軍拡競争によって緊張状態を作り出そうとする米国の政策は、米国の同盟国に圧力をかけることができず、逆に米国と同盟国との対立はますます深まった。更に、中国は三年間（一九八二～八五年）の交渉の後、ソ連との関係を改善したため、これまで（一九七五～八〇年）のように米国と共謀してソ連に反対することはできなくなり、これにより米国は一国のみでは反ソ連政策を進めることができなくなった。一九八四年末以降、米国は中国との二国間関係を進展させるのと同時に、ソ連との交渉を開始せざるを得なくなったが、中でも最も重要なことは、一九八五年末のジュネーブにおける米ソ首脳会談であった。ジュネーブでの米ソ首脳会談では主要な問題の解決には至らなかったが、両国関係にとっては大きな意義があり、世界情勢全般にも影響を及ぼした。この会談により、七年間続いた最も緊張した状態の後、両国間における交渉の開始と二国間関係の改善が見られるようになった。両国が、核戦争を起こさないこと、軍事的優位を競わないことを約束したことで、核戦争の危機を憂慮していた諸国の懸念は和らげられた。

中国は、ソ連と米国との関係改善を前にし、両国が二極化を進め、世界の諸問題、特にアジアの問題を中国抜きに解決するのではないかと憂慮した。それゆえ、中国は、四つの現代化を進めるため西側からの資本と技術の導入に力を注ぎ、またソ連や社会主義諸国との関係改善を進めた。その目的は、第一に、これまでの社会主義諸国からの援助で進められた工業化の拡張・再建のためであり、第二に、対米関係における重要なカードとするためであった。中国は依然として、米ソ対立を利用して、いわゆる二枚のカードといわれるように、相互に牽制させようと、「ソ連に圧力をかけるために米国と協調し、米国に圧力をかけるためにソ連と協調した」。

米中が共謀してソ連に対決するという構図から、米中両国がソ連との関係を改善させるようになったことは、ソ連の平和路線の成功であり、緊張緩和と平和のための運動の成功であった。これは、国際社会に深い影響をもたらし、紛争が発生しているあらゆる地域において交渉によって紛争を解決しようとする機運が高まるようになった。

一九八五年には東南アジアでも、交渉政策にとって好ましい事象が見られるようになり、対立的な政策は影を潜め始めた。一九八四年から八五年にかけての乾季攻勢における（カンボジア人民共和国側の）大きな勝利は、カンボジアの軍事情勢の転換点となり、カンボジアにおける二つの支配地域と二つの政府という状態を終わらせ、ポル・ポト派及び敵対勢力の軍事戦略が後退する節目となった。第五回カンボジア人民革命党大会は、六年間の党再建の取り組みと軍事、政治、経済、文化及び社会の全ての分野で成果を収める中で実施され、大成功の下で行われたが、このことはカンボジア革命側が国防及び国家建設に主体的に取り組む路線が大きな成果を達成したことを示した。ベトナム軍撤退期間の五年間への短縮、つまり一九九〇年の完全撤退は、ちょうど中国が自らの手下を救うために二回目の制裁をベトナムに加えることができないタイミングであり、このことはカンボジア問題解決に関して「政治解決が行われる場合と行われない場合」という二つの可能性を示すものである。つまり、一九九〇年以前に政治解決が行われなければ、カンボジア革命側はますます大きく発展し、国防の任務を自ら引き受け、ポル・ポト軍が完全に粉砕されていなくても一九九〇年にベトナム義勇軍は完全に撤退し、カンボジア問題は政治解決なしでも自ずから解決されるというものである。その場合、仮に交渉が続けられたとしても、ベトナム軍の問題を解決する必要はなくなり、問題はポル・ポト派の粉砕とクメール反対勢力への外部からの援助停止のみとなる。こうした状況により、カンボジア革命側は、カンボジア問題解決のための最も基礎的な要素をしっかりと掌握できることになる。

カンボジア革命側が強化され、ベトナム軍の一方的な撤退の具体的日時が決められると、中国がインドシナ三国に敵対するために利用してきた様々な手段は脆弱となり、カンボジア情勢を覆すこともできなくなった。ポル・ポト派は弱体化し、三派連合政府は崩壊の危機に直面し、中国がインドシナ諸国に対峙するために利用してきたタイは国内危機に直面し（一九八五年のクーデター未遂）、アセアン諸国内で孤立した。アセアン諸国内では、東南アジアに平和と安定を回復するために話し合いを開始しようという機運がこれまでになく高まった。中国が、ポル・ポト派が手痛い敗北を喫した際にベトナムに二回目の制裁を加えられなかったことは、中国が東南アジアで自らの重要な手駒を救うことができないことを示し、その結果、中国はアセアン諸国に対しインドシナ諸国に対抗する上での信頼できる支援者とはなれなくなった。中国の、米国との共謀によるソ連への対抗策からソ連との関係改善への戦略上の転換、米国の、ソ連との関係改善及びベトナムとのベトナム戦争行方不明米兵に関する交渉などの動きを受け、アセアン諸国は憂慮しはじめた。更に、多くのアセアン諸国は、中国の影響力に対する懸念及び貿易上の困難をもたらす米国及び日本の経済保護主義政策への反発から、ソ連及び社会主義諸国との経済関係を広く開放した。この状況は、東南アジア諸国内に平和共存の機運を作り出した。インドネシア及び他の諸国は、いずれも東南アジアに平和で安定した地域を作り出す基礎とし、またカンボジア問題を解決するために、東南アジア諸国間の新たな均衡関係の創出とベトナムとの関係の改善を希望した。

一九八五年には、ベトナム及びアセアン諸国との二国間対話が行われ、またラオスとアセアン諸国との二国間対話が行われた後、インドシナ諸国を代表するベトナムとアセアンを代表するインドネシアとの対話が開始された。これは、タイによるアセアンのカンボジア問題及びインドシナ諸国への政策に対する支配を終わらせる第一段階となり、また東南アジア諸国の二グループ間の平和共存を模索する交渉を開始するものでもあった。東南アジアは、対立と交渉とが並立する段階に入り、交渉は、それを後押しする動きと共に進展していった。一九八六年には、ベトナムとインドネシアとの交渉が様々な形で行われた。同年七月二八日、ミハイル・ゴルバチョフ・ソ連共産党中央委員会書記長は、ウラジオストック宣言の中で、ソ連のアジア太平洋での平和計画を発表したが、同計画では、（ソ連が）ヨーロッパ大陸での課題解決に向けた努力に続き、アジア太平洋地域での安全保障を重視することが示されていた。これは、包括的平和プログラムであり、緊張緩和のための課題解決に向けた環境を作り出し、芽生えていた東南アジアにおける対話の機運を推し進めるものであった。

こうした中、紛争中のクメール各派及び関係諸国を非公式に会合させようとする発案が行われ、プロトコール上の法的な承認問題を避けるために「カクテル・パーティー」と呼ばれる会合が開催された。一方、フランスのパリでは、シソワット・トミコ及び一部の人々が、シハヌーク殿下の名代と称して、フランスまたはオーストリアでの開催を発案した非公式会合の可能性についてカンボジア人民共和国の意見を探るため、フランス在住クメール人の愛国者協会と連絡を取ろうとしていた。

こうした会談実施に関する発案は、中国とクメール・ルージュによりすべて葬り去られてしまった。彼らは、三派連合政府とベトナムとの間での直接交渉を求めており、またベトナム軍の撤退後に交渉を開始し、国連決議に基づいてカンボジア問題を解決するという条件を付していた。

一九八七年に状況は急速に進展した。その主要な理由は、ベトナム軍の完全撤退がそう遠くない時期に行われ、カンボジア問題はおのずから解決されると見られ、かつ三派連合政府が深刻に分裂している中でカンボジア人民共和国が強化されていることであった。世界及び東南アジアの状況には重要な変化が起こっていた。平和共存の中での闘争と交渉による紛争解決の機運が力強く進展し、特に、ソ連と米国との間で中距離核ミサイルの廃止が合意され、両国間で首脳会合が行われた。カンボジア、ベトナム、ラオス、ソ連、インドネシア及びシハヌーク殿下の活発な政治・外交活動により、カンボジア問題及び東南アジア問題の解決に関して八方塞がりの状況を打破する可能性が生まれた。タイでは、チャワリット・ヨンチャイユット大将の軍最高司令官就任、及び同大将の、カンボジア問題は同国内部の問題であり、タイ・カンボジア国境地帯でのタイ軍の縮小によって国境地帯の緊張を緩和するという声明が発表されたことは、カンボジア問題の関係者に政治的心理的な影響を及ぼした。

シハヌーク殿下の民主カンプチア連合政府大統領から五〇パーセント辞任するという発表は、殿下に忠誠を示す軍へのポル・ポト派軍による攻撃に起因する三派内の分裂を示していただけでなく、三派、中国及びアセアンの政策以外の別の解決策を模索する出発点ともなるものであった。

一九八七年五月七日の辞任表明の日から、シハヌーク殿下は、中国、タイ、ポル・ポト及びソン・サンの反対にも拘らず、独自の立場を打ち出した。サファリニ駐北朝鮮パレスチナ解放機構大使の仲介により、私とシハヌーク殿下との会談が一九八七年の六月か七月に北朝鮮の首都・平壌で予定されたが、実施されなかった。これは、シハヌーク殿下の解釈によれば、同会談が開催されれば、国連における（カンボジア問題決議に関する）投票に悪影響が及びうることへの危惧からくるもので、カンボジア問題に関する決議の投票での有利な条件が失われれば、シハヌーク派の者及び民主カンプチア政府の義理の父（の国々）は、シハヌーク殿下を非難し、殿下に責任を帰すると予想されたからである。このためシハヌーク殿下は会談の実施を国連総会後へ延期することを要請した。

一九八七年八月及び一〇月にカンボジア人民共和国は、国民和解政策と和平への要望を表明したが、これはシハヌーク殿下が、中国、アセアン及び三派連合政府のカンボジア問題に関する政策から外れることを決意し、また我々と殿下が問題の政治解決を目指す活動を行うことに同意したことを受けたものだった。

一九八七年七月二九日、モクター・クスマアトマジャ・インドネシア外相がベトナム・ホーチミンを公式訪問した際、ベトナムとインドネシアは、二段階からなる非公式会議の形式について同意した。それは第一段階で、対立するクメール二派が会合し、第二段階では、政治的意味合いを持たせずに、クメール各派及び関係諸国が会合するというものであった。インドシナ諸国とアセアンをそれぞれ代表するベトナムとインドネシアとの間で合意がなされると、中国とタイはこれを御破算にしようと躍起になった。数日後、彼らは、この非公式会議に関するホーチミン合意を反故にしようとバンコクで特別会議を開いたが、このことはアセアン諸国がベトナムとの合意を探るために代表として派遣したインドネシアの名誉を著しく傷つける側面があった。こうした動きは、交渉を進めようとするインドネシアの決意をますます固いものとし、また外務大臣がモクタ－・クスマアトマジャからアリ・アラタスに交代し、更にインドネシアの指導者は、タイやシンガポールと対立したり和解に努めたりしたが、これまで取り組んできた目的に向かって進むことでは一致していた。

シハヌーク殿下は、会合の実施に関して八方塞がりの状況にあったものの、既にアセアン、中国及び三派連合政府の政策には縛られないことを決めており、カンボジア人民共和国の代表との会談への希望を捨てなかった。逆にこのことにより、シハヌーク殿下は私との会談を決意し、殿下にとっては政治的に前進するための起爆剤となった。一九八七年七月一八日、シハヌーク殿下は、フランスにいるニュック・チューロン、チュム・コソル、フイ・コントゥル、チエン・ボム、ノーン・キムニー、トン・ウック、ドゥオン・ソムオルのクメール人七人に対し、紛争中のクメール人の派閥同士の会合を準備するよう求める書簡を送った。その後一九八七年九月四日に、これらの著名人は、カンボジア人民共和国に対し書簡を送り会談を呼び掛けた。シハヌーク殿下は、独立性を示すため、またフランスからの勧めもあり、フランスを会談場所に決めた。我々としても、シハヌーク殿下との会談を行う機が熟したと認識し、フランスはこのような会談に適した場所であると考えた。フランスには我々政府の代表が存在しなかったため、善意を有するフランス人のガラブリュ氏及びカンボジア出身でカンボジア王国時代のポンペンチェン保健大臣の息女の同氏夫人に支援を要請した。ガラブリュ氏は、元駐アンゴラ・フランス大使であり、その後はフランス国家諮問委員会に務めていた。氏は、諮問委員会委員として一九八七年にカンボジアを訪問した。氏は、真実と正義を愛し、クメール人が紛争を止め、和解することを望んでいた。氏と夫人は、カンボジア人民共和国とシハヌーク殿下との間でのメッセージのやり取りを支援し、また交渉に関わる他の問題を支援することも快諾してくれた。

我々は、善意のガラブリュ氏からの全面的支援を受け、またシハヌーク殿下も氏と夫人を本件の支援者であると認めていたが、それでもなお多くの困難があった。この困難は、シハヌーク殿下自身から来るものではなく、困難をもたらす人物がいたのである。我々は、シハヌーク殿下は中国の束縛からは離れており、中国は（会談に向けた動きを）破壊できないと想像していたが、そうではなく、中国はあらゆる局面を破壊しようとした。我々は、会談の時間と場所を調整するために多くの時間を費やさなければならなかった。我々は、シハヌーク殿下が平壌を出発してパリに向かう前に、殿下宛にパリに書簡を送付したが、その書簡はシハヌーク殿下のもとには届かなかった。「殿下の側近及びボディー・ガード」は、多くの様々な条件を作り出し、殿下の代理として物事の決定まで行った。プノンペンでは、我々の真実のメッセージがシハヌーク殿下に届くように方策を探り、プノンペン→バンコク→パリというルートを選んだ。バンコクには、同地に常駐している殿下の子息のラナリットがおり、我々は以前から、ラナリットがカンボジア問題を政治的交渉により解決することを望んでいる人物であると知っていた。我々は、バンコクのラナリットの住所を通じてシハヌーク殿下に電報を打つことに決めた。ラナリットは、電報を受領した後、偶然にもフランスの法科大学で教鞭をとるために出発する必要があったことから、その電報を、フランスのボディー・ガードを通さずに直接シハヌーク殿下に届けた。数時間後、シハヌーク殿下側から私宛に電報が届き、その中でシハヌーク殿下は謝意を表するとともに、会談に合意するとした上で会談日時の設定については我々に任せるとした。パリのシハヌーク殿下の側近を通じて送付した内容とバンコクのラナリットを通じて送付した内容は同じであったが、戻ってきた返答は異なっていた。我々は、書簡が宛先に届いていないことをはっきりと知った。我々は、一九八七年一二月二日を我々とシハヌーク殿下との第一回会談の日としたが、この日は九回目のカンボジア救国連帯戦線の結成記念日でもあり、またカンボジア革命側が段階的な前進を開始した日でもあった。双方で時間と場所を決定したにも拘わらず、「破壊者」は活動を続けた。彼らは、我々代表団の交渉参加を妨げる中傷を捏造し、お互いに対立している政党指導者間の交渉の際の奇妙な「儀礼上のルール」についてまで言い出した。シハヌーク殿下は、身分の上下等の「儀礼上のルール」については考えていなかった。シハヌーク殿下が考えていたのは、問題解決のための仕事の内容であった。しかし、殿下の側近は、外国の新聞が「フン・センは、自らを殿下に拝謁する一人の一般庶民と心得るべきである」という笑止な記事を掲載していることに注目していた。恐らく、彼らは王宮の「玉座の間」で行うような準備を考えていたのではないか。彼らは、主役が必要であるという物事の本質及びこれらの二つの政党は現在紛争中である点を考えることを忘れており、「ご機嫌伺いに行く」という表現は、単に儀礼的なルールを踏まえた表現であり、本来の目的は行き詰まりを打開することだけなのである。もし話し合いにおいて、一方が指導して、もう一方が聞くのみでは、紛争中の当事者同士の話し合いではない。従って、この会談は本質的には「平等」である。しかし、それは我々が経験の長さの違いまでも無視して平等を要求するというものではなく、我々は年長者には敬意を表するが、政治交渉における権利を保持するということである。殿下の側近が、この会談を内部から破壊しようとしたのに対し、クメール・ルージュとソン・サン派は、外部から激しく破壊しようとした。彼らは、シハヌーク殿下がプノンペン政府の代表と会談することに反対するため、殿下宛に書簡を送付することに力を入れ、プノンペン大学の設立前にも拘わらず、プノンペン大学の学生からと偽った書簡を殿下宛に出すことまでした。外見上、クメール・ルージュ指導部は平静を保っていたが、内部では交渉を破壊するためにシハヌーク殿下に反対し、ラナリットを暗殺することも考え、その罪をプノンペン政権とベトナムになすりつけようとした。ソン・サンは利益を得ることに躍起になった。ソン・サンは、交渉に先立ってシハヌーク殿下に会い、交渉で協議すべき問題に関して意見を述べた。ソン・サンは、自身に対する援助については中国とクメール・ルージュの人質で、またサック・スット・サコーン派の人質でもあったので、ソン・サンは「逃げるか、または利益を得る」目的で活動した。つまり、フン・セン―シハヌーク交渉が失敗すれば、ソン・サンは何も失うものもなく逃れることができるのに対し、交渉の成果が得られれば、ソン・サンは、フン・セン―シハヌーク会談が見出した解決策に飛び入りすることで利益を得るに違いない。こうした中で、クメール・ルージュは、過去九年間自派ラジオでソン・サンの発言を宣伝したことは一度もなかったが、今回は自らの意見を隠すためにソン・サンの言動を宣伝に利用した。

中国にとって、この会談は自国の利益にとり深刻な脅威であった。中国は、この会談の実現を望んでいなかったが、シハヌーク殿下を阻むことはできなかったので、中国は公にはシハヌーク殿下の決定には反対しないとしつつも、内部では、この会談が成果を上げないように腐心した。中国が最も懸念した点は、カンボジアの二派によってカンボジア問題が解決されてしまい、カンボジア問題が中国の手から離れてしまうことであった。

アセアン諸国、特にタイとインドネシアにとって、この会談はそれぞれ異なる利害関係があった。タイの懸念は、中国のそれとほぼ同様であった。タイは、もしシハヌーク殿下とカンボジア人民共和国が両者の協力を基礎に解決を見出す場合に、自らの利益を失うことを憂慮していた。

インドネシアの最大の利益は、カンボジア問題を早期に解決し、その解決において域内の平和と安定の問題解決を進めるために中国とクメール・ルージュの役割を小さくするというものであった。インドネシアは、この会談を歓迎しつつも、この会談がカンボジア問題を解決し、ジャカルタ非公式会議を不要にするのではないかとも懸念し、またこの会談が分裂を更に深刻にし、カンボジア問題解決の可能性を塞ぐのではないかとも懸念していた。

欧米諸国の大半は、中国との関係に悪影響が出ないかを懸念しつつも、この会談を支持していた。欧州では、ルーマニアとユーゴスラビアだけがこのパリ会談を快く思っていなかった。シハヌーク殿下は、殿下が「一度は会おうとするが、次は会おうとしない」というルーマニア大統領の小言を批判していた。

我々とシハヌーク殿下は、多くの困難を経て、一九八七年一二月二日に、フランスのパリ東部のフェール・アン・タルドノアで会談することに決定した。会談は三日間行われ、一九八七年一二月四日にシハヌーク殿下と私が署名した共同声明を発表した。これは、対立していたクメール人同士が政治的紛争の終結を模索して会談したという意味で歴史的出来事であった。進めるべき方向性や具体的解決方法に関して多くの考え方の相違があったことは事実であるが、双方が合意した事項もあり、それが細かな具体的な問題を解決していく際の基礎となった。我々が合意した中で重要な点は、カンボジア問題は政治的に解決しなければならず、カンボジア問題は国内問題であり、カンボジア人自身により、外国からの干渉なく、解決しなければならないという点であった。

この会談により、革命の段階が移行し、軍事的に攻撃し合う段階から軍事的に攻撃すると共に政治的交渉も行うという「攻撃も行い、交渉も行う段階」に移った。一九七八年一二月二日のカンボジア救国連帯戦線の設立の日から一九八七年一二月二日の第一回会談の日までを数えると、カンボジア革命が段階を進めるのに九年間を要したことになる。

交渉の開始は、抑圧勢力側にとっての変化の時期であり、またカンボジア及び東南アジアの同盟関係が変わり始める時期でもあった。抑圧勢力側の変化とは、ベトナム軍のカンボジアからの一方的な撤退への要求から、敵対クメール側が、政治解決を模索しベトナム軍が早期に撤退できるように、交渉のテーブルにつくことを求めるものに変わったことである。一九八七年一二月四日のフェール・アン・タルドノアでの共同声明への署名の五日後、同共同声明では第二回及び第三回の会談について言及していたが、シハヌーク殿下は私に電報を送り、この二回の会談を取りやめて欲しいと要請した。会合取りやめの理由として、一九八七年一二月一一日のフランスのフェール・アン・タルドノアでのアセアン諸国大使とのやり取りの中で、殿下は、私がシハヌークよりもソン・サンやキュー・サンパンを必要としていると述べたとして、私に責任を押し付けている。第一回会談の終了後、私は、この会談を発案した著名なクメール人七人に書簡を出して謝意を表わすと共に、これら七人に一層の取り組みを求め、他のクメール派閥に対し、フン・センーシハヌーク会談への参加を勧めてくれるよう呼びかけた。他のクメール派閥とは、私がシハヌーク殿下よりもずっと必要としていると、殿下が述べたソン・サンやキュー・サンパンである。シハヌーク殿下は、私たちがニュック・チューロンを通じて著名なクメール人七人に送付した書簡の内容を知っていた。ニュック・チューロンは、著名なクメール人七人のうちの一人であり、フンシンペックの第一副議長でもあったである。

シハヌーク殿下による二回の会談の取り止めは、「喜びと心配」という二つの異なる反応をもたらした。中国、クメール・ルージュ及びソン・サンは、この会談の取りやめの知らせに喜んだようだった。彼らは、「結婚したばかりの新郎と新婦の離婚」と受け止めて喜んだようであり、このことを利用しようとした。西側諸国及び多くのアセアン諸国は、この会談を支持し、その成果を賞賛していたため、驚きと遺憾の意を表明した。一九八七年一二月一四、一五日に行われたアセアン首脳会議では、参加国は、フン・センーシハヌーク会談の結果を賞賛しつつも、シハヌーク殿下による会談取り止めに遺憾の意を表明した。ブルネイ国王は、フン・センーシハヌーク会談を蛍光灯に譬え、再び切れて東南アジア全体を暗くしたと語った。この時、抑圧勢力は、ベトナム軍の撤退を要求することから、シハヌーク殿下と他のクメール各派が交渉のテーブルに着くことを要求することへと変更した。

数日後、シハヌーク殿下は、再び交渉に合意し、一九八八年一月二一、二二日に前回と同じフランスで第二回目の会談を行った。この会談では、共同声明は発表せず、双方が別々に会談の結果について発表した。第二回会談の重要な点は、ソン・サン及びクメール・ルージュの参加なしにカンボジア人民共和国とシハヌーク殿下で解決する可能性が浮上した点である。この問題については、シハヌーク殿下が二派連合政府について言及したが、ソン・サンとクメール・ルージュは、シハヌーク殿下が自分たちをカンボジア問題の政治解決から排除したとして怒った。ソン・サンのシハヌーク殿下批判のために、シハヌーク殿下は、一九八八年一月三〇日に第一回目の民主カンプチア連合政府大統領からの完全な辞任を発表したが、シハヌーク殿下の辞任声明はソン・サンに矛先が向けられていた。

シハヌーク殿下は辞任に際して、一九八八年四月に北朝鮮の平壌で予定されていた第三回会談、一九八八年一一月にフランスでに予定されていた第四回会談及び一九八九年初めにインドのニューデリーで予定されていた第五回会談を取り消し、交渉は一九八九年または一九九〇年に延期するとした。

シハヌーク殿下は交渉を取り止めるとしたが、他の関係国の交渉に向けた努力を止めさせることはできなかった。ベトナムとインドネシアとの間で、ホーチミン合意に従って、非公式協議を実現しようとする取り組みが再開された。ベトナム軍が、一九八七年一一月に二万人を撤退させ、更に一九八八年後半には五万人を撤退させると発表したことで、反対勢力及びその勢力を支持する国々に対し時間的な圧力がかかることになった。これらの反対勢力と諸国は、ベトナム軍は必ず一九九〇年中には全て撤退すると信じ、従って一九九〇年までに政治解決のために検討し行動しなければならず、交渉の準備をしなければならないと考えた。インドネシアは、アセアン諸国が態度を変更するように動いた。インドネシアは、東南アジアでの自国の役割を強化するため、また第九回首脳会議の議長国に立候補していたので、この会合を推進して成果を出すことに利益を見出していた。インドネシアは、非公式会議をインドネシア及びアセアンのイニシアティブと考えていたので、その準備を快く引き受け、同会議はインドネシアで実施すべきと考えていたが、同会議実現のための必要条件であるベトナムとの協力もあきらめなかった。会議の形式に関して、アセアン諸国の中にはインドネシアの考えには同意せずに、会議は第一段階のみ、すなわちベトナムにクメール各派と会談させることのみを希望する国もあったが、インドネシアは会合を二段階とするホーチミン合意に基づくという立場を譲らず、しかもインドネシアは、同会合をカンボジアの内政問題を話し合う場としても活用しようとした。

一九八八年七月四、五日、アセアン外相会議は、この非公式会議及びカンボジア問題に関して悪質な声明を発表した。[7] インドネシアは、対立する勢力からの圧力を受け、一方でホーチミン合意を維持するためにベトナムと調整を図りつつ、もう一方でアセアン諸国及び中国の中の対立勢力にも配慮し、一体性を維持するために、調整を図るという両面政策を取らざるを得なかった。

一九八八年七月一一日、プノンペンでカンボジア、ベトナム及びラオスによる特別外相会議が、ジャカルタ非公式会議に関するインドシナ諸国の立場を明らかにする目的で開催された。その中で、我々は、カンボジア人民共和国は（同会議の）第一段階に参加し、ベトナム及びラオスは第二段階に参加すると明確に述べ、アセアン諸国に対しインドシナ諸国とアセアン諸国との合意であるホーチミン合意を尊重するように求めた。後日、アラタス・インドネシア外相は、アセアン諸国はホーチミン合意の枠組みに従うとしてアセアン諸国の立場の変更を明確に発表した。それに対し、アセアンの内部では、残念な気持ちを表していたが、そのアセアン内部の立場の表明にインドシナ諸国は怒った。ホスト国のインドネシアの態度変更は、インドシナ三か国が同会議に参加するために必要な条件だった。

クメール三派側は、しばらく躊躇した後の一九八八年六月二五日に、会議に参加すると発表したが、ベトナムに対し、シハヌーク殿下及び三派と話し合うよう求めた。彼らも、この非公式会議を二段階方式とはしたくなかった。シハヌーク殿下は、自分自身もこの非公式会議の提唱者であるにも拘わらず、会議に参加したくないようであり、矛盾する考え方を持っていた。シハヌーク殿下は、民主カンプチア連合政府の大統領からは退いていたので、ジャカルタへは、四派に超越する立場で行くことを決め、カンボジア各派に協議させることとし、またベトナムとの交渉も希望していた。シハヌーク殿下は、ジャカルタでの会議以外にも、同殿下自身が発案者である非同盟諸国運動指導者の支援による会談も希望しており、また機会が許せば、フン・センーシハヌーク会談を継続したいとも考えていた。

ソン・サンは、クメール・ルージュの話し合いに反対する立場に縛り付けられた状態からは抜け出し、しばらくはフン・センーシハヌーク会談の枠外にいた。ソン・サンにとって、ジャカルタでの会合は善意を示す機会となり、ベトナムが参加すれば自分も参加すると主張した。

クメール・ルージュは、沈黙を保つことができなくなり、「交渉のテーブルにつき、破壊する」活動の開始を決定した。以前にクメール・ルージュは、フン・センーシハヌーク会談を台なしにするために外側で活動を行ったが、今度は内側から破壊しなければならなくなった。しばらくの間、クメール・ルージュはジャカルタ非公式会議に関する立場について考えが交錯していたが、その後、彼らは中国の立場との調整を行った。彼らは、もし会議に参加しなければ、二つの危機に直面すると考えた。第一に、他の派閥や東南アジア諸国が参加する中で、もし参加しなければ、彼らは孤立するということ。第二の危機はクメール・ルージュにとって重大で、クメール・ルージュ抜きでカンボジア人民共和国とシハヌーク殿下、ソン・サンとの間で合意が成立する可能性があることであり、従って、これら三派間での合意を阻止するために会議に参加する必要があった。しかし、クメール・ルージュは、会議に参加して交渉することを表明したものの、交渉の前提条件を盛り込んだ一九八八年六月二五日付の共同声明で発表したように、シハヌーク殿下とソン・サンを誘い込もうとし、それにより会議を台なしにしようとした。声明では、ベトナムがシハヌーク殿下及び三派連合政府と交渉すること、ベトナムが国際監視下で軍を三段階で撤退させること、カンボジア人民共和国を解体しシハヌーク殿下が指導する四派連合政府を設立すること、国際監視下で自由選挙を実施すること、を求めた。

カンボジア問題に関係してきた国や関心を有する国々は、みなジャカルタ非公式会議に影響力を行使しようと活発に動いた。中国は、公には非公式会議には反対しなかったが、ベトナムに対しシハヌーク殿下及び三派と交渉するよう求めた。一九八八年七月一日、中国は、ポル・ポト派粉砕を求める世論に対処しようとタイ及びアセアンの方針に影響を与えるため、カンボジア問題に関する四項目の方針を打ち出した。(8) 一九八八年七月二日、中国は、ソ連に対し、カンボジア問題に関する緊急協議を求めた。米国及び西側諸国は、ジャカルタでの会議を支持していたが、程度の違いはあるものの、ベトナムがシハヌークと話し合うことも希望していた。米国は、アセアンの立場を支持し、ベトナムとの交渉を進めるよう求めていたが、同時に米国は、ソ連及び中国とカンボジア問題に関する協議を継続していた。一九八八年七月一四、一五日、米国務長官は、中国とカンボジア問題について協議した。

一九八八年七月一三日及び一八日、米国務長官は、ソ連外相に二通の書簡を送り、両者は一九八八年八月はじめにカンボジア問題について話し合うことで一致した。

国連は、ポル・ポト虐殺一派を承認し、一方に偏った総会決議を行っていて役割を果たすことができずにいたが、カンボジアにおける政治解決をはかるために事務総長の活動を強化した。一九八八年六月三〇日、国連事務総長は、プノンペンに特使を派遣したが、これにより、数年前まで人道問題に限った話し合いが行われていたのみであったカンボジア人民共和国政府と国連との間で政治分野での協議が開始された。

国連特使は、プノンペンに到着する前に、国連事務総長及び補佐官がジャカルタ非公式会議の議題として提示しようと準備したカンボジア問題解決計画を協議するために、東南アジア各国及びクメール三派を訪問した。この計画は、プノンペンでの協議の後、使用されないこととなった。我々は、国連特使に対しカンボジアの内政問題に介入しないよう、国連が九年間行ってきたような一方に偏ったやり方を避けるよう、また被害者であるカンボジア国民を民族大虐殺の犯罪者であるポル・ポト派と同等に扱わないように求めたのである。

非同盟運動は、シハヌーク殿下が発案しカンボジア人民共和国が同意した後、カンボジア問題の解決を模索する活動を開始した。一九八八年七月一五日、第六、第七及び第八回の非同盟諸国首脳会議のそれぞれの会議議長国のキューバ、インド及びジンバブエ、インドシナ諸国代表のベトナム、アセアン諸国代表のインドネシア、並びにシハヌーク殿下が最初にクメール四派と非同盟諸国指導者との会談を要請したパレスチナ解放機構の各国・組織の専門家グループが、インドのニューデリーで会合を開き、カンボジア問題について話し合い、ジャカルタ会議をフォローするために非同盟運動の代表を派遣することを決定した。

スウェーデンの「国際和解機関」と呼ばれる民間団体も、閉塞状態を打開し、交渉による紛争の解決を目指して、多くの解決策を提示しつつ、クメール四派間の会談を実現しようとした。

当時は、ビルマでは内政危機が起こり、タイでは選挙後の連立政権樹立に関して困難に直面している状況だったが、それでも国際世論はジャカルタ（非公式会議）に注目していた。

一九八八年七月二三、二四日、全ての代表団はジャカルタを経由して会議の開催場所であるボゴール

写真7　ジャカルタで会談するシハヌーク殿下（右）とフン・セン首相（出典：1989年5月3日付朝日新聞社聞蔵Ⅱビジュアル）

へ向かった。シハヌーク殿下のみが、自らを競技場の外にいると考えていたのでジャカルタにとどまったが、殿下は、子息が代表団長を務めるフンシンペックを激励し、また四派全ての代表団がご機嫌伺いに行くことで四派全体を超越する存在でもあることを示した。

一九八八年七月二四日夕刻に、全ての参加者に「顔合わせのための」会食が準備された。一九八八年七月二五日朝、「顔合わせのためのお茶会」に続き、会議の第一段階が開始された。この会議は、フン・セン―シハヌーク会談の後に行われた、紛争中の全ての派閥による最初の会議であり、「お互いに敵同士の同胞の会議」と呼ばれた。一九八八年七月二五日夕刻には、第二段階として、紛争中のクメール各派及び一〇年近く対立してきたインドシナとアセアンの二つの陣営の間の最初の会談が行われた（写真7）。

この会合により、域内諸国の間でカンボジア問題の解決及び東南アジアの平和と安定についての最初の協力がもたらされた。この会合により、政治及び心理面における閉塞状況を打開できたのみならず、カンボジア問題を国内的側面と国際的側面とに分ける政治解決の枠組みを作り、カンボジアからのベトナム軍の撤退とポル・ポト虐殺政権の再来阻止、敵対するクメール各派への援助停止及びカンボジア内政問題への外部からの干渉停止という二つの鍵となる問題が結びつけられることとなった。アセアン諸国が、カンボジア問題の二つの鍵となる問題を認めたのは今回が初めてであり、それまでの数年間、これら諸国は、ポル・ポト政権の危険性及び外部からのクメール反対勢力への援助停止については話さず、ベトナム軍の撤退のみにしか言及しなかった。この会合で初めて、カンボジア問題を内政面と国際面とに分けて、カンボジア内政問題は、我々カンボジア人の間での同意により解決されることを認めた。それまでの数年間、これら諸国は、アセアン式の政治体制を押しつけようとしたり、カンボジア人に代わって政府を樹立しようとしたりするなど、カンボジア人に代わってカンボジア人の運命を左右しようとしていた。

ジャカルタ非公式会議は、東南アジアに新たな勢力を結集し、それにより同盟関係の変化をもたらし、議論の焦点も、ベトナム軍のカンボジアからの撤退要求からクメール・ルージュ、ポル・ポト派の危険除去の要求へと変化する契機となった。クメール・ルージュの問題は危険であり、かつカンボジア問題の政治解決を図る上で障害であったので、同盟者間の争いは緊張したものとなり、シハヌーク派もソン・サン派も、クメール・ルージュに対峙するためにカンボジア人民共和国との立場の一致を模索するようになり、シハヌーク派は、クメール・ルージュという危険を排除する必要性を率直に述べた。ソン・サンは、クメール・ルージュと中国の怒りを買うことを恐れていたが、キュー・サンパンに強く働きかけて、「クメール・ルージュは、ベトナムのカンボジアからの撤退後、単独で政権を奪うことはない」という声明を発表させた。ソン・サンは、会議に臨んで、クメール・ルージュと同じ「かご」に入れないで欲しいとまで発言した。クメール四派の間では、三派連合政府がカンボジア人民共和国に対峙するという三対一の構図から、同じ三派対一派の構図ではあるものの、その構成はカンボジア人民共和国、シハヌーク派、ソン・サン派対クメール・ルージュとなった。この非公式会議での変化を通して、東南アジアの勢力関係にも変化が生じ、九対三が一一対一になった。つまり、当初はアセアン六か国及び三派がカンボジア人民共和国、ベトナム及びラオスと対峙していたが、アセアン六か国、ベトナム、ラオス、カンボジア人民共和国、シハヌーク及びソン・サンがクメール・ルージュに対峙する関係に変化した。クメール・ルージュは非常に孤立した状態に立たされ、外国メディアは、「クメール・ルージュは罠にはまろうとしている」と報道した。ジャカルタ非公式会議は、ポル・ポト派を裁く裁判所のようであり、ポル・ポト派はある程度政治的に断罪されたようであった。

クメール・ルージュ、ポル・ポト派の問題は最重要課題であり、話し合って解決する必要があったので、ベトナム軍の撤退を求める各国からの圧力は、クメール・ルージュの危険を排除する要求へと変わっていった。多数の国々が、対外的にはベトナム軍の撤退を要求していたが、内心ではベトナム軍が早く撤退しすぎてポル・ポト派が再来することを恐れており、また仮にベトナムの撤退が早すぎれば、彼らはシハヌーク派やソン・サン派の兵力を構築するだけの十分な時間がなく、また政治解決なしにベトナムが撤退してしまえば彼らの面子がつぶされると危惧していた。このため、アセアン諸国及び西側諸国は、ベトナム軍の無条件の一方的な撤退を求めることを止めて、「政治解決がなされ、ポル・ポト虐殺政権の排除と外国からのクメール反対勢力への援助の停止を結びつけることを受け入れる」という条件の下でベトナム軍の撤退を求めることとした。ジャカルタ非公式会議では、カンボジアとベトナムが提出した期限より以前のベトナム軍の撤退を要求した国は一か国もなかった。

非公式会議が開かれてからは隠すことのできない「同盟関係の不協和音」が見られるようになった。

インドネシアの要人の中には、我々代表団に対し、「必要なことはクメール・ルージュを葬り去ることであり、よってクメール・ルージュに対抗するためにプノンペン政権とシハヌーク派及びソン・サン派の間で同盟関係を構築しなければならない」という意見を述べる人もいた。シハヌーク殿下は、クメール・ルージュを阻止するためにカンボジア人民共和国と同盟関係を結ぶ可能性について頻繁に発言した。一方、鄧小平は、シハヌーク殿下に書簡を送り、一九八八年一一月のパリでの第三回フン・センーシハヌーク会談においてカンボジア人民共和国との間で個別にどのような合意も行わないよう忠告した。ソン・サンは、自派の兵力を守るために、カンボジア人民共和国に対して自派の兵力を攻撃せず解放地域を維持できるよう、またクメール・ルージュに対して自派の支配地域に入ってこないように、少なくとも以前のように攻撃しないように要請することで、カンボジア人民共和国及びクメール・ルージュに対して中立的立場を取りたいと考えた。彼は、一九八八年七月二五日のインドネシアのボゴールにおける私との夕食で、このように要請した。これに対し、私は、ソン・サンがクメール・ルージュと共にカンボジア人民共和国に対峙している限り要望には添えないと明言した。これは、一九八八年七月二六日のボゴールにおける私の代表団とソン・サンの代表団との会談での回答である。

クメール・ルージュは、シハヌーク派及びソン・サン派との同盟政策を変更し、シハヌーク派及びソン・サン派の勢力を政治的軍事的に破壊しようとし始め、同時にクメール・ルージュ＝ポル・ポト派の排除を求める動きを阻止するための「自衛」の外交政策を開始した。一九八八年八月一六日、クメール・ルージュは一四項目の提案を打ち出し、この中で、彼らは政治的・軍事的に均等な権力分掌を受け入れ、また数年前までは反対していた国際監視の受け入れにも同意した。この変化は、彼らがそれまでは単独で権力を掌握できると想定していたが、今では政治的・軍事的に抹殺されることを恐れるようになったことによるものである。

中国は、カンボジア問題に関する戦略の選択に困難を感じていた。中国が利用していた手段は全て弱体化し、更に崩壊の危機に直面していた。中国は、対外的には努めてシハヌーク殿下を支持していたが、シハヌーク殿下のカンボジア人民共和国と同盟しクメール・ルージュとの関係を切り捨てようとするやり方には反対し、カンボジア人民共和国の組織の基礎の上に四派連合政府を樹立するというシハヌーク殿下の要請にも反対した。中国は、ベトナム軍がカンボジアから無条件に一方的に撤退するよう求める要求から、カンボジア問題の政治解決の中でベトナム軍の撤退スケジュールを提示するよう求める要求へと変更した。趙紫陽中国共産党総書記は、一九八八年八月一二日に日本の報道機関・共同通信に対して行った発言及び一九八八年八月二六日の竹下日本国総理大臣との会談において、初めてクメール・ルージュは危険であると認め、クメール・ルージュのみではカンボジアで権力を握らせないと述べたが、総書記は、そのこととヘン・サムリン及び私が単独で権力を握る危険とを結びつけ、「カンボジア四派の武装勢力の具体的状況を検討すると、ヘン・サムリン及びフン・センの武装兵力は依然として最大かつ最強である。しかし、中国も国際社会も、クメール・ルージュが単独で権力を掌握することには反対であるが、ヘン・サムリン及びフン・センの単独支配にも同意しない」と強調した。矛先は二つの方向に向けられたが、中国指導者が自らの手先であるクメール・ルージュを危険であると批判したのは今回が初めてだった。中国は、依然としてカンボジア問題はカンボジア駐留のベトナム軍により引き起こされたと考えていたが、クメール・ルージュ＝ポル・ポト派を危険であると認めたことは、ベトナム軍がポル・ポト政権を倒しカンボジア人民を救うためにカンボジアに進入する契機となった根本原因を認めることを意味した。理論的には、「ポル・ポト派による殺戮がなければ、同派を打倒するためのカンボジア国民の蜂起とそのことが招いたベトナムからの支援もなかった」のである。趙紫陽は、理論上も現実の上でもポル・ポト派とカンボジア人民共和国とを結びつけようとしたが、彼は「一八〇度異なる敵同士の二勢力が一つの籠にいることはできない」ことを全く理解していなかった。彼は、ポル・ポト派が野蛮だったためにヘン・サムリン側が打倒したのであり、従って二つの勢力が同一の檻にいることはできないということについて全く言及しなかった。

中国共産党総書記は、初めて国際平和維持軍及び国際監視委員会がカンボジアに入ることを受け入れた。この問題も、政治分析家に疑問を抱かせることとなった。問題は、中国は九年間以上にわたって受け入れなかったにも拘わらず、何故今になって認めたのかという点であるが、これはカンボジアの戦場における兵力バランスから来る問題であった。数年前までは、ポル・ポト派軍は単独で権力を握ることができるという幻想を抱いていたが、現在ではポル・ポト派は弱体化したのみではなく崩壊の危機にも直面していた。従って、戦略を単独での権力奪取からポル・ポト派兵力の「長期間の維持」へと変更しなければならなかった。中国は、クメール・ルージュ・ポル・ポト派がジャングルとタイの領土内にいるのでは勢力をずっと維持することはできないことを明確に理解していた。更に、タイで新たに就任した首相は、インドシナにおけるタイの市場を作り出すためにカンボジア問題の政治解決に参加したいと考えていたことから、中国の懸念はますます深まっていった。このため、クメール・ルージュの兵力を保持するためには、国際社会の平和維持軍及び監視委員会に依存しなければならなかったのである。国際平和維持軍及び国際監視委員会を受け入れたのは、一つにはポル・ポトの兵力を保持するためであり、またこれらの二つの国際機構の存在を希望する米国、西側諸国、アセアン、シハヌーク殿下及びソン・サンとの調整を図るためであった。中国の態度変更は全て、クメール・ルージュがカンボジアにおける政治的・社会的生命を抹殺されることを阻止するための措置という点に集約される。

ジャカルタ非公式会議以来、ポル・ポト派を排除しようとする動きは世界中で起こり、英国、フランス、西ドイツ等の西側諸国でも見られ、ノーベル賞受賞者一二人もポル・ポト派の国連からの追放を要求した。米国では、クメール・ルージュ・ポル・ポト派の排除を求める動きが、国民、議会の上下両院の間に広がっていった。一九八八年一〇月五日、国連総会でカンボジア情勢及びカンボジア問題について討議が行われている際、米国の三つの大衆組織及び著名な映画『キリング・フィールド』の制作者の一人であるディット・ブロンが、クメール・ルージュの国連からの追放及びカンボジアへの開発援助の供与を求めて国連の近くに集合した。ディット・ブロン氏は、ポル・ポトの虐殺を逃れて生き延びたカンボジア人で、米国に移住し、虐殺者ポル・ポトの犯罪を描いた映画『キリング・フィールド』を制作した。国連では、大半の代表団がジャカルタ非公式会議は継続すべき成果を生んだと見なしており、それゆえアセアン諸国の一部は、カンボジアに関する決議に非公式会議の内容を加味したいと考えた。この点から、アセアン代表団とクメール・ルージュの首席代表のキュー・サンパンとの間に激しい対立が生じ、キュー・サンパンは、過去一〇年間の決議の保持を求める書簡を一九八八年九月二日に各国の国連代表部に送付した。

非同盟運動では、ジャカルタ非公式会議後、カンボジア問題に高い関心が集まるようになった。

一九八八年八月一五～一七日にジンバブエのハラレで、ジンバブエ、キューバ、インド、ベトナム、インドネシア、パレスチナ解放機構の専門家会合が行われ、その後の一九八八年九月六日に、これら六か国の外相はキプロスのニコシアで会合し、一九八八年九月八日には、インドネシアのアラタス外相が、非同盟諸国外相（会議）総会でジャカルタ非公式会議の成果を報告した。好戦派からの破壊活動にも拘わらず、交渉に向けた意識と雰囲気は継続した。域内諸国間の協力の取り組みは継続され、それによりカンボジア問題解決の動きが加速され、東南アジア地域の平和と安定の問題解決への道が開かれた。

状況は依然として複雑に推移していたが、対峙するだけの段階を乗り越え、交渉をしつつ対立もするという段階に移ったが、交渉に向けた機運の方が対立よりも勢いがあった。カンボジア革命は、軍事的な攻撃のみの段階から攻撃をしつつも交渉もする段階に移り、政治解決がなされれば、闘争をしつつも、和解するとの段階に移ろうとしていた。カンボジア及び東南アジアにおける同盟関係は、形態面でも内容面でも変化しつつあった。クメール・ルージュ・ポル・ポト派が、問題解決のための主要緊急の課題となった。外部からの圧力も、ベトナムの撤退を求めるものからポル・ポト派再来という危険の排除を求めるものへと徐々に変わっていった。ベトナム軍があまりにも早く撤退してしまうと、ポル・ポト派が戻ってくるのではないかという懸念が、あらゆる場所で生じた。こ

写真8　カンボジアから最後のベトナム軍部隊が引き揚げ（出典：1989年9月26日付朝日新聞社聞蔵Ⅱビジュアル）

れまで必要ないと言っていたものが、逆に必要不可欠なものに変わり、「彼らは、ベトナム軍を必要としなかったが、ポル・ポト派を阻止するためにベトナム軍を必要とした」のである。クメール・ルージュに対抗するために、カンボジア人民共和国とシハヌーク殿下とが同盟を結ぶことへの期待が多くの関係者の間に広がった。中国は、カンボジア及び東南アジアの問題に関する戦略の選択に関して困難に直面していた。政治解決なしでベトナム軍がカンボジアから撤退するという可能性が、関係者への圧力となった（写真8）。

九　逡巡と障害

一九八八年七月二五〜二八日のジャカルタ非公式会議により、カンボジア問題解決のための地域諸国間の協力の形が作られた。また、カンボジア問題の国内的側面と国際的側面とを区別し、カンボジアからのベトナム軍撤退とポル・ポト派再来の阻止（国内的側面）・クメール反対派への軍事援助停止及びカンボジア内政への外部からの干渉停止（国際的側面）という、鍵となる二つの問題を結びつける政治解決の枠組みが作り出された。このように、カンボジア問題に関して、相互に関連する問題を結びつける形で解決策が取り上げられたのは初めてであり、その中でもポル・ポト派の問題が鍵となる重要な問題で、その阻止に関して関心が集まった。

ポル・ポト派の問題が主要な喫緊の課題と認識されるようになってから、我々は、中国、タイ及びクメール・ルージュがこの流れに抗おうとして行った広範囲な外交活動を注視したが、そこには中国によるシハヌーク殿下への圧力などが含まれた。一九八八年八月一五日、クメール・ルージュは全ての政治的側面に関してカンボジア問題を解決するための和平案を打ち出したが、その中には、「誰の過去も、政治的傾向も問わない全てのカンボジア人及び全ての党派の和解」という点も盛り込まれていた。我々は、この点は、ポル・ポト派の危険の除去を求め、またポル・ポト派指導部とその緊密な協力者の排除を求める世論に対処するためであることをはっきりと知っていた。一九八八年八月二六日、趙紫陽中国共産党総書記は、問題の核心はベトナム軍の撤退と二つの危険、即ちクメール・ルージュも危険であり、ヘン・サムリン政権も危険であるという新たな考えを表明した。そして、クメール・ルージュの政権復帰にも反対しなければならないが、ヘン・サムリン軍の単独の政権掌握にも対抗しなければならないとし、更に国際平和維持軍のカンボジアへの派遣受け入れについても言及した。一九八八年一〇月には、クメール・ルージュも同様に国際平和維持軍の受け入れへの同意を発表した。中国とクメール・ルージュのこうした発言は、一九八八年五月以降、特にクメール・ルージュ、ポル・ポト派に関心が集中したジャカルタ非公式会議以降の状況を覆すためであることは明らかだった。しかし、西側諸国及びアセアン諸国がこうした中国やクメール・ルージュの立場の変更を支持しなかったのみならず、これら諸国は鍵となる二つの問題を取り上げ続け、特にポル・ポト派の危険を集中的に取り上げた。

シハヌーク殿下が、クメール・ルージュの粉砕を死活的な問題と見なすと発表し、クメール・ルージュを粉砕するためにカンボジア人民共和国と軍事的政治的同盟関係を結ぶ可能性も含めて私との二者会談を決意した際、鄧小平はシハヌーク殿下に書簡を送り、カンボジア人民共和国と個別の合意をしないように忠告した。このため、シハヌーク殿下は、第三回フン・センーシハヌーク会談及びフン・センーシハヌークーソン・サンによる第一回会談においてクメール・ルージュ問題に関して立場を後退させた。シハヌーク殿下は、中国が殿下に毎年三〇万ドルずつ供与してきた活動資金を削減したことを明らかにした。一九八八年に中国は、三派連合政府の分裂が深刻であるため、またシハヌーク殿下に圧力をかけるために、一九八三年から一九八七年の間に行ってきた援助の分配に関する民主カンプチア連合政府の会合を召集しなかった。更に、中国は、フン・センーシハヌーク会談の行われる数日前にこの会談に対して懸念を表明した。それにより、シハヌーク殿下は、中国の方針の枠外での活動はできなくなった。状況の変化は、中国にとって好ましいものではなく、「一つの鍵となる理論と二つの危険」という立場を支持する者はいなかった。中国は、ソ連との首脳会談を実施することを発表したが、中国はこの首脳会談を三つの障害があるという理由で多年にわたって先延ばしにしてきたものであり、その中でも最大の障害はカンボジア問題であった。中国とソ連の外相が、一九八八年一〇月に国連で会談した後、両者は、一九八九年の夏前に中ソ首脳会談を実施できるように準備するため、中国外相は一九八八年一二月はじめにソ連を訪問し、ソ連外相は一九八九年一月に中国を訪問する旨発表した。中国にとっては、カンボジア問題が解決する前に中ソ首脳会談を行う必要があった。この状況は、中ソ関係改善にとって最大の障害はカンボジア問題であるとする中国のこれまで一〇年間の立場と異なるものであった。

中ソ両国間の関係悪化にとってカンボジア問題が原因でないことは明らかであった。中国のこうした対応は、自国の戦略的利益のために、ソ連に対抗し、中ソ間の関係改善を拒み、また米国、西側諸国、アセアン諸国を引きつけておくための口実として利用したに過ぎなかった。一九八二年一〇月から中ソ両国は外務副大臣レベルでの交渉を開始した。現時点で、カンボジア問題は解決されてはいないものの、中ソ関係は大幅に改善され、更に、中国がソ連との首脳会談の実施を発表する際にもカンボジア問題はまだ解決されていない。従って、中ソ関係の問題はカンボジア問題に依存するわけではないことはますます明らかとなった。また、これら二つの問題は時期的にも同時期に起こったわけではなかった。中ソ関係は、一九六〇年代はじめから悪化し始めたが、カンボジア問題は一九七〇年代終わりに発生したばかりであった。

中国が、ソ連との首脳会談に応じる発表をした背景には、米ソ関係の将来の発展を懸念した可能性がある。それは、中国がアジア太平洋地域をはじめとする世界で第三極としての優越的地位を確立する前に、米ソ両国が世界の様々な問題を解決する二極となるのではないかという懸念である。アジア地域の問題の一つにアフガニスタン問題があり、この問題は、中国が役割を果たさないうちに、アフガニスタン、パキスタン、ソ連及び米国により解決された。カンボジア問題は、中国の手から抜け落ちつつあった。中国は、一九八八年七月のジャカルタ非公式会議を歓迎しなかった。クメール・ルージュは、一九八八年一〇月一七～一九日に行われたジャカルタの作業部会会合に参加せず、一九八八年一一月七、八日にフランスで行われたクメール各派の派閥の長による会談にも参加しなかった。タイでは、新首相が就任してから変化が見られるようになり、ソ連、米国及びフランスは、カンボジア問題について交渉していた。一方、中国が握っていたカードは、困難をもたらすものばかりであった。ポル・ポト派のカードは飲み込むことができずに喉につかえており、シハヌーク殿下のカードを中国はしっかりと掌握できず、シハヌーク殿下は中国やポル・ポト派に矛先を向ける時さえあり、ベトナム軍の問題は一〇年前のように中国が利用できるカードではなくなった。巧みな外交と力の外交とが同時に行われていた。一つの鍵となる理論と二つの危険により、中国とクメール・ルージュとの間に亀裂が生じる兆しが見え始めた。ベトナム軍がカンボジアから撤退した際のクメール・ルージュ切り捨ての準備、クメール・ルージュ単独での政権再奪取への反対と国際平和維持軍のカンボジアへの受け入れ、ソ連との首脳会談の発表、李鵬首相をタイに派遣し同国を説得し圧力をかける働きかけの実施、シハヌーク殿下に対するプノンペン政権と個別に合意しないようにという警告、軍事的財政的援助を分配するための三派連合政府の会合を実施しないことによるシハヌーク殿下の活動への財政的支援の削減、シハヌーク殿下及びソン・サンがカンボジア人民共和国と交渉する際の方針の決定など、これらは全て、中国が、カンボジア問題が自らの掌中から抜け落ちることを防ぐために行ったことである。

第三回フン・センーシハヌーク会談及び第一回フン・センーシハヌークーソン・サン会談の前にも活発な外交活動が行われた。ソン・サンは、自らを中国とクメール・ルージュに結びつけることに努め、交渉の席でカンボジア人民共和国に圧力をかけるために（国連の総会決議において）支持票を増加させることを狙って国連の場でクメール・ルージュの立場を擁護した。シハヌーク殿下は、アセアンの一部の国々、日本、フランス、米国、英国を訪問し、交渉に先立って、アセアン、米国など西側諸国の政治的軍事的支援や後ろ盾を得ようとした。アセアン諸国の中では、一部の国はジャカルタ非公式会議の成果を堅持しようとしたのに対し、別の国々は過去九年間の国連総会決議を維持する形で（非公式会議の結果を）反故にしようとしたために歩調が揃わなかった。後者の国々は、決議への支持票を増加させる戦略として、クメール・ルージュ政権の再来がないという点を決議に盛り込んだ。ソン・サンは、決議への投票が行われた後、中国の歓心を買うために、この追加点についてプノンペンを支配する政権を指すという解釈を行ったが、このことは決議に賛成票を投じた諸国の怒りを買う結果となった。このように、一九八八年にアセアンは、一方ではジャカルタで、もう一方では国連で、異なる巧みな外交を行っていた。

第三回フン・センーシハヌーク会談は、フランスのパリ市中央に位置するホテル・クリオンで一九八八年一一月五日に行われる予定であったが、同年一一月六日に延期され、場所はフェール・アン・タルドノアとなった。時間と場所の変更理由については、全く理屈に合わないので言及するに値しない。問題の発端は、シハヌーク殿下の側近とフランス政府職員が同殿下に対して、私がシハヌーク殿下と同じホテル・クリヨンに投宿することで、殿下と対等と考えていると告げ口したことであり、これが、シハヌーク殿下を立腹させて、ホテル・クリヨンでの会談は取り止めとなった。シハヌーク殿下が一九八八年八月一三日に東京から私宛に送付して来た電報では、会談を一九八八年一一月五日朝一〇時にホテル・クリヨンで行う旨記載されていた。それゆえ仕事を円滑に進め、かつ移動や警備上の問題を減らすために、我々は数百室もある大きなホテル・クリヨンを滞在先に決めたのである。このホテルは、シハヌーク殿下の独占ホテルでもなく、また殿下自身がこのホテルを一人で借り切ることもできなかった。誰でも資金さえあれば、このホテルを一人で借り切ることができ、国籍も社会的地位も関係ない。シハヌーク殿下がこのホテルを一人で借り切ることができないにも拘わらず、我々代表団がこのホテルに滞在することに反対したのは、おかしなことである。ここでの重要な理由は、王族と庶民を完全に分け、また同じクメール人同士を完全に分けた点である。こうした行いは、国外にいるクメール人や本件に関心を有する外国人に対し、シハヌーク殿下がこれまで反対派に対抗するために述べてきた自由民主主義に関して疑念を抱かせることになる。その疑念とは、交渉において対等であるべき敵対する二つの勢力の長の間で、地位や階級の上下に拘って完全に立て分けては、民主主義、自由、平等などあり得るであろうか、また政治解決が行われるまで、一方は役職が高位で、もう一方は役職が低位であるなどと言っていては、更なる圧力がありうるのではないかというものである。この疑念は正当であり、我々は自由主義という語に注意をするようになった。ホテル・クリヨンでの会合が取りやめとなったため、我々は大きな困難に直面した。同時にフランス当局者は、我々に二つの条件を提示したが、それらは受け入れがたいものであった。一つ目は、我々が、フランスがシハヌーク殿下に違法に提供した旧カンボジア大使公邸での会合に出向くとの提案であった（この公邸は、カンボジア国の財産で、カンボジア人民共和国が一〇年間フランス側に税金を納めてきた）。フランスは、我々がその場所での会合に出席することでシハヌーク殿下が同公邸を管理することに合法性を与えようとしていた。フランス外務省職員は、もし私がその公邸にいるシハヌーク殿下に会いに行けば、シハヌーク殿下は私を高く評価するであろうと語った。我々は、もし私がその公邸での会合に行くならば、私は八〇〇万人のカンボジア国民から低い評価を受けるであろうと応えた。二つの目の条件は、我々をホテル・クリヨンから別のホテルに移動させて、シハヌーク殿下にホテル・クリヨンに滞在させ、そこで会合を行うというものであった。これら全ての条件は、我々にとって受け入れられないものであった。しかし、会合に影響が及ばないように、我々は一つの提案を行った。それは、会合を行うための第三の会場を選ぶというものであり、ホテル・クリヨンで会合するのでもなければ、旧カンボジア大使公邸での会合でもないということである。最終的に、一九八七年一二月に第一回フン・セン＝シハヌーク会談を行ったフェール・アン・タルドノアで第三回フン・センーシハヌーク会談及び第一回三派首脳会談を行うことで一致した。

会合の形式について、シハヌーク殿下は一九八八年七月に合意されたように二者会談を行うのではなく、直ちに五者会談を行うことを希望した。我々は、今後の会合のあり方について話し合うために二者会談を先に行うことを求めた。フン・センーシハヌーク二者会談は、一九八八年一一月六日に行われた。会合が開かれると、早速私はシハヌーク殿下に対し、「殿下と私との合意によれば、この会合は殿下と私との第三回会合であるが、今殿下はクメール・ルージュやソン・サンの参加を呼びかけており、この会合はどのような形式なのか」と質問した。シハヌーク殿下は、「私は、フン・セン閣下がシハヌークのみとの交渉ではなく、キュー・サンパンやソン・サンとも交渉しなければならないことを知っている。私の妻のモニクが証人である。そのため、私はクメール・ルージュやソン・サンに参加を呼びかけたのである」と答えた。また「明日の会合には、フン・セン閣下、ソン・サン閣下、キュー・サンパンの名代のアオク・サクン、フンシンペックを代表するラナリットが参加し、私（シハヌーク）は中立またはその上に位置する立場で参加する」と回答した。私（フン・セン）は、これは五派会談かと質問した。シハヌーク殿下は、「そうではない、これは四派会談であるが、もし（フン・セン）閣下が私（シハヌーク）を参加させないのならば、自分は引き下がる」と答えた。私（フン・セン）は、「もし殿下が引き下がるのならば、私も引き下がり、殿下がラナリットを、そしてキュー・サンパンがアオク・サクンを会談に参加させるように、私も代理を会談に参加させる」と答えた。

最後に我々は、次の三つの段階の形式を提案した。第一に、まず第三回フン・センーシハヌーク会談を実現する、第二に、四派の代表による事務レベル会談を開催する。これはキュー・サンパンの名代のアオク・サクンが首脳会談に参加できないからである。第三に、キュー・サンパンが参加する場合には四派首脳会談を開き、キュー・サンパンが参加しない場合には三派首脳会談を開く、というものである。シハヌーク殿下は、この三段階の提案に賛同し、パリにあるユネスコのクメール・ルージュの代表に伝達するように指示した。その後、クメール・ルージュの代表が四派事務レベル会合に参加するよう指示を受けたとの情報はなく、キュー・サンパンからも情報がなかったため、我々はシハヌーク殿下との間でフン・セン－シハヌーク－ソン・サンによる三派首脳会談を一九八八年一一月七日に開催することで一致した。会合の場所と形式の問題でさえ、緊張したやり取りがあった。全ては、合意事項への尊重の欠如と交渉者同士の平等性の欠如からくるものであった。このことが交渉の進行に支障をきたし、またカンボジア国民にとっては恥ずべきこととなった。

三派首脳会談が開始され、外面的には親密な雰囲気の中で終了したが、内容的には緊迫していた。しかし、共同声明の署名に関しては意見が一致した。共同声明の重要なポイントは、カンボジア問題解決の可能性を探る作業部会の設立であった。これは、カンボジアの国内問題を解決するための枠組みであり、これに代わる国際的な問題解決の枠組みはなかった。これは、カンボジア人同士の交渉開始の端緒となるものであり、これまでのフン・セン－シハヌークという枠組みをフン・セン－シハヌーク－ソン・サンに拡大し、更にクメール・ルージュに対しても彼らが希望すれば参加できるようにした。

我々は、今回の作業部会の設立については、実態としてはカンボジア内部での枠組みの設置となるものので、一歩前進と見ることができたが、それ以外の内容面については、ジャカルタ非公式会議で政治解決という枠組みの中で多くの問題の関連性について取り上げられたことと比較すると、後退したものと考えた。シハヌーク殿下も、ソン・サンも、ベトナム軍の撤退とポル・ポト虐殺政権の再来阻止とを関連させないように、そして、ベトナム軍の撤退と敵対するクメール各派への軍事援助停止のスケジュールとを関連させないように執拗に主張し、また政治解決においてクメール・ルージュに政治的軍事的役割を持たせるように繰り返し要求した。同時に、カンボジア人民共和国の解体を要求したが、同共和国のみが、ポル・ポト派の再来を阻止できる唯一の勢力である。このように要求することは、再びポル・ポト派によるカンボジア国民殺戮への道を開くことに他ならず、カンボジア国民の自決権の侵害をもたらす行為である。シハヌーク殿下の立場について考察すると、一九八八年七、八月時点と比較して後退が見られる。当時、殿下はクメール・ルージュ、ポル・ポト派に反対し、その排除を強く求め、クメール・ルージュを排除するためにカンボジア人民共和国との政治的軍事的同盟の樹立の可能性にさえ言及した。殿下の立場は、一九八八年九月下旬または一〇月はじめ頃に鄧小平が殿下に対して警告する内容の書簡を送って以後後退した。この書簡を受け取ってから、殿下は熟慮し、中国の方針から離れた形での妥協は困難となり、クメール・ルージュ、ポル・ポト派とよりを戻すという危険を冒すことになった。殿下は、政治解決におけるポル・ポト派の軍事的役割を守ろうとし、ついには会合の共同声明でポル・ポト派虐殺政権という名前に言及しようとさえしなかった。

殿下は、アセアン及び西側諸国からの支持、特に米国からの軍事援助によって判断を誤り、ポル・ポト派を抑止力として用いることに努め、自らの軍事力の構築のために時間を稼いだ。従って、殿下は、我々が外国からの軍事援助受け入れの停止を決意したにも拘らず、ベトナム軍の撤退と敵対するクメール各派への外国からの軍事援助の停止とを切り離そうと努めた。殿下は、カンボジア人民共和国が外国からの軍事援助を受け取ることを可能にしたが、それは、内戦再発の可能性を一層大きくすることを意味し、国民和解の早期実現とカンボジア国民の悲惨な状況に終止符を打つという念願に逆行するものであった。

成果が得られなかった会合の後、シハヌーク殿下もソン・サンも、私はカンボジア国民の利益を考えずに、ベトナムとソ連の利益ばかりを考えていたと述べて、責任を私に帰した。しかも、彼らはポル・ポト派を再来させ、再び国民を殺戮することへの道を開くことを求めた。また、両派ともポル・ポト派に反対せず、しかもポル・ポト派を支持しさえしたことで、カンボジア国民の利益を乱暴に侵害していた。会合でシハヌーク殿下が、「クメール・ルージュが参加しなければ中国は同意しないだろう」と発言したが、この発言は中国のためなのか、それともカンボジア国民のためなのか。それに対し、私は逆に次のとおり述べた。

「カンボジア問題の解決においては、カンボジア国民の利益を考えるべきか、中国の利益を考えるべきか。もし、中国とクメール・ルージュの気に入るようにクメール・ルージュ軍を参加させるならば、それはカンボジア国民の生命にとって破滅的な結果となる」

この発言は、ベトナムやソ連のためだろうか、それともカンボジア国民の利益のためだろうか。カンボジア問題解決への重大な障害は、中国とクメール・ルージュであった。これらがカンボジア問題解決のための唯一の鍵ではなかったが、カンボジア和平を模索する過程で障害ではあった。クメール・ルージュが二度にわたって会談に不参加であったことのほかにも、中国がシハヌーク殿下及びソン・サンの活動を自らの支配下に置いて枠にはめようと援助削減という脅しを使って圧力をかける可能性もあった。クメール・ルージュの今後の作業部会、首脳会談及び第二回ジャカルタ非公式会議への参加問題は、現実の検討課題となり、第二回非公式会議を準備するインドネシアにとっても懸念材料となった。従って、中国とクメール・ルージュは依然としてカンボジア和平プロセスにとって重大な障害であった。一九八八年一一月二五日、キュー・サンパンはシハヌーク殿下に電報を送り、彼らは次回の首脳会談に参加する、アオク・サクンを作業部会に参加させると連絡してきた。しかし、彼らはジャカルタでもこの手法をとったため、この対応振りには疑問が残った。

訳注

（1）四つの現代化とは、農業、工業、国防及び科学・技術の現代化を指す。最高指導者・鄧小平の下で一九七八年一二月の中国共産党第一一期中央委員会第三回全体会議において国家目標として定められた。

（2）一九七九年一一月、国連総会で米、中両国はアセアン諸国、日本及び一部西欧諸国の支持を得て、ベトナムの「カンボジア介入」を非難し、ベトナム軍の撤退を要求し、民主カンプチアに国連におけるカンボジア代表権を認める決議の採択に成功した。その後も同趣旨の決議はアセアン諸国を提案国として、一九八九年まで毎年採択され続けた。

（3）カンボジア人民共和国（いわゆる「ヘン・サムリン政権」）を指す。

（4）一九八二年六月二二日、マレーシアのクアラルンプールにてシハヌーク殿下、ソン・サン及びキュー・サンパンは、民主カンプチア連合政府の設立宣言への署名を行った。本書においては、これをクアラルンプール合意、クアラルンプール宣言、クアラルンプール憲章、クアラルンプール協定等と呼んでいるが、同一のものを指している。

（5）当時中国は、ソ連との関係正常化に当たり、カンボジア問題、アフガニスタン問題及び国境兵力問題を三つの障害とし、これらの問題の解決を関係正常化の前提条件としていた。

（6）国境防衛体制とは、カンボジア・タイ国境地帯に有刺鉄線を張り、地雷を敷設することで防衛体制を強化しようとしたもの（K5計画と呼ばれる）。

（7）一九八八年七月のアセアン外相会議共同声明では、ジャカルタ非公式会合に代表を派遣することを決定するとともに、ベトナム軍によるカンボジアの違法占拠に深い憂慮を表明し、三派連合政府を支持しシハヌーク殿下の重要な役割に留意し、抵抗勢力がベトナムの占拠に対抗して戦いを継続することへの決意を歓迎している。

（8）一九八八年七月一日、中国政府は、ベトナム軍の撤退に関する具体的スケジュールの提示、シハヌーク殿下の指導の下での四派連合政府の樹立、クメール各派による敵対的行為の停止、中国は国際会議で包括的解決を保証、などを内容とする声明を発表。

第二章　経済、社会、文化分野の一〇年間の発展と解決すべき課題

一　経済分野の業績と課題

経済分野の一〇年間の業績と人々の生活について再度検証したい。

カンボジア国民は、現在国内にいようと、国外にいようと、ポル・ポト政権が全国で貧困化政策を実施したことを知っている。国民は、都市部や人口密集地域から地方へ、また一つの場所から別の場所へと移動させられた。国民全体が、集団居住区に住まわされ、集団生活をさせられた。このため、カンボジア国民は、生産手段・道具から住居や物資にいたるまであらゆる所有権を奪われ、皿、スプーンや鍋を所有する権利さえもなかった。人々は、惨めに労働力を供出する権利しかなかったが、それによって得られる食糧は非常に少なく、人々は飢えていた。我々の労働力から得られる生産物をどうするかは、

オンカー（組織）次第であった。

都市の工場や企業は閉鎖され、また破壊された。通貨は廃止され使用されなくなり、国には物資の流通も市場もなく、商品の交換もなかった。当時の生産関係を要約して言えば、主人と奴隷の間の生産関係であり、オンカーが奴隷の主人であり、カンボジア国民は子供から老人まで全て奴隷であった。

一九七九年一月七日の解放後、ポル・ポト派が残し我々が直面した最も恐るべきものは、国民の生命を脅かす飢餓であった。その飢餓は、単に一家族や特定の村、郡、州に限定されるものではなく、国家全体に及んでいた。

人々が亡くなっただけではなく、生き残った人々も生きる力を失っていた。ポル・ポト派からの解放後、人々はこぞって、集団で生活し仕事をする体制を破壊した。そして、生産手段や生活物資、またポル・ポト派が貯蔵しておいた集合米倉に残っていた少量の食糧を分け合った。多くの場所では、ポル・ポト派が逃げる前に稲を破砕したために、残された稲もなかった。またポル・ポト派は、数千～数万ヘクタールにも上る田で実りつつある稲を燃やしていってしまった（当時は乾季であったから、これらの稲は燃えやすかった）。数万人の人々は、ポル・ポト派により、食糧や資材が与えられることもなく、ジャングルの中へ連行され、高地へ上らされ、またカンボジア・タイ国境地帯へ連行された。ポル・ポト派の協同組合から食糧や資材を得た人々も多くを得たわけではなかった。中には、牛を得た世帯もあったが、それを引く車がなく、犂や馬鍬はあっても牛や水牛がおらず、皿はあっても鍋がない、といった状況であった。

解放されたといっても、このように飢えた状態で何もない中で、どこへ行き、何をしたらよいのだろうか。農産物を増やしたくても、乾季のために水がなく、できなかった。水があり乾季米ができる場所でも、そのための手段がなかったり、生育可能な種がなかったりした。それ以上に最初に行わなければならないことは、ポル・ポトが政権を握っている間、人々を強制移住させたことから、人々が生まれ故郷に帰り、家族に会うことであった。それゆえ、国土全体で国民は自分の国土でありながら、避難民ばかりとなった。強制移住させられなかったのはほんの一握りの家族だけで、彼らは別の場所へ行く必要はなかったが、それでも、別れ別れになった親族・友人、子供、孫や父母達を探さなければならない家族もあった。

全国の大小の道路や、都市、人口密集地、また地方でも、我々が見た光景はほぼ同様であった。人々は飢え、やせ細り、表情は蒼白で、衣服が破れたままの状態で群れをなして歩き、中には靴もないままで、子供や孫を連れて故郷を目指して歩いていく人もいた。

最初の数か月は、約八〇パーセントの国民は何も生産できなかった。この段階では、米は金やダイヤモンドよりも価値があった。家族の中には、ポル・ポト時代に金やダイヤモンドを隠し持っていたが、彼らは少量の食糧を持つ家族との間で、これらの宝石を米やトウモロコシと交換した。また、中には何も持っていない家族もあった。

これらの深刻な問題は、新政府の頭上に課題としてのしかかった。我々はどのようにしてこれらの問題を解決したのか。また、その当時から現在までにどのような発展があったのか。

この初期には、我々政府にも何もなかった。我々政府は、シハヌーク殿下の後を受けたロン・ノルや、ロン・ノルの後を受けたポル・ポトと異なり、解決すべき数え切れない課題以外には何も残さなかった政権の後を受け継いだ。一方、食糧に関しては、我々の軍がポル・ポト政権を打倒した際、彼らが破壊できなかった食糧の一部を押収した。しかし、その量は、数百万人の国民が直面している飢餓と比較すればわずかであった。

カンボジア救国連帯戦線の一一項目の方針及びカンボジア人民革命評議会が初期に打ち出したその他の方針は、我々国民が生きていくために正しいものだった。貧しい時に助け合うことは、我々国民の習慣であり、実際に我々はこの困難な時期にこの方針をよく実行した。確かに、中には食糧を金や貴金属と交換して利益を得た世帯もあったが、これも彼らが生きるために互いの合意に基づいて選択したよい方法であり、またこれは、虐殺政権下ではなかった商品の交換を開始する第一歩であった。しかし、基本的に、また全体的に、国民は助け合っていた。単に、食糧のみではなく、家を提供したり、故郷を探して移動中の病人の世話をしたり、生産活動でも助け合い、更に老人、身体障害者、孤児などの面倒も見た。

我々国家も、これらの困難を解決するために、できる限りのことをあらゆる方法で行った。しかし、既に分かっていたように、我々国家は、ポル・ポト派から奪ったわずかな食糧以外には、予算や物資の基盤がなく、その中で軍隊や国家機関の職員に給与を支払いつつ、国民への支援も行わなければならなかった。

こうした緊張した状況の中で、ベトナム国民からの援助は重要だった。ベトナムの党及び政府は、食糧、薬品や生活物資などの緊急支援を、物不足に直面するカンボジア国民に分け与えてくれた。政府からの援助以外にも、ベトナム国民の各家族からの数多くの支援が、友好同盟を結ぶベトナム各州からカンボジア各州に届けられた。これらの援助は、支援の包み一個に米約一キロ、塩約一〇〇グラムが入っていたり、もっと多くの物が入っていたりする包みもあり、中には衣服が入っている包みもあった。こうしたことから、これらの援助物資はベトナム国民の家族からカンボジアの家族に直接贈られた援助であることが分かった。カンボジアに駐留していたベトナム義勇軍も、カンボジアの飢餓の解決に大きく貢献した。ベトナム軍は、上官からの命令があろうとなかろうと、食糧や薬をカンボジア国民に分け与え、ポル・ポト派から逃れたばかりの国民が故郷に帰るまでの間、一時的に全面的に養った。また、身寄りをなくした老人を養い、孤児についても、我々が孤児院を建てるまでのかなり長期間養育した。

緊急の食糧問題の解決以外にも、ベトナムは、一九七九年の雨季に農民が農産品を増産できるように農機具、種籾及び種々の農産物を緊急に供与し、また生産工場・企業の再建を支援するために、技師及び専門家から労働者に至るまでを緊急に派遣した。

ラオス人民民主共和国も、ラオスと国境を接する州の国民に緊急の援助を行い、またラオス人民革命党政治局員でラオス国家元首のスパヌボン同志が、一九七九年三月にカンボジア人民共和国を公式に友好訪問した際、緊急援助として多大の食糧及び生活物資を供与した。

ソ連や兄弟国たる社会主義諸国も、食糧、薬品、生活物資、道具、生産手段、また原材料に至る緊急援助を開始してくれたが、これらの援助により、我々は工業や手工業分野での生産活動を開始できた。

一九八〇年に入ると、インドなどの諸国、国連機関やＮＧＯといった国際的な機関も緊急援助を供与し始めた。

カンボジア国民自身の努力と国際社会からの援助により、我々は飢餓の状態を少しずつ克服し、一九七九年から一九八〇年の食糧生産は、自然災害はあったものの、特筆すべき成果を上げた。これにより、我々は、一九八一年にポル・ポト政権が残した飢餓を終わらせるという歴史的任務を達成し、かつ我々が今日まで立ち上がるための基礎を作った。

飢餓の撲滅は、我々が達成した革命の成果として数えられる。確かに、このことは、今日目に見える形で建築物を残したわけではないが、飢えのために亡くなりかけていた人々の生命を後世に残した。この飢餓の撲滅により、やせ細った数百万人の人々は生き続け、新たな生活を作るための健康を手に入れ、また国土と我々国民が再生するための重要な基礎を作った。これは、カンボジア人民共和国及び党が掲げた国内及び国際的な連帯の方針の勝利である。この最初の段階の成功は、我々国民の驚くべき能力及び生きる力をはっきりと示した。これらの力は、人間一人一人、家族一世帯一世帯、州、郡や村の一つ一つ、そして国家全体から湧き出てきたものであり、このことは我々が前進するために多くの教訓を与えてくれた。

ここから、私は、過去一〇年間の経済再建の過程で我々が経験した長所と短所を記録するために、経済分野の全体像及び個別の状況を示す。

経済統制の問題は、政権を握ったばかりの我々党及び国家にとって新しい問題であった。更に、我々は、経済やその他の分野の基盤もなく、混乱した何もない状態で、かつ経済専門家もおらず、国民は飢餓に直面している社会の中で仕事を開始した。

この最初の段階では、経済建設についての考え方は様々だった。中には、我々は人民民主革命を達成したのであるから、国有経済と共同経済のみにより社会主義経済を構築でき、家内経済は付随的なものでしかなく、民間経済については既にポル・ポト政権下で死んだのであるから生き返らせる必要はないという意見もあった。民間経済は、当初から具体的に農業分野で発生し徐々に発展していたにも拘わらず、こうした民間経済への反対意見は、その後も長く続いた。手工業分野、商業・運輸などのサービス分野についても我々は認めておらず、一九八四年一一月二日から九日まで行われた全国党幹部会で、ようやく民間経済を認めた。しかし、上記の考え方の他にも、民間経済を社会の需要を満たす生産活動を推進する重要な一部門として、その活動を開始したいとする考え方や、国家建設のために資本、技術及び国民の労働力を最大限使用したいという希望もあったことを指摘しなければならない。経済建設の考え方については、党や国の大きな会合の機会には常に話し合われた。しかし、経済の指導・運営については、我々はまだ方針を明確に定めていなかったために困難な状況にあった。工場や国のその他の経済基盤については、歳入歳出の均衡という管理方式で、損益は国が責任を負うこととなっていた。農業を整備する上でも、いくつかの問題があった。

1　農林水産業分野

農業分野では、我々は、農業の方針を策定し、また国民を集めて生産活動及び農業の手段・資材に関して助け合うことを教えることを通じて、生産活動を指導することから始めなければならなかった。農民に稲作や畑作業を行うように促すことについては、既にこれらは農民の仕事であるので難しくはなかった。しかし、この初期に直面した困難は、人々が飢えていたり食糧が不足していたりすること、また生まれ故郷に帰る途中であったり、家族や友人を捜している最中であったりすることであった。もう一つの困難は、役畜や道具、種などが不足している中で稲作や畑作を開始したことであった。牛や水牛は、戦争前には三〇〇万頭以上いたが、ポル・ポト政権後には一〇〇万頭を超える程度になってしまった。解放後には、家族の中には牛や水牛を一頭または一対を入手できた者もあったが、多くの家族は牛や水牛もなく、最初に生産活動を開始した際には、鍬を用いて人力で田畑を耕さなければならなかった。夫や息子がポル・ポト派に殺された家族では、女性が生産活動で男性の役割を果たさなければならなかった。それに加え、我々は土地問題を解決しなければならなかった。ポル・ポト派は、田畑の土地を集め、共同作業により田の畦（あぜ）及び水路網を整備したが、それは技術的には誤りであった。例えば、一ヘクタールの土地があれば、それを水田とし、一平方キロメートルの土地ではその周囲に水路を整備した。このため、低地と高地が繋がっていて、畦が一つしかなければ、人々は土地の高低の状況に合わせて小さな畦を整備し直さなければならず、ポル・ポト派が掘削した水路を塞いだり、壊したりしなければならなかったが、そのために作物を水浸しにしたり、水不足になったりした。この土地の状況を改善する仕事だけでも、我々は多くの国民の労働力を使わなければならず、そのことが生産活動の発展にとり障害となった。

我々党及び国家は、食糧、とりわけ米の生産に特別の意を用いており、また我々は、生活及び生産活動に関して国民が団結して助け合えるようにするための運動を政策として行うことが求められているという国民と生産基盤の実情を理解していた。このため我々は、国民のために農業関連の資機材の問題を解決しなければならず、農産物増産のための連帯グループ（クロム・サマキ）(1)の準備を進めなければならなかった。我々が、増産のためのクロム・サマキを結成したいと考えた真の意味は、国民が、労働力を有する者も有さない者も、牛、水牛や農業手段を有する者も有さない者も、全てが助け合い、生きていくことができるようにするためであった。これは、当時の状況が我々にそうさせたのである。しかし、残念なことに一部の地域では理解が正確ではなく、地元幹部の能力も低く、かつ指導部から下部への指導も十分ではなかったため、クロム・サマキの組織運営が形式的にも内容的にもうまく行かなかった。例えば、クロム・サマキが組織する世帯数を増加させ過ぎて、一つの組合に三〇、四〇、五〇世帯、あるいは七五世帯にまで増やした結果、管理が困難となった。内容的にも、一部の地域では、共同作業を行い、労働に従って生産物を分配しようとしたため、（ポル・ポト政権時代の）農業共同組合を想起させて、人々は恐れを抱き、生産活動における国民の主体性を向上させることができなかった。一部の地域では移動式の土地分配方法をとり、家族や組合が交替で、今年はこの場所で、来年は別の場所で農業を行うという方式にしたので、人々は田の畦や堤防、水路や田を手入れする肥料散布についてさえも考えなくなってしまった。

我々としても、直ちにクロム・サマキの形態を改善し、一組合当たり数十世帯だったものを一〇〜一五世帯、または多くても二〇世帯に減少させた。また、内容についても地域ごとの理解に従い、また地域ごとの生産労働力の実態に基づいて運用した。このため、数年後にはクロム・サマキには多くの種類が作られて、第一、第二、第三のクロム・サマキとなった(2)。中にはどのクロム・サマキにも属さず、自身の家族の労働力だけで生計を立てる者もあった。この段階は、生計を立てる進歩的な方法を模索している段階であったと言うことができ、最終的には共同作業形式のクロム・サマキとなった。この方法は、生産活動を進め、また助け合うという意味で国民が好む方法であり、また我々国民の慣習にも合致していた。この方法は、農地の管理・利用政策から始まるもので、まず、農民に対して労働力の量及び保有する土地の広さに従って農地を分け与え、その後農民は労働力を交換し、助け合いながら生産をする。農民は、役畜に関して、お互いの理解と納得の上で調整を行う。例えば、牛・水牛を持つ者は、自身の労働力と牛・水牛及び鋤や馬鍬をもって、牛・水牛を持たない者のところへ行って田畑を耕す手伝いをする、次に助けられた者は、手伝いに来てくれた人のところへ行ってお返しをするというやり方である。人々は、高齢者、亡くなった兵士の家族、戦場に兵を送り出している家族のために調整しながら助け合い、灌漑、道路、橋や学校などを建設する際には労働力を結集してこれに当たる。人々は、自分の家族が生産活動を行う土地で収穫を得た。これは国民が、団結と助け合いの精神で、また生産活動に主体的に取り組む精神で、伝統的に行ってきた方法である。

一九八三年一二月九日から一二日まで行われた第四期の第七回党中央委員会総会で、増産のためのクロム・サマキに関する決定が行われたが、その全体的精神は、上記の方法により生計を営む手段を推進・拡大しようというもので、人々はそれを第二クロム・サマキと呼んだ。同時に、党中央委は、クロム・サマキがどのような形態であろうと、生産物の増産、国防及び政治教育の三つの任務を実施しなければならないと定めた。その頃から、食糧生産が力強く発展するようになり、灌漑整備、稲作作業の強化、新種の利用、技術利用及び米の年間生産回数の増加に関しても注目すべき進展が見られた。我々党及び国家は、毎年多くの資本を投入して新たな土地を開墾・干拓し、土地と人口との不均衡の問題を解決しようと試みたが、まだ十分な対応はできていない。土地が多くあっても人口が少なかったり、土地が少ないのに対し人口が多かったりしたためである。また、安全及び通信上の問題のために、社会の労働力の再配分を迅速に行うことができなかった。

しかし、いずれにせよ、農業部門の発展には注目すべき成果があった。特に、食糧分野については、我々は飢餓の状態を終息させ、需要と供給の不均衡を何とか受け入れられる程度にまで縮めることができた。毎年の作付け面積及び生産量は表1のとおり。

一九八八年については、推定作付面積及び生産量は一九八七年よりも増加している。一年一年を比較すると天候により生産量の増加に高低がある。これは、我が国の農業が天候（自然）にほぼ完全に依存しており、自然災害は、規模の大小や全国的または一部地域といった違いはあるものの毎年発生しており、特に一九八〇年及び一九八四年の被害は最も深刻であった。

表1　作付け面積及び生産量

	稲作面積（ha）	生産量（t）
1979	770,510	265,220
1980	1,441,470	1,715,310
1981	1,491,650	1,489,610
1982	1,680,350	1,989,200
1983	1,739,860	2,039,190
1984	1,416,780	1,258,250
1985	1,516,000	1,789,490
1986	1,618,140	2,086,080
1987	1,427,210	1,813,350

食糧の増産は毎年高まっていたが、毎年約三パーセントの比率で増加する人口には追いつかなかった。これまで食糧増産のために、作付面積の拡大、米の年間生産回数の増加及び耕作の強化という三つの措置が実施されてきた。食糧は経済において最も重要な品目であり、この点は第五回党大会でも定められた。また、一九九〇年には三〇〇万トンの食糧生産を実現し、国民一人当たり平均三五〇キロの米を得られるようにするために生産力を全体的に活用することが打ち出された。これらの取り組みは、多大の困難と同時に喜びを伴うものであった。何故なら、党及び国が打ち出した方針は国民の望みに合致していたからである。

稲作以外にも農作物及び産業用作物などの様々な作物に関して注

目すべき発展が見られ、それによって我々国は国内市場向けの物資を得ることができたのみならず、輸出用商品としたり、産業・手工業の原材料とすることができた。

全体的には、農産品や産業用作物を生産する地域住民の方が、稲作を行う地域住民よりも整然と作業を行っていた。何故なら、そこでは稲作地域よりもクロム・サマキがきちんと整備されており、全般的に彼らは、第二クロム・サマキと呼ばれる互いに助け合うやり方のクロム・サマキを整備していたからである。ここ数年の間、国は様々な農産物についてそれぞれどれだけ生産するのかという計画を立ててはいたが、実際には国民は国家の計画に従って生産するのではなく、市場の需要や価格に従って生産しているように見られた。需要が多く、かつ価格の高い農産品を、人々はこぞって生産した。これは、商品作物を生産する農家の古くからの慣習であった。何故なら、稲作用地とは異なり、農産物や産業用作物を生産する土地では、農民は自身の考えに応じて生産物を変更できるからである。しかし、国は、状況を把握しつつも生産物が需要どおりに生産されなかったため、生産計画を改訂したが、国側が求める一部生産物の価格政策が、生産者の意欲を高めるものではなかった。更に、国による生産物の買い取りがうまく機能しなかったため、これに乗じて商人が国に対抗して物資の買い取りを行った。我々は、こうした状況を長引かせてしまったが、ようやく改善することができ、農産品及び産業用作物の生産を一歩前進させることができた。

しかし、同時に我々は、農産物及び産業用作物の生産地域に居住する国民の困難に注目しなければならない。これらの地域では、全体的に生産地と人口数の間で均衡が崩れており、人口は増加の一途を辿るのに対し、土地の方は、同様かまたは家屋や他の建物の建築によって減少している。更に、これらの地域ではほとんど米が生産できず、米の生産地域との間で米と他の作物とを交換する必要があった。我々国側は、籾や米の流通に関して厳しい措置を取っていたが、一部地域の地方幹部はその措置を度を超えて厳しく実施してしまったため、農産品を生産する地域及び米を生産する地域の両方の国民が困難に直面した。何故なら、その地方幹部のやり方は、異なる産品を生産する地域間の物資の流通・交換に関する原則に反していたからである。例を挙げれば、農産品及び産業用作物を生産する地域は米を必要とするのに対し、米を生産する地域は、農産品などの生産地域で作られるプラホック〔塩漬けにした魚のペースト〕、プオーク〔魚の麹漬け〕、蚊帳、毛布、クロマー〔カンボジア伝統の綿布。手ぬぐいや風呂敷など様々な用途に用いる〕やその他の生活用品を必要としており、ポル・ポト政権時代を除き、人々は慣習としてこれらの地域間で物々交換を行っていた。国は、農産品を生産する地域住民に籾や米を与えることができず、また米の生産地域の住民にプラホックやプオークなどを与えることもできない。このため、ある地域で地方幹部が市場を管理する措置を過度に行うと、これら二つの地域に困難を生じさせ、その生産活動にも悪影響を与える。

生産活動の管理・運営と結びつけた形での経済振興政策の重要性について、麻作物の生産拡大の成功を通じて更に述べてみたい。バッタンバン州には内戦前に建てられた大きな米袋生産工場があり、この工場の生産は同州で生産される原材料の麻に依存していた。一九七九年の解放後、この工場は復旧されたが、原材料が不足していた。工場は操業を開始し、地域住民に分配するために栽培用の麻の種を集めたが数キロしか集まらず、この取り組みの最初の段階は弱々しかった。

数年後、工場は、経済的措置を主体的に実施し始め、生産品の価格を高く設定したり、住民に原材料や生産手段を提供したり、低利子で住民に資本を貸し付けたり、更には住民に廉価で食糧を売ったり、国民から好条件で食糧を買い付けることなどを行った。その時から、麻の栽培に急速な進展が見られ、米袋生産工場に原材料の全てを提供できるようになり、国内使用分を確保し、輸出もできるようになった。これに関連し、一九八一年から一九八五年にかけて、国は、国内需要に対応するため袋の外側部分を輸入するために、二〇〇万〜二五〇万ドルを支出してきた。

カンボジアの重要な産業用作物であるゴムについては、我々自身の力と友好国からの協力、特にソ連の協力を得て、一九八〇年から復興を開始した。

ゴム園とゴム加工工場は、米帝国が投下した爆弾や砲弾により深刻な被害を受けた。ポル・ポトが政権を握っていた際、彼らも一部の地域でゴム産業を営んでいたが、ゴム技術者の多くはポル・ポト派により殺されてしまった。ポル・ポト派からの解放後に我々に残されたものはゴムの木以外には何もなかったが、一部の地域はポル・ポト派が戦争に負ける前に敷設した地雷で一面が覆われていた。最初の頃は、ゴムの木の手入れが不十分だったため、中には伐って炊事用の薪にする者もいた。死を免れた技術者や労働者は散り散りになり、管理担当の役人も少なかったが、それでも我々はこのゴム産業を急いで復旧させなければならなかった。

我々は、労働者を指導・管理・選任する指導部を組織し、労働者のための住居を建設し、また生産活動用の資材などの供給を同時に行わなければならなかった。この最初の時期には、我々は多くの困難に直面したが、そうした中でベトナム人技術者からの支援を得られたことに満足している。これらの技術者は、ゴム産業の経験を有しており、その中には、フランスがカンボジアでゴム産業を営んでいた際にフランス人と共に仕事をし、内戦時代及びポル・ポト政権時代にベトナムに逃れた人も含まれていた。これらの同志は、事業技術の運営・管理に関する経験を伝授してくれた。(これらベトナム人技術者と共に)生き残った我々の技術者は、一九八〇年にこの事業を開始した。同年にはソ連とゴム分野の協力協定に署名し、これがゴム分野における原材料及び技術的基盤を拡大する端緒となった。

ゴム園は、輸出用として、また国内産業や手工業用に原材料を供給するために、国家の最も重要な生産活動の基礎となるものであった。我々は既存のゴム園の復興を急ピッチで行い、一九八五年からはゴムの木の新規栽培を行った。最初の数年間は、中規模な国営農園でゴム産業を営むのみであった。また、ラタナキリ州やコンポンソム州でのゴム園、またコンポンチャム州やクラチエ州での国営農園の外に散在するゴム園については、中央当局が管理し、州当局や国民のクロム・サマキに移譲されてはいなかった。この状況で、我々は数千ヘクタールのゴムの木を手入れ不足の状態に放置してしまったが、このため、ゴムの木から生産物が得られないのみならず、火事の発生や薪にするための伐採、また技術的な問題のために傷んでしまった。一九八五年以降、中央当局は、これらのゴム園の管理を州に移管し、州直轄で事業を行えるようにした。コンポンチャム州などの一部の地域については、地域住民に委託して事業ができるようにしたが、これにより一層の増産が行われた。

毎年のゴム生産量を表2に掲げる。

天然ゴム生産量の増加により、ゴムの輸出が可能になり、輸出入の不均衡を縮小することができた。

ゴム産業を復興させたここ数年の間に我々が直面した問題としては、労働者の住居の問題、労働者のための政策・制度上の問題の解決や労働者の健康維持などがあった。また、通信・運輸、樹液の加工拠

表2　ゴム生産量

	生産面積（ha）	生産量（t）
1980	5,000	1,300
1981	8,800	4,000
1982	11,800	7,000
1983	14,500	9,000
1984	19,500	13,400
1985	26,200	17,640
1986	36,000	24,500
1987	40,000	25,000
1988	43,000	32,000（計画）

点の問題や地方幹部や技術者の問題も、依然として存在していた。

林業は発展が見られた分野であり、木材は重要品目となって、国家経済の四大重要品目の一つに数えられた。木材は、国内での国民の需要に応えただけでなく、輸出にも貢献した。木材業は年々発展し、その様子は目を見張るものがあった。しかしここでは、我々は木材管理及び木材業の欠点に関して真実を語らなければならない。この天然資源は貴重な財産であるが、我々はそこから生産物を得る事業を行っているだけで、その保全や新規の植林に関しては、わずかに行ったに過ぎず、何も行わなかった地域さえある。過去数年間で、治安や輸送に関して良好な地域と困難な地域との間で不均衡が生じ、治安や輸送が困難な地域では産業活動を行えず、樹木も老齢化した。治安や輸送の条件が良い地域では、大小の樹木を伐採し、苗木さえも木炭用の薪にし、ゴムの木さえも伐るなどした。林業を行うことでかえって樹林を破壊してしまった。木材伐採機もキノコが生育するようにあらゆる地に広がり、統制がとれていなかった。木材の運搬も無秩序に行われ、民間人が行う場合もあれば、国の機関が行う場合もあった。木材の使用についても節約がなされず、薪を必要とするレンガや瓦の炉では、伐採済みの枝を使い切ることなく、苗木を切って使ったり、良質の樹木を燃やしたりした。木材が優先的に供給されるべき業種、例えば、灌漑、手工業用具、病院、学校、橋、船や車両などの輸送手段などに対する木材供給は少量になってしまった。

木材業従事者の管理も好ましい状況ではなく、業者がこれらの木材業従事者を傘下に収めてしまったため、木材業を営む上で国と競合関係となった。プレイヴェーン、スヴァイリエン、タケオの各州においては、再植林はわずかしかできず、手入れも不十分であった。

木材輸出に関しては、我々は丸太の輸出しか行うことができず、輸出のための木材加工まで進めることはできなかった。また丸太の輸出に関しても、輸送の遅延や役所の煩雑な手続きのために、品質が損なわれてしまうこともあった。最終的には、農業省に輸出業務を委任することで手続きの円滑化が図られた。

要するに、第五回党大会では、我々は木材業に関する決定を実施したのみで、森林の保全、再植林、輸出のための木材加工、木材伐採業の管理、木材輸送及び木材伐採に関しては、我々はごくわずかしか実施できなかったか、何も実施できないものもあった。

水産物については、過去二〇年の戦争のために、湖沼や河川への土砂の堆積を防ぐことができなかった。メコン河の水位が上昇する季節になると、泥がトンレサップ河、その支流や湖沼などにもたらされ、更に樹木の落葉が加わったため、トンレサップ河や一部の湖沼は一層浅くなり、支流や湖沼の中には干上がってしまうものさえあり、魚類の供給源も次第に減少していった。

（ポル・ポト派からの）解放後数年が経つと、漁業は、淡水漁業及び海洋漁業の両方が注目すべき発展を遂げ、国民への食糧供給にも貢献し、一部は輸出に回すこともできた。また、水産資源の養殖にも進展がみられた。しかし、この分野には懸念すべき問題もある。最新の漁具を用いて水産資源の乱獲が行われたため、水産資源が徐々に減少している。産卵期（禁漁期）の漁業、予備区域での漁業及び浸水林の

表3　淡水及び海洋漁業の漁獲量

	漁獲量（t）
1980	20,000
1981	51,600
1982	68,714
1983	68,261
1984	65,126
1985	67,577
1986	73,621
1987	74,154
1988	77,393

伐採なども、水産資源の枯渇をもたらすものであった。漁業区の管理もきちんとできず、漁獲物の活用の管理もわずかしかできず、漁業従事者に対する経済的措置や政策綱領も明確ではなかったため、漁民の活動を奨励することもできず、漁業区をめぐる争いもたえず発生したが、解決を図ることができなかった。海洋漁業の管理もわずかしか行うことができなかった。我々にとって重要な問題は、漁業管理のための経済措置を開始できていなかったということである。

要するに、これまでの数年間、我々は魚を獲ることばかりを重視し、水産資源の保全や増大、漁獲物や漁業の運営管理に関しては、わずかしかできなかった。

しかし、上記に述べた不十分な点はあるにせよ、これまでこの産業は国民の生活向上に役立ってきており、また党及び国としても、こうした不十分な点を改善するために次々と様々な措置を講じてきた。毎年の漁獲高の数値を見ると、漁業分野の進展と我々国民の能力とを見ることができ、またこのことは国民の食糧問題の解決及び市場価格の安定を図る上で有用であった。

表3は、淡水及び海洋漁業の漁獲量の年ごとの数値である。農林水産業の分野全体で我々が達成した成果を見れば、これは、何もない状態にあって、また飢えや混乱のために直面していた困難と比較すれば、多大な業績と言うことができる。党及び国の農林水産政策は正しいものであり、単に産業活動を推進しただけではなく、地方での生産活動の連携を進め、生産を促進し、互助精神を促したのであり、これによって最も困難な状況から抜け出すことができたと満足をもって言うことができる。更に、適切で

はない点を改善しようとする主体性の発揮についても、常に生産活動に進歩的なものを取り入れようとする我々党及び国民の革命的資質を表すものである。このことにより、生産活動及び国民の生活に多くの改善がもたらされた。

2　工業及び手工業分野

次に、工業及び手工業について見ていく。これらの分野は、社会の発展に大きく貢献した分野であり、また党の指導の下でカンボジア人労働者の能力をはっきりと示した分野でもあった。

中央や各州、都市における工場や企業は、放棄され、維持管理も不十分で、破壊されたものさえあった。ポル・ポト派が生産活動を行った工場は僅かであったが、そのうちの幾つかは、同派が逃走する際に破壊された。技師、技術者や労働者の多くが、ポル・ポト派によって殺され、生き残った者も散り散りとなり、そのうち一部の者については、ポル・ポト派に集められて国内西部やタイに連行された際に、外国に逃れた。

カンボジア人労働者の工場を愛する心には実に素晴らしいものがあった。遠く離れた場所に送られつつも、死を免れた労働者達は、生まれ故郷に帰ってきた。彼らの本当の生まれ故郷とは、ポル・ポト派により強制移動をさせられる前まで働いていた工場であった。工場はまだ生産活動を開始していなかったが、これらの労働者は工場の近くに住むようになり、工場の保全に参画した。多くの場所で、労働者は、交換部品を集めるために歩き回り、国から指示はなかったが、工場の修理さえも行った。労働者は、混乱した状況の中で工場の保護に重要な役割を果たし、また工場の再開に関しても重要な役割を果たしたと言うことができる。工場で働いていた労働者以上に工場のことを知っている者はいない。高度技術を有する技術者は死んでしまい、その工場の歴史や技術を知っているのは以前から働いてきた労働者しかおらず、彼らは工場にとって重要な専門家となり、新しい労働者を集める上で中心的な存在となり、新しい労働者に技術を伝授した。高度技術を有する技術者も生き残ってはいたが、この時期にはこれらの知識人には指導監督の任務を果たしてもらう必要があったので、一部の者は工場からは遠く離れた地に住んだり、自身の専門分野とは別の分野の組織で働いていたりした。

この初期の段階で、ベトナムも生産活動を開始するために技師や専門の労働者を派遣し、交換用部品を提供し、更には原材料を提供するなどしてカンボジアの工業の復興に重要な役割を果たした。これらの同志は、カンボジア人労働者と一緒に働き、初めにプノンペンで発電所やポンプを再稼働させ、他の工場についても次々と操業を開始させた。

カンボジアの工業が再開した際には、多くの問題に直面していた。工業組織がまだ十分に整備されておらず、わずか数人の幹部しかいない工業省がようやく出来上がったところだった。指導監督を行う幹部職員の不足、技術者の不足、電気エネルギーの不足は大問題で、そのために工場の操業は円滑ではなかった。更に、交換部品及び原材料の不足も深刻な問題であった。カンボジアの工場の大部分には、中国、日本やその他の西側諸国の機材が入っていたが、当初から今日に至るまで、これらの国々はいわゆる「カンボジアに対する経済的包囲及び政治的孤立化」を図っていた。従って、我々はこれらの国々から交換部品や原材料を求めることはできなかった。この交換部品の問題を解決するためには、労働者の創意工夫及び友好国ベトナム、社会主義国や国際機関などに依存していた。原材料については、ベトナム、ソ連及び他の社会主義国に大きく依存していた。

事業の経営管理についても、手探り状態であった。当初、我々はある工場については工業省の直轄とし、別の工場については州や市の管理下に置いた。しかし、事業の経営は同様で、収入を管理する者が支出を担保し、収入と支出を均衡させた。これは、官僚主義的手法であり、国が管理するため、損失が出ても国が補填をし、余剰利益が発生しても全て国庫に繰り入れるものだった。このため、現場では創意工夫の意欲や生産促進のための競争意欲がそがれることとなった。殆ど全ての工場は赤字で、赤字を免れたものも少しはあったが、それでも損もなければ得もない状況であった。少数の工場のみがわずかの利益を上げた。

工場や企業の管理・経営方法の問題は、党及び国が議論すべき喫緊の課題となり、この問題を通じて、党及び幹部の考え方の革命性及び闘争性が問われることとなった。この点については、改革の流れが徐々に成功を収め、党や政府部内に亀裂を生じさせることはなかったと言うことができる。結局、殆ど全ての工場は財務面で自立的に産業活動を行えるようになり、生産量に応じて給料を受け取るという措置をとり、労働者一人一人が生産活動で競争するという政策が実施された。その時以来、大多数の工場が利益を上げ、生産物の質を良くした。新商品の開発も行われ、工夫して節約することで原材料の損失も大きく減らすことができた。国は（容認されうる）原材料の損失水準を四～五パーセントと決めていたが、これを二～三パーセントに減少させ、計画を超えて生産量を増加させた。多くの工場は、一年のうちで二～四か月間、労働者に給料を追加支給し、残った資金は工場及び共有の収入となった。

ここで強調したいことは、工場・企業の生産力や労働者の能力は、生産拡大のために創意工夫する余地が多大に残っていたが、我々の方針の中には、工場が生産力を全て発揮するために、まだ活用できていないものもあった点である。物流部門は、生産を促進する役割を果たしておらず、場所や時によっては生産活動を滞らせたりもした。例えば、工場で生産した生産物が倉庫一杯に放置され、商品としての品質が落ち、それにより工場は資本を埋もれさせてしまったり、産業活動のための資本が不足したりした。このため銀行から利息付きで借金をしたり、工場への原材料の供給が間に合わなかったりした。この問題を受け、政府としては、工場に生産に関する権限を与えたり、販売部門を経ずに流通を行う権利を与えたりすべきかどうか改めて考えた。閣僚評議会としても、一部の工場に対して、生産した物資を販売部門を経ずに販売する権利を与えることを試験的に行ったが、現在もその検討を続けている。

しかし、工業分野の不十分な点にも、目を向けなければならない。例えば、一つの金型だけを基に鋤の刃を生産した結果、多くの地域で使用できなかったもの、また使用不能な車両や自転車のタイヤ、カビの生えやすいタバコなど品質の不十分な商品を生産したり、品質は良いが、外見がよくないため人気がないものを生産したりしたことなどである。

手工業については、工業と比較すると早いペースで発展した。国が自ら構築した手工業の基盤は小さく、大部分は民間経済部門に属しており、（国からの）指導方針なしに発展した。これは、一九八五年以前には民間経済に関する憲法上の規定がなかったからである。（国からの）指導があるにせよ、ないにせよ、社会の客観的状況から、このような生産活動の基盤は必要であった。この状況の中で、現状をどのように認識すべきか、もしくは現状を否定すべきかについて討議が必要となった。上に述べたとおり、我々の内部では、民間経済についてはこれを容認せず、家内経済のレベルに留めるべきという考えがあり、従って、憲法上も民間経済に関する規定はなかったからである。しかし現実には、手工業は民間経済部門から生じたものであり、基本的な手工業の中にはクロム・サマキや共同経済の名の下に行おうとするものもあったが、実態は民間経済であった。この民間手工業は、社会で求められる物資を生産する上で大きな役割を果たし、外国からの物資の輸入を減少させた一方で、商品の品質は良く、中には国の工場で生産した商品よりも良質のものさえあった。我々には、資本、技術及び労働力が不足しており、そうした中で何故我々国民が保有する資本、技術や労働力を用いることなく、外国から利息付きで借金をし、外国人技術者を雇うことがあろうか。更に、物資が不足する中で、手工業のおかげで物資の生産が助けられ、国民の需要を満たし、市場での商品価格を安定させ、雇用不足の都市や人口密集地に雇用を創出し、家計の収入も増加させた。また、手工業の発展により、国としても税の管理及び商品の流通から収入を得ることができ、更に失業者がしばしば引き起こす都市部の治安と社会秩序の問題の制御にも役立った。

最終的に、我々は民間手工業の存在を認めることが必要であると判断し、政治局は手工業を全国に広めるための試行として、プノンペンにおける手工業拡大に関する一九八四年七月二七日付決定書第二四七号を発令した。我々は、商人を含む国民に対し、手工業の生産活動拡大のための投資を通じて、手工業の管理と一層早急な拡大を図ろうとしていた。我々の記憶によれば、当時手工業者は、国による管理を望んでいるが、国が管理しないのであれば国の管理下にはないが、それでも彼らは社会が求めているとの理由で生産活動を行う、という言い方をしていた。従って、この点に関して、我々は手工業の生産活動の進展に追随していたのであり、我々はこの客観的事実を認めるしかなかった。こう認識することは、敗北や後退を意味するものではなく、むしろ我々党にとって迅速な前進の一歩である。我々は、現実を受け入れ、開かれた経済政策を実施し、国家経済の復興と建設のために、社会の様々な経済活動を全て利用しようとするのである。

民間手工業の存在を認め、その発展を促した後、一九八四年一一月二日から九日まで行われた全国党幹部会において、民間経済というもう一つの経済構成要素が打ち出された。第五回党大会において、この民間経済という要素を承認し、一九八六年二月七日から始まった国会の第一期・第一〇会期において憲法にも規定することにした。

従って、民間手工業が重要な役割を果たす手工業は合法的に行われることとなった。日ごとに生産活動は発展し、新商品が市場で売られるようになり、品質も向上し、古くからある手工業拠点は新たに生産を拡大し、新しい手工業拠点が次々と生まれた。国民は生産を拡大するために投資を進めた。新たな技術も生まれ、手工業の中には輸入代替品目を増やすものも出て、これにより国庫収入も増加した。

一九八六年半ばの閣僚評議会常任委員会において、国営工業の品目と競合関係にある民間手工業製品に関連して、工業と手工業分野に関する討議が行われたが、工業省幹部は、閣僚評議会に対して国側と競合関係にある商品、特にタイヤを生産する一部の民間手工業の閉鎖を求めた。この時、閣僚評議会常任委員会は、この種の手工業を許容し、一層拡大する必要があるという決定を行った。この決定を下したのは消費者たる国民であった。今日国民は、民間の手工業製品のタイヤを好んで購入するが、これは品質や外見が良く、しかも廉価だからである。これに対し、国営工業製品の方は品質や外見が劣り、価格は民間手工業製品より多少安いが、国民は好んでは使用しない。それゆえ、手工業と工業とで品質に関して競わせるべきである。国民が民間手工業製品の購入を止める際に、我々は、その手工業拠点の閉鎖を宣言する必要はない。その手工業は自ら閉鎖し、必ずや別の新たな商品の生産を追求することとなろう。

日常生活用品、農業用具、建設資材の生産のための手工業以外にも、エンジンや輸送手段の修理のための手工業、机、家具、椅子やベッドの加工、及び舟、モーターボート、車両や水車などを製作する手工業も素晴らしい発展を示した。職人による土木工事も全国で多数行われるようになり、それにより家屋や公共施設の建設、建築分野の専門家の育成や雇用問題の解決にも役立った。また、この建築関係者は、ゴム園の労働者の家屋や国の庁舎など国の建築業務を支援した。

手工業の拡大に関する党及び国の政策綱領により、国民は信頼を一層深め、生産基盤を構築するために投資するようになり、一年ごとに国の工業産品と共に、生産物は増加した。これにより、我々は社会の需要の大きな部分を満たし、外国からの輸入量を一定程度減少させ、需要と供給の不均衡を一定程度是正することができた。

しかし、我々には今後も取り組むべき残された課題があることも認めなければならない。それは、手工業拡大の方針の実施に関して、国内で未だ同時に、均一に活動が行われていないことである。（手工業に）勢いとスピードがあるのは首都プノンペン及び一部の州のみで、他の州及び都市では躊躇がありスピードも遅く、一部の幹部職員は民間経済への恐れを抱き、慢性病のようであった。人々は、生産拡大のための資本や技術の入手に関する手続きが複雑すぎるため、ためらった。国が必要とする物資を生産する手工業への原材料の供給も十分には行われなかった。労働組合も、労働者などを雇用する民間手工業において、労働者の利益を保証するための活動を開始していなかった。

3　交通運輸分野

交通分野は、激しく荒廃していた。一九七〇年以来、橋、道路や鉄道は修理や保守が不十分であり、それのみならず、爆弾、砲弾や地雷により破壊され、また戦闘により損傷した。一九七九年一月七日の解放後、我々国としてはこの（交通分野の）仕事に注力してきたが、我々の資本は僅かで、実際にできたのは保守と修理ぐらいであった。地方への交通基盤の拡大についてもわずかしか行うことができず、交通は多大の困難に直面していた。それ以外にも敵は橋や鉄道への破壊活動を継続したので、修理のために多大の予算、資材、労力を割かなければならなかった。

残された車両、鉄道、ボートや船などの輸送手段も、修理によってようやく使用できるようになった。大小数百台の車両は、ポル・ポト派により破壊されて、山のように積み上げられ、多数の船やボートは川の中に沈められた。ポル・ポト政権時代の協同組合に、牛車、馬車、小舟、自転車、バイクなどの通常の輸送手段は僅かに残っていたので、人々はこれらを集めた。

しかし、こうした状況であっても、交通運輸分野は、解放の日以後、直ちに動き始めた。車両、鉄道、ボート、船や渡し船などの輸送手段は、修理され、運用が開始された。新しい輸送手段についても、輸入及び社会主義国や国際機関からの援助によって整備された。破壊された橋は再建され、一部の道路は修復され、国境防衛部隊に補給を行うためのカンボジア・タイ国境地帯への道路が新設された。車両、鉄道、ボートや自転車、バイク、リヤカー、三輪車などの輸送手段も、全国で作られるようになった。

大小の港も復旧され、通常通りに運用されるようになった。交通運輸分野は、全国を結びつける血管となり、商品の流通や人々の交通手段として役立ち、物資のある地域とない地域との不均衡を解消し、輸出入品の輸送にも役立った。水運及び鉄道を通じた輸送手段の発展により、輸送費を削減できた。

この分野については、労働者、幹部職員及び兵員の勇敢さと創意工夫について記さなければならない。最初の段階では、輸送手段及び港湾の運用については、全て労働者の創意工夫の精神から生まれたものばかりである。労働者は、機関車、車両、ボート、船や港湾での荷物の積み降ろし用の機材を修理するための部品をあちこちから集めるのに努力し、更には資金を使って部品を輸入する代わりに重要な部品の改造までも行った。

ロン・ノル時代及びポル・ポト時代から道路端などに損傷したまま放置されていた車両やずっと以前に沈没させられた船舶に関し、労働者は、これらを修理・修復して再利用し、今日でも運輸手段として活用している。船、ボート、渡し船、牛車、馬車やリヤカーなどの新たな輸送手段の生産にも進展が見られた。道路や橋梁に関しても、知恵、精神力や建設・修復手段などを最大限活用して、高いレベルでの改良・改善が行われた。地方の交通も拡張された。人々の往来を容易にするために、新たに道路や橋梁の建設に努力が払われ、一部の地域では、掘削された水路や盛り土された堤防の上を通行することで、灌漑と交通とがうまく組み合わせられた。カンボジア・タイ国境地帯への道路建設についても、単に国防目的のみならず、社会の労働力の分配及び国民の生産物の流通にも役立った。

鉄道や車両の運転手及び道路・橋梁の修復に携わる労働者らは、敵による待ち伏せ攻撃や地雷の危険のある道路で輸送活動に勇敢に取り組んだ。また、これらの同志は、輸送業務や道路・橋梁の修復作業を余儀なくされた遠隔地で、道路や橋梁を修復し、物資や手段を守り抜く任務を遂行した。

郵便・通信に関しても注目すべき進展があった。プノンペン市内の電話及びプノンペン市と地方諸州とを結ぶ電話は、早期に稼働した。ソ連の衛星の支援により、国外との電話ができるようになった。プノンペン市と各州及びプノンペン市と国外との電報も、通常通り行われるようになった。国内外との手紙や小包のやり取りも速く行われるようになり、中央と地方の間で、国の機関同士で、国民の間で、また国内と外国との間での連絡が容易になった。

運輸通信・郵便分野でも多くの残された課題があった。道路や橋、鉄道は老朽化し荒廃して、緊急に大規模な修復が必要であったが、そのための予算や資材はなかった。加えて、物資の輸送、特に道路や橋の重量制限を超えた木材運搬によって道路や橋は一層傷んだ。人の移動のための輸送手段は需要を満たしていなかった。車両及び発動機船に旅客や貨物を制限容量以上に積載したために、人命が危険に晒された。発動機船停泊用の船着き場は僅かしか作られなかったので、船舶が岸に衝突し、人々に危害が及んだ。このため、国民は移動に際して困難に直面し、時間もかかり、更には生命の危険さえもあった。それに加え、数年前には道路・航路上の合法・非合法の検問があまりにも多く、船舶や車両は、検問所ごとに三〇分以上にわたり、場合によっては二、三時間にわたって停止しなければならず、国民は一層多くの困難に直面し、移動のための多くの時間を失い、車両や船舶の運賃も増大した。一九八七年末、閣僚評議会は、多くの検問所の閉鎖を指示し、それにより移動を以前よりも速くできるようになった。しかし、それでもなお残った検問所での長時間の検査や、通行料をとろうとして時々車両や発動機船を待ち伏せする悪人のせいで、移動が活発にはできなかった。

車両や発動機船など民間の旅客輸送手段の管理はしっかりとできておらず、これら民間の輸送手段に関する明確な政策方針もまだなかった。問題は、国民の移動や輸送に関する需要が増加の一途をたどる一方、国として十分な輸送手段を提供できない状況下で、我々は輸送、特に人の移動のために、国の管理下で民間の資本や手段を用いるべきかという点にある。民間会社は、自身の車両を使う権利を有する。一方、我々としては国民の移動に資するために、大小の車両の輸入を後押しするべきである。また、実際にこれまで数年間、一部の民間業者は既に有料車両や中小の発動機船などを使って営業活動を行っており、当時はこれらの営業活動をきちんと拡大し、管理するための政策の策定が求められているのみであった。最近我々国としては、旅客の輸送業を許可する決定をし、輸入税を減免することで輸送手段の輸入を奨励した。

もう一つの憂慮すべき問題は、(プノンペン)市内及び市外での交通事故である。重量超過の輸送、スピード運転、ルール違反による交通事故発生率は高く、そのために負傷者や身体障害者を生じさせたり、人命が失われたり、多くの財産が損なわれたりした。

4　流通分野（市場経済、貨幣流通、経済政策）

流通分野に関連して、私は商業、財務及び銀行に言及したい。

流通分野の整備の出発点及び過去一〇年間の進展の過程を検証するために、初期の状況を検討する必要がある。外国人やポル・ポト政権を知らないカンボジア人がカンボジアを訪れると、カンボジアの市場が通常通りに機能し、物資も豊富で、貨幣も流通している様子に驚いているようであった。ポル・ポト派がカンボジアで貨幣や市場を破壊したことを信じない者もいた。

今も記憶に残っていることは、一九七四年に当時のイエン・サリ東部管区委員及びチャン・センホン東部管区第二一地区党書記を団長とするカンボジア民族統一政府経済財務代表団が中華人民共和国及び朝鮮民主主義人民共和国などの国々を訪問したことである。代表団訪問の重要な目的は、中国に対してクメール共和国＝ロン・ノル政権の紙幣と交換するために新たな紙幣の印刷を要請することであったことが判明している。この（新）紙幣は、一九七四年の終わりから一九七五年の初めにかけて解放地域で国民に対し展示されていた。

一九七五年初め、カンボジア民族統一戦線ラジオ放送は、ロン・ノル政権の紙幣の使用停止を放送した。貨幣の使用停止は、解放地区では直ちに行われたのに対し、ロン・ノル政権の支配地域では使用が継続されたが、ロン・ノル政権が崩壊した一九七五年四月一七日に完全に使用が停止された。今も思い出されることは、ポル・ポト派により避難させられたプノンペン市及び全国の様々な都市の人々は、貨幣の使用停止について知らされておらず、また人々を都市から追い出した際に、ポル・ポト派は、米国の爆撃を避けるために四、五日または短期間行くだけである、と説明して国民を欺いた。このため、多くの国民は、軽量の貴重品、特に貨幣、金、ダイヤモンドを持って家を出なければならなかった。しかし、全国で貨幣は使われなくなり、商品を交換する市場もなくなったので、国民が家や都市から出た後は、こうした貴重品は価値がなくなり、生まれ故郷の家に帰ることもできなかった。

我々は、今もポル・ポト派による一九七五年四月一七日の勝利の意義を解釈する次の言葉を記憶している。

「我々は、人民民主主義革命を全面的かつ完全に実現した。またカンボジア革命は、社会主義革命を実施し、社会主義を建設する段階に進んだ」

この点は、彼らの解釈によれば、人民革命の完遂とは、カンボジアから米帝国を追放し、カンボジアに傀儡政権をなくすことであり、民主主義革命の完遂とは、都市からの国民の避難と貨幣の停止を通じて、封建体制と資本家を根絶することだった。国民が都市から出た際には、工場、家屋、生産手段などを背負っていくことはできず、たとえ車を持って出たとしてもガソリンがなくなれば放置するしかなく、リエル貨を持って出ても何も買うことはできず、金やダイヤモンドも価値がなくなった。このため、封建体制及び資本家の所有権は完全に亡びた。地方においては、地主はもはやいなくなり、個人で商売する者もいなくなり、旧市民も新市民（新市民とは、都市から避難させられた人々を指す）も協同組合で一緒に生活した。国全体に、以前のように富める者や貧しい者もいなくなった。

ポル・ポト派が語ったとおり、国民は、全国で集合的協同組合に集められ、労働や食事を共にし、どのような形態であれ商品交換を行う関係にはなかった。

従って、ポル・ポト政権の崩壊後、この奴隷制による生産関係は直ちに破壊され、新たな生産関係が、市場も商品交換のための貨幣もない状況の中で直ちに始まった。

新政権が旧政権を引き継いだ際のことを世界の他国と比較すると、本当におかしな話であった。世界の国々では、新政権が旧政権に取って代わった際には、これまでの基礎の上に、新たな政策に基づいて改善を行うのみである。それらの国々では、新たな通貨を発行し、旧通貨と交換するが、国民は自身の財産価値を保持する。また、多くの国では、通貨の交換さえも行わず、旧政権からの通貨を継続して使用し、既存の市場で商品の交換を継続する。それに対して、カンボジアでは通貨や市場を新たに準備することから始めなければならず、また土地の所有権、都市での家屋、更には生産手段に至るまで、あらゆるものを新たに準備しなければならなかった。

自然の摂理として、一つの生産形態が滅びると、代わりに新しい生産形態が生まれなければならない。カンボジアでも同様であり、ポル・ポト派の労働や食事を共同で行う集団的協同組合が粉砕されてから、国民は食糧や生産手段及び道具を分け合い、また個人間で、家族間で、更には共同体間で最初に発生した市場を通じて商品の交換が直ちに開始された。確かに、商品の交換関係は当初は自然に始まり、国家による指導はなかった。それは社会の要請であり、国民にとっては必要不可欠のものであった。また政府は、これを社会の原理に従い、一層発展させていくべきものと見なしていた。その真の意味は、社会の需要に対応するように物資を生産する方向に生産活動を促進することであり、また政府としては市場での商品交換の代替物として、早急に貨幣の印刷を考える必要があった。

紙幣がまだない状況の中で始まった商品交換関係の初期段階では、重要な交換は、物と物、商品と商品の物々交換という形で個人と個人、家族と家族の間で行われた。例えば、米や稲をクロマーや毛布、鶏、カモ、豚、魚などと交換し、更には金や宝石を食糧などと交換した。このため、金や宝石が再び価値を持ち始めた。金、ダイヤモンドや宝石はポル・ポト時代の協同組合で流通していたものではなく、一部の個人や家族がポル・ポト政権時代に一生懸命に隠し持ってきたもので、それが初期段階の生活及びその後の生産活動の拡大のために重要な資本となった。都市や人口密集地区で小規模な市場や家族経営の商店が少しずつ生まれた。また、リエル貨の流通が始まる前には、金が貨幣に変わる重要な役割を果たし、商品交換の仲立ちの役割を果たした。この初期段階には、金はそれ自体で市場での物資の源を作り出した。その一つは、金が物資生産のための手段及び道具と交換できたということであり、もう一つは、コッコン州、バッタンバン州、シェムリアップ州を通じてタイ及びベトナムから物資を輸入するために使用できたということである。特に、タイからの輸入が重要であった。タイからの物資や生産手段の輸入のために金が流出する問題は、金の流血病と我々が呼んだ問題となった。確かに、どの国であれ、金の流失はその国の経済にとって好ましいことではない。しかし、カンボジアでは、国民が様々な物資の不足に直面し、国が解決できない中で、物資や生産手段の輸入のために金を流失させたことは、それほど悪いとは言えない。金がなければ、物資の輸入もできないからである。外国の物資や生産手段を欲するならば、外国と取引を行うために外貨やゴム、木材、農産品などの物資を用いる必要があり、それ（物資）も金なのである。従って、金の流血病という言い方は正しくはない、何故なら、金は、別の種類の物資と交換するための商品の一つだからであるという意見もあった。血液が巡らなければ人間は生きられないように、金を流通させなければ、人間の体のように死んでしまう。金を埋めたままにしたのでは利用価値はなく、我々も生産手段を拡大できず、不足している物資を輸入することもできない。つまりこの初期の段階では、金は極めて重要な役割を果たした。金により、市場に供給する商品を輸入し、また生産基盤を拡大することもでき、更に金は商品の交換の際の仲介役も果たした。

この初期の段階で、我々が教訓として学ぶべき点は、価値と価格の問題である。市場は、貨幣のない状況で国民によって作られた。このため、国は、金やダイヤモンド、宝石を含めていかなる商品にも価値や価格を決めなかった。しかし、国民は、クロマー一枚と米何キロを交換できるとか、金何グラムと米何キロを交換できるなど、価格の調整をうまく行う知恵があった。更に、ベトナム、ラオス、タイなどの近隣国の国民との間で商品の交換をうまく調整したが、これは貿易の性格を表していた。国民は生産物の取引のやり方を明確に考慮・検討しており、それによって自身の生産物に適切に価格が設定され、また初期段階における生産活動の発展や市場の安定が図られた。

市場が生まれ、発展した際、確かにそれは社会の人々の活動から自然に発生したものであったが、我々国としてもそれが正しい方向に発展し、安定するように、後押しをし、奨励した。我々国としては、商業委員会を立ち上げることで、商業分野での指導体制の整備を直ちに行ったが、これは現在の商業・貿易省であり、また財務委員会と銀行を立ち上げたが、これは現在の財務省と国立銀行という二つの機関である。この初期段階で、この三つの機関は直ちに業務を開始したわけではなかった。重要な問題は、幹部と職員を選出し、専門技術者を育成する準備を行う点にあった。初期の商業部門の重要な仕事は、損得を考えずに返済なしで、政府幹部、一般職員や軍隊の兵員が生活できるように配給を行うことであった。最初に就職した公務員には給与がなかったため、彼らは国からの配給のみで生活していた。財務（省）や（国立）銀行の最初の最も重要な仕事は、新貨幣の印刷の準備であった。

一九八〇年三月二〇日、リエル貨の使用が開始され、同時に食料品や日常生活用品など重要な物資の価格が付けられ、また当時党・政府幹部、職員、労働者や軍隊兵員への支援金と呼んだ給料の準備が開始された。

リエル貨の使用開始により、国の商業部門が損益を伴う活動を開始し、民間の商業や市場が正常に活動を開始し、生産活動にも注目すべき発展の勢いが見られるようになった。リエル貨は次第に役割を拡大し、国内での生産物の交換に際して金に代替する仲介物になっていった。これは党及び国の経済政策にとって重要な成果であった。何故なら、敵は紙幣を破壊し、国民に対してリエル貨を認めたり使用したりしないように喧伝して、我々を攻撃しようとしていたからである。しかし、結局国民は我々の紙幣を喜び、信頼し、またそれによって生産活動は強力に後押しされた。

初期の頃の我々の貨幣流通について想起したい。最初にリエル貨が発行された際、国民が大いに喜んだのは事実であるが、直ちに誰もが貨幣を受け取ったわけではなかった。最初に貨幣を受け取ったのは、国から支援金を受領したプノンペン及び大都市の党・政府幹部、公務員、労働者及び軍隊の兵員だった。その後、貨幣はこれらの人々の手を介して大都市の商人の手に渡った。

商人を除く多くの国民は、リエル貨をまだ受け取っておらず、本当のリエル貨を知らなかった。農民については、農産物を生産する地域の農民は、販売用の農産物があったため、最初にリエル貨を使用した。一方、大部分の稲作地（の人々）については、一九八〇年の雨季の稲刈りを終えて、初めてリエル貨を手にした。

遠隔地でのリエル貨の流通も一層遅遅とした状態で、長期間そうした状態が続いた後に、住民はリエル貨を知り、使用するようになった。およそ一九八一年末に、国民全般は、額の大小を問わなければリエル貨を知り使用するようになったと言える。しかし、分析によれば、最初の数年間で発行されたリエル貨は多くはなく、かつプノンペン市、カンダル州、バッタンバン州、コンポンチャム州、コンポンソム州及びコッコン州に集中しており、これらの地域での流通量は貨幣発行額全体の六〇パーセントを占めていた。従って、それ以外の州におけるリエル貨の流通はそれほど多くなかった。こうしたことから、これら諸州の住民はあまり多くのリエル貨を所有しておらず、所有しているとしても都市や人口密集地に集中していたことが分かる。

リエル貨の流通速度は遅いようにも見えるが、生産物市場の発展速度や国民がまだ貨幣について知らないという点、また敵が国民に対してリエル貨を認めたり使用したりしないように宣伝していることなどにかんがみれば、リエル貨の流通速度は、都市及び地方での生産活動の進展と合致した速いものであり、また生産活動及び国民の生活に大きな影響を及ぼしたと言うことができる。

これまでに、貨幣と商品との関係は通常の経済活動となり、流通や分配、また人と人との関係や国と国民との関係を円滑にすることにも寄与した。しかし、貨幣価値の維持と銀行の活動に関する不十分な点について記載することを忘れてはならないであろう。確かに、当初はあまり多くのリエル貨を発行したわけではなかったが、徐々に増刷を行い、今日では全国に流通するリエル貨幣量は憂慮すべき規模にまで増大している。この問題は、次のような客観的要素に起因していた。即ち、例えば、我々は党・政府幹部や職員、労働者や軍隊兵員の給料を引き上げたり、国民から農産品や食糧を買い上げたり、その他の用途に支出したりするために貨幣を発行した。しかし、主観的な要因としては、物資を売却して貨幣を集めようとしたが遅々としており、貨幣を集めて銀行に繰り入れる措置の実施も遅く、それに加えて一部の州や都市の機関は多額の貨幣を保持したまま、銀行に繰り入れようとしなかったということもあった。このため、国としては流通する紙幣の増刷を余儀なくされ、市場での貨幣量は増え、貨幣と商品とのバランスが一層崩れてインフレとなり、国から給与を受け取っている政府幹部・職員、労働者及び軍隊兵員の生活は一層の困難に直面した。

銀行業についても、それほど良好に力強く行われていたわけではなかった。初期の銀行ネットワークは、州レベルに限られており、業務の範囲も限定的であった。その後、一部の銀行の業務は、郡レベルにまで広げられたものの、まだ生産活動を後押しする役割を果たすには至らなかった。資金の貸し付けに関する政策は、対象範囲が狭く、農民が生産工具や牛、水牛などの役畜を購入するために借り入れ可能な資金額も、病死などによる制約があり、これらの改正にも時間がかかった。国民が借り入れ可能な金額では、これらの生産用具・手段の価格高騰のために、十分に購入することはできなかった。例えば、最初は牛一対の価格を二〇〇〇リエルと定めたが、数年後には五〇〇〇リエルにまで上昇した。しかし、これに間に合わせるように（借り入れ可能金額を）改訂することはできなかった。銀行から利息付きでの資金の借り入れが必要であった国民との関係でも、あまりにも多くの行政手続きが必要だったために、多大の困難があった。こうした状況下では、高利貸し業者からの借り入れに走ることとなり、業者の中には「ザル一杯の雨水、おけ半分の渇水」と言われるように、元本と同程度の利息を取るところもあった。更に、貸し金業者は、この機に乗じて債務者から最終生産物を集めようとしたが、そのために我々国は、食糧も含めて物資の管理をうまくはできなくなった。我々が「節約のための金庫」と呼んだ、銀行に利子付きでお金を預け入れる国民の運動も、わずかしか行われなかった。人々は、家庭に多くのお金を留めたので、資本を眠らせることとなり、資金価値も低下した。銀行による外貨を集める業務もうまくは行われなかった。（リエル貨の）為替レートは有利でなかったため、外国人が外貨と交換しに来たり、海外のカンボジア人が国内にいる家族を支援するために銀行を通じて送金したりする誘因とはならなかった。そのためにこっそりと郵便で送金したり、カンボジアに出入りする人に託したりした。一部の不心得者は、これに付け込んで、こうした資金を横取りしてしまったり、三〇パーセントにも上る手数料を取ったりした。国内に流入した外貨は、公式為替レートが低く、かつ外貨を集めるための営業活動の指針もなかったので、非合法に国外に流出していった。カンボジアを支援するための資金を保有する国際人道支援団体も、既にカンボジアにあるような物資を、これらの資金を用いて他国で購入して、カンボジアに供与した。

財務に関しては、一九七九年には我々はまだ予算について考慮していなかった。一九八〇年に貨幣を印刷したものの、国家予算の歳入や歳出について明確な計画を立てることはできなかったが、同時に国家予算を準備する上で重要な年となった。一九八一年六月、カンボジア人民共和国国会の第一期・第一会期において国家予算が初めて可決された。この初期の頃には、経済的基礎が脆弱だったため、様々な国営製造業は収入と支出を均衡させ、支出を収入で賄うという体制を取っていたが、多くの製造業は赤字経営で、軍事や治安分野での支出や、行政、教育、文化及び保健分野での支出が多額に上り、国家予算は大きく均衡を失い、この結果政府は支出を補うために多額の紙幣の増刷を余儀なくされた。ここ数年間は、国内の生産活動からもたらされる収入の増加により予算の不均衡は減少した。特に、工場や企業に財務面での自律的経営権限を付与する政策が重要だったと思われる。生産量に応じて給与を支払うことにしたことで、生産品の増産競争が起こった。競って収入を増加させ、支出を節約したことにより、国家予算の均衡保持に大きく貢献した。更に、市場に商品が増加したため、税収も全ての種類で増加した。財務政策にも改善が見られ、生産拠点や経営組織の行政的手法による管理から、利益損失を考慮した管理方法に移行し、経済社会生活における民主主義が拡大した。公共投資も党及び国の政策に従って改善され、食糧、米、木材、水産物の経済四品目及び生産と運輸・通信に役立つ建築物に重点が置かれた。予算管理権限の委譲については、州レベルまでは速やかに行われた。郡レベルでは予算はなかったものの、地方強化の任務に資するため、また国家機構及び地方政府幹部が国民から募金することを止めさせるため、一九八八年八月二一日付の閣僚評議会決定第一〇〇SSR号に従って、我々は村・地区での予算を準備し、運用を開始した。

困難について言えば、我々が経てきた困難は多大であったが、このように予算の安定を達成したことを考えれば、これも一段階の成功である。我々は、何もない中で出発し、国家予算を構築するまでになったのであり、これだけでも容易なことではない。更に重要なことは、内戦による破壊と外部からの脅威が続いたため、国防のための軍事及び治安能力の構築、強化のために多額の予算の支出が必要であった。他により良い選択肢がなかったからである。もしこの支出をしなければ、国民は必ずや再び殺戮の被害を受けたであろう。社会基盤を再建し、経済、文化及び社会事業を支える基盤を復興させるためには、国内収入が少ないにも拘らず、多大の支出を必要とした。それゆえ、歳入不足を補うために貨幣を増刷し、諸外国から借入を行う必要があったが、その結果、予算体制と貨幣価値は脆弱になった。また、外国に対する債務も増加した。確かに、こうした債務、特にソ連及び社会主義諸国からの借入金のほとんどすべては無利息ではあった。しかし、我々としては財政や予算業務に関する不十分な点についても検討しなければならない。それらの中には、単に不適切と言うだけではなく、予算の不均衡をもたらしているものもあった。我々の行政組織は、上から下までを含めれば大規模であり、国としては職員本人及び扶養家族（妻子、父母）を全て養う責任があり、また配給物資の不足分の差額を支払うための予算だけでも多額に上った。事業組織に関しても、行政に属するものが多く、その結果国家予算収入や生産に直接従事する労働者や職員の収入にも影響を及ぼした。行政支出も中央から現場までを含めてその規模は大きく、浪費も見られ全体的に均等な節約は行われていなかった。歳入を得ることはできたが、実際の収入は少額であり、特に税金収入がそうであった。収税吏の中には、事業者と組んで税額をごまかす者もあった。一九八八年以前には農業に関する補助は、生産活動を促進するものではなく、国民の側から不満さえ出るほどであった。

政府機関や地元機関の中には、収入を得たものの国庫に繰り入れることなく、しかも国家計画と異なるやり方で別の品目に予算を使うことを正当化したものもあった。もし、政策綱領がしっかりしていて、管理が適切に行われていれば、収入源が増大し歳出を補うことができ、短期間のうちに予算収支の不均衡を是正できたであろう。少なくとも国家予算の歳入と歳出の乖離を縮めることができたであろう。いずれにせよ、我々は国家予算の収支不均衡を減らすように努力した。また、たとえ収支の不均衡が大きく崩れたとしても、それほど悪いとは言えなかった。何故なら、その年に我々は、経済、社会、文化分野での基礎となる多くの投資を促進したからであり、我々は国民に物質的・技術的基礎や福祉を提供するために収支の不均衡をあえて受け入れたからである。

先に述べた商業部門については、ポル・ポト政権の崩壊後に国民の間で物々交換活動が直ちに開始され、その活動は徐々に拡大して市場や商店が作られるようになり、更に外国貿易まで行われるようになった。国内の生産活動と外国貿易の発展に伴って市場も拡大し、貨幣リエルの流通を開始すると市場の拡大は更に容易になった。

過去一〇年間の我が国の経済は、計画経済とは呼んでいたが、実際には経済活動のほとんど全てが市場経済に従って動いていた。全ての生産活動は、市場の需要に応じて伸縮し、商品の価格も市場の需要に応じて変化した。つまり、商品が多く需要が少なければ価格は下落し、商品が少なく需要が多ければ、価格は上昇した。

生産活動は復旧しつつあったが、まだ安定していなかったので物価も変化しており、こうした中で国は公務員や国営企業労働者（の生活）の安定を保証する必要があったため、安定した価格による物資の販売供給体制が必要であった。国内市場も、国の市場と自由市場という二つの制度が起こり、価格も配給価格、商業を保証する価格及び自由価格の三種類があった。それゆえ、市場及び国家の商業的販売購入活動を管理することは極めて困難であった。国の物資の価格は、営業を保証する価格ではあったものの低く設定されていたため、自由市場価格との関係では多くの異常な状態があった。国の職員の中には、これらの物資をごまかして自由市場で売った者がでてきたが、その結果、配給物資や国民への販売用物資が公務員、労働者、軍関係者及び農民に届かない事態が生じた。また、国民からの生産品買い取り価格も、市場価格より安かったため、国が大量に買い入れることは難しかった。一部の輸出用物資については、我々国側は既に価格を固定してしまったので、このことも生産活動を促進することにはならず、商人がこの機に乗じて物資をまとめて買って輸出をした。この状況は一九八六年まで続いたが、その後国側は、ようやく商業部門が大量の買い入れができるような変動価格を設定した。つまり、国は輸出により外貨と利潤が得られるように適切な価格で大量に買い入れるようにした。これにより、我々は胡椒、漆、白檀などの一部の物資に関しては計画を上回る量を買い入れることができた。

様々な事業活動のうちで、国内の商業部門は貨幣印刷を開始した後でも赤字経営であった。利潤は、国家が商業部門を通じて国民に低価格で販売する一部の物資については生じたが、いわゆる事業活動から得られる利潤はきわめて少額であった。一部の地域の商業部門は、配給機関として、組織の上部から提供された物資を国民に配布し、また国民から物資を買い入れて上部に送付し、少額の手数料を得るだけであった。

国家の商業部門は、真の意味では事業を行う組織としての役割を確立していなかったが、国家の枠組みの中で物資を流通・分配し、また国家各組織に供給したり輸出用に食糧やその他の重要な生産物をまとめ買いをするなどして、国民との間で物資を交換するという重要な任務を担っていた。商業部門は、まだ十分に役割を果たしてはいなかったが、そうした活動が国民の国家への信頼を醸成する基礎となり、また生産者の利益を保証していった。商業部門に関する政策は徐々に改善され、その内容と形式も活動的なものになり、生産活動にも徐々に良い影響を与えていった。注目すべき点は、国がまだ物資の流通・分配を十分に行うことができず、特に国民からの買い入れと販売に関してそうであった際に、我々国側は民間業者に対して適切な措置をとったり、国民の物資の交換を行ったりして、流通・分配業務や市場の安定化を促進することができた点である。外国貿易についても、憲法上は国家が外国貿易を独占すると規定されていたが、国家が独占的に実施できるだけの十分な能力がない状況下では、党及び国家が適切な措置を取って、民間部門が輸出入を行えるようにした。同時に国家は、各地方政府に国家の計画を越える品目及び計画の枠外の品目について輸出できる権限を付与することで輸出入の改善を図った。一九八八年以前には、輸出入に関わる全てのことは中央政府が行っていた。しかし、中央政府が外国貿易をきちんと掌握できていない間は、これが制度上の大きな空白となり、中央政府は州政府に対して輸出用の商品を集めるよう奨励することもできなかった。国家及び民間が輸出入を容易にできるよう、一九八八年七月一二日まで開かれた国会の第七期・第五会期会合で憲法第一九条を改正した。改正前には、国家は外国貿易を独占すると定められていたが、これを外国貿易は国家の指示・管理の下にあると規定し直した。この改正の重要な目的は、国家が外国貿易を自身で完全に行うことができない間は、政府が民間を活用することも含めて輸出入の指示・管理を容易に行うことができるようにするためであった。この改正後、輸出から得られる収入が増加したが、これは各現場が自分の地域の発展のために自ら行動して得られる利益を見出したことによる。同時に、我々は外国製品を輸入するための金の流出も減少させた。

流通部門においても依然として深刻な問題があり、流通業をどのようにして国家の経済発展の鍵としていけるかという点から引き続き改善していかなければならなかった。また我々は、どのような財政政策を打ち出していけばよいのか、銀行はどのような業務をすればよいのか、予算や貨幣価値の脆弱化を防ぎ歳入と歳出の均衡をはかるためにはどのような措置を取ればよいのか、市場に価格の統一性と安定性をもたらし、市場及び国民生活を混乱させないためにはどのように価格・給与体系を改善しなければならないのか、また国の商業部門が生産活動に利益をもたらし、市場を指導するためにはどのような活動をすべきかなどの課題があった。

同時に我々は、経済開発を進めるため、経済の管理機構を改善しなければならない。これまで我々は、この点を正しく行ってこなかったのみならず、経済活動を遅延させたり阻害したりしてきた。これらは全て重大で複雑な問題であり、行動に移る前には真剣な検討が必要である。何故なら、もしこれらを上手く実施しなければ、多くの複雑な問題を招く恐れがあるからである。

全体として経済の再建に当たって、我々は政策の面でも実行の面でも多くの優れた点を有しており、これにより国が極めて困難な状況から脱して、復興及び発展の段階に進むことができた。確かにこの任務は困難であったが、それだけではなく、我々がポル・ポト虐殺政権が残した深刻な遺産である破滅状態を引き継いだために、状況は一層困難であった。しかし我々党、政府そして国民は、これらの課題解決に取り組まなければならなかった。同時に敵方から仕掛けられた破壊戦争が継続しているため、国家を防衛し国民の生命と財産を守るという任務を遂行するには、人的資源や予算的資源を費やさなければならなかった。これらの多くの仕事を同時に行わなければならないことは非常に困難であったが、これ以外に選択肢はなかった。何故なら、これは敵方が我々に強いる戦いであって、もし応戦しなければポル・ポト虐殺政権の危機が再び国民に襲いかかることになり、それは受け入れられないことであった。国防に多くの人的資源・資産や予算を用いることは、経済、文化の発展及び国民生活の向上に好ましくない影響を与えることは事実である。我々はそれを知りながらも、そうせざるを得なかった。我々はこのように困難に直面しつつも、国家経済を少しずつ発展させていった。ポル・ポト時代から残された飢餓の撲滅は、我々新体制の政治生命にとって重要な意味を持つ政治的成果であった。また他の分野においても、徐々にではあるが発展のための活動を開始した。このことは、カンボジア国民及び我々を支援してくれる友好国にとって大きな誇りであった。

我々は、国内に平和と戦争が並立するという状況下で、何もない状態から出発したことを想起したい。領土的にも時間的にも平和が大半を占めており、戦争は局地的、一時的ではあったものの、戦争は生命及び財産に多大の苦痛と破壊をもたらした。経済分野で取り組みを開始して以来、我々は多くの問題について不均衡を抱えていたが、特に次の四つの課題が重大である。

一　需要と供給の不均衡
二　歳入と歳出の不均衡
三　輸出と輸入の不均衡
四　貨幣と商品の不均衡

この四つの不均衡は、一つに結ばれた四本の紐の結び目のように互いに絡み合って切り離すことができない四つの課題であり、道理に則って解決しなければならない。最も重要でかつ堅持すべき唯一の解決方法は、国内生産を発展させることである。この問題の解決は容易ではなく、困難であると共に努力を必要とする。その努力とは、一方ではポル・ポト派が残した負の遺産、私たちを苛み続ける戦争、容赦ない自然、その他の困難という客観的要素に関する努力であり、もう一方では、国家を早期に発展に導くための方途の模索という我々内部における主観的要素に関する努力である。

1　経済分野の業績と課題

過去一〇年間、我々は国家を最も困難な状態から脱出させ、現在は全ての分野で復旧・開発を行う段階にある。我々は四つの不均衡を徐々に縮めたが、まだ不十分である。国家を発展させるためには、このような不均衡を放置してはならず、絡み合った結び目をほどくためにあらゆる方途を探らなければならない。最初に解決すべき重要な課題は、需要と供給の不均衡である。この最初の課題が解決できれば、残りの三つの課題も解決できるか、少なくともいくらか軽減することができる。国家と国民の需要は質量共に増加する一方であったが、生産の速度は遅く、質的にも十分でなかった。ここでは食糧と食事の問題についてのみ取り上げたい。実態として食糧生産は毎年増加していたが、人口も高い水準で増加しており、推計では少なくとも人口増加率は二・八パーセントであったため、（食糧生産が）需要に追いつかなかった。我々の試算によれば、人口増加率が一パーセントの場合、三パーセントの食糧増産でようやく国民を十分に養うことができる。従って、（二・八パーセントの人口増加率に対し）毎年一〇パーセントの食糧増産が必要である。このように需要が高水準にある中、農業生産活動はほぼ完全に自然条件に依存しているために安定していなかった。農業用地は養分が少なく、しかも肥料不足であり、国の政策についても、クロム・サマキの組織、農地の管理・利用及び食用作物の価格政策などの問題に関して、農民の意欲を高めるものにはなっていなかった。

　私は、先に人口増加率が高まっていることに触れたが、これは増加率を減少させることを意図するものではなく、単に客観的状況を示そうとしただけである。我々は、これから食糧に関する需要と供給の不均衡の問題をどのように解決すればよいのだろうか。それは人口増加率を減少させるという問題ではなく、我々にとっての最前線である食糧生産を促進するという問題である。ここでの問題は、我々が打ち出してきたが、まだ適切とは言えないいくつかの政策を再検討し、現状に合わせて改善し、一層効果的に実施しなければならないということである。まず、地方での生産活動の相互連関性について言及したい。理論的には、我々はこれまで、生産力が生産活動の相互連関性を規定すると述べてきた。その意味するところは、生産活動の相互連関性は生産能力に従うというものである。理論上はそのとおりであるが、我々はそのとおりに実施しなかった。我々が保有していた生産手段や用具の能力では、家族間で協力し合いながら行う共同作業形式のクロム・サマキで行う生産活動が限界であった。しかし、我々は、国民に対して、共同で仕事をして仕事量に応じて生産物を受け取る方式でのクロム・サマキを行うように働きかけた。このことは、生産活動の発展を妨げ、農民（の生産活動）を奨励できなかったのみならず、農民が自ら（農）作業を管理することも妨げる結果となってしまった。農民が自らの作業を管理できていない一つのケースを紹介する。一九八三年七月、私は、外務省職員約一〇〇人と共にプノンペン市郊外のオーバエクオーム区で農民と共に農作業に参加した。その際私は、二〇人以上の人々と田植えを行った。我々は大勢で押しかけ、到着後直ちに田植えを開始したため、誰も私が誰かは分からなかった。しばらくして、私は農民と懇談してみた。最初に私は彼らに、このクロム・サマキはどの種類のものか聞いてみた。返ってきた答えは、第一クロム・サマキであるというものであった。次に、私は何家族が参加しているのかと聞いてみた。答えは明確ではなく、約二五世帯というものであった。更に、私はこの二五世帯で何ヘクタールの土地を保有しているのか聞いてみた。今度は回答がなかった。しばらくして、最も多く発言していた女性の一人が、「分かりませんが、誰かがどこそこの土地へ行って作業をしようと言えば、皆でそうしようということになる」と答えた。私は、農民は農地や自らの作業を管理できていないという印象を持った。

この時から、私は地方における生産物増産のためのクロム・サマキの組織のあり方に関して研究を開始したが、同じ時期に党や国家の幹部もこの問題を研究していた。私は、コンポンチャム州のトゥボーンクモム郡へ行った。そこで私は、一九七五年以前からの知り合いである年輩の婦人二人と会った。懇談した際、私は国家が肥料をこの地にも送っていることを知っていたので、国から肥料を購入したか聞いてみた。婦人の一人は、国からの肥料は来ているが、第一クロム・サマキに販売するためのものなので、国は第二クロム・サマキには販売しない、と答えた。私は、クロム・サマキをその種別によって区別することは（国民に）心理的な影響を与え、国民をクロム・サマキの種別によって分類する結果となっているという印象を持った。

第一クロム・サマキは、全国で行っているわけではなく、一部の地域で行っているのみである。しかしいずれにせよ、様々な地域の国民に心理的な影響を与えている。各地方の役人について言えば、自らが組織した第一クロム・サマキに関して、たとえその地域の一部で国民に食糧が不足していたとしても、上司に誇らしげに報告するようであった。これは、自らが地方で社会主義の生産関係を築いたという形式に囚われた誇りであった。更に、中には第一クロム・サマキが組織されていないにも拘わらず、国民を社会主義に向けて指導していないという批判を避けるために、上司に（第一クロム・サマキが）あると報告するケースさえあった。この問題は、社会主義的な生産関係の整備に関する報告競争となった。また控えめに言っても、（農村の）生産力に関して生産関係をどの程度整備することができるかという点を考慮しないままに、自らの将来への希望を表明していたに過ぎないものである。関連する問題として、少なくない地域で、土地及び生産手段に私的所有権を認める体制をとれば、分配・使用方法に関して農民のやる気を高めることができず、農民が土地で作業する上で不安を持つのではないかと懸念されたことがあった。中には、平等を追求するあまり、農民に対する土地分配を移動式としたところもあった。それは、今年は家族／クロム・サマキはこの場所で作業を行うが、来年は別の場所へ移動するという方法であったが、これによって、家族／クロム・サマキは土地の手入れに意を用いず、肥料を撒かなかったり、畦の強化や水路の建設をしなかったりした。更には土地の新規の開墾なども行わなかった。新規の土地の開墾もあまり進まなかったが、これは、国が人々に余剰土地を貸し与えるので作業するようにと言うだけで、人々はいつ国から返還するように言われるのかも分からず、何年間作業を行う権利があるのかと疑問を抱き、心理的に不安があったからである。しかも、貸し与えられた土地は狭く、新規の土地拡大へのやる気を鼓舞するものではなかった。この問題は、社会の労働力再分配を遅らせることとなり、喫緊の問題となっていた土地が少なく国民が多い地域と土地が多く国民が少ない地域という不均衡の解消に遅れが生じた。これと同様に問題だったのが、我々はカンポット州の数百ヘクタールの塩田やコンポンチャム州、クラチエ州及びコンポンソム州に散在する数千ヘクタールのゴム園を国の所有として放置し、国が事業を行う余力がないにも拘らず、農民に委託して事業を行わせようとはしなかったことである。これも一九八六、八七年までの長期にわたる損失となり、それからようやく国は塩田とゴム園を国民に委託して事業を行わせることにした。

ただし、全ての活動が全ての地域で誤りだったわけではない。政策を良好に実施した地域も多く、それらの地域では農民に対して水田、畑を維持し、新規の土地を整備するよう奨励し、更に新規に住居を定め、長期に産業用作物を栽培するよう奨励した。タケオ州での成功例を挙げれば、そこでは党、国家、州及び郡当局は国民を心理的に安定させ、それにより国民は真の意味での地主となった。農民への土地の分配及び土地所有権の証明書の発行により、農民は喜んで土地の維持管理をしっかりと行った。タケオ州の農業では、生産能力及び住民の希望に応じてクロム・サマキを組織化することで、自然条件は他州と比較して決して恵まれていたわけではなかったが、農業は大きく発展し、新種の使用や集約的農業が多数実施された。毎年この州は種籾を含め籾を十分に、または計画以上に買い入れており、また人々は耕作している土地を隠す必要がないため、愛国的貢献も他州より高率で集まった[3]。新規土地の整備及び新居住地の設定についても、タケオ州は国が家族ごとの生産能力に応じて土地を分配することで農民にやる気を起こさせたことによって大きな成功を収めた。この結果、多くの家族が二〜三ヘクタールまたはそれ以上の土地で農作業を行うことになった。間もなく、空き地として残っていた数千ヘクタールの地域は、田畑、作物園及び住民の居住地となったため、州当局はボレイチルサールという名の新たな郡の創設を要請した。タケオ州以外にも、カンポット州、コッコン州、コンポンソム州、コンポンチャム州などでは、農民に胡椒、コーヒーなどの作物を長期栽培するために新規土地を開墾するよう奨励し、その結果これまで見捨てられていたゴム園や椰子園を復興させることができた。

土地問題に関連して、生産手段及び用具について少し触れておきたい。我々は、（この問題についても）多大の解決努力を行ってきたが、改善すべき点は多かった。牛や水牛などの牽引用家畜について言えば、耕すべき土地と比較して足りないわけではなかった。しかし、困難な点は、耕すべき土地の広さと比べて牛や水牛が余っている地域もあれば足りない地域もあることであった。この問題は解決されていない。輸入されたトラクターも、耕作能力が十分に活用されておらず、行政上の手続きや技術的な障害などにより多大な遅れが生じた。同時に、国としてもトラクターを家族やクロム・サマキに売却することに踏み切れなかったが、これも事業の遅延に繋がった。もし我々が農民にトラクターを売却する決断をし、私的所有制の発生を恐れなければ、我々は多くの問題を解決し、生産活動を促進できたであろう。一九八七年になって漸く、閣僚評議会は国民へのトラクターの売却に関する方針を取り上げたが、そこまでに長期間かかってしまった。ポンプについても同様で、一九八六年以前にはポンプは州や郡の中心部のみに集められており、（ポンプを使用するための）諸手続きや文書を完了するまでに稲が死んでしまうところさえあった。ポンプを国民に売却して以来、ポンプは常に水路に設置されるようになり、国が管理していた時のように故障やオイル不足などの声が聞かれなくなった。国民が堤防、水路及び水門を建設するための木材などの建築資材や農業用具などの供給についても、（国が管理していたため）生産のスピードは遅くなっていた。

上記のような問題提起を踏まえ、我々は原則的な事項の何点かについて再検討し、追加的な措置を取り上げていく必要があるが、以下では食糧需給問題の解決のための私自身の考えを記す。

（1）生産増大のためのクロム・サマキの改編

私はここで、クロム・サマキの解体について言及したいわけではない。改善すべき点は、クロム・サマキの作業方法である。我々は、一〇～一五家族で構成されるクロム・サマキがお互いに助け合うこと、また生産物の増産、敵への攻撃と基地の防衛及び政治教育・広報という三つの任務を果たす形態は保持する。一方、作業面については、生産手段及び用具の機能に見合った形態とすべきである。総じて、我々が検討したところ、具体的な可能性として我々が行いうるのは、第二クロム・サマキと呼ぶ、相互の助け合いのためのクロム・サマキまでであり、共同で作業を行い、労働力に応じて生産物を分配するところまで進むことはできない。

この問題に関して、果たしてこのようなクロム・サマキが、戦死もしくは身体障害者となってしまった兵士の家族、または従軍中の兵士を抱える家族など労働力の不足している人々を支援できるのかという疑問が湧くであろう。人々は連帯と相互理解の精神で、生産拡大の時期には労働の相互扶助を行うことができる。また、こうした家族は自助努力をすれば、やがて物資面では助け合うことができるようになる。それのみならず、人々は力を合わせて小規模な水路や堤防などを建設することもできるようになるであろう。

ここでの重要な問題は、我々は土地の分配を適切に、二つの異なる地域ごとに行わなければならないということである。土地が少なく住民が多い地域では、土地を労働力または家族の人数に従って分配する必要がある。一方、土地が多く住民が少ない地域では、労働力や家族の人数に従った分配以外に、各家族に対してその労働力に従って余った土地で作業を行ったり、新規土地の開墾を行ったりする可能性を残すようにし、その規模は予め決めるべきではない。農作業を行ったり、作物を収穫したりする際には、人々はいわゆる「共同作業」によって、労働力を提供しあうことができる。それぞれの家族は、自らの土地を管理し、集約的農業を行い、自分の所有地で生産された分だけの生産物を受け取る。分かり易く言えば、この方式は増産のためのクロム・サマキによる相互扶助の下での家族経営である。この方式は、農民に土地、農作業及び生産物の管理に関してやる気を起こさせ、一家が農作業用の土地がないほどまでの貧困状態に陥ることを放置することなく、更に困難に直面している世帯を支援することもできる。

この結果、増産のためのクロム・サマキは一形態のみしか残らず、以前のような多くの形態はなくなった。しかし、こう述べたからといって、我々は全ての場所でただ一つの形態で（農作業が）行われることを望んでいるわけではない。生産用具及び手段の観点から、クロム・サマキの中でどのような作業形態をとることができるかを具体的に検討しなければならない。場所によっては、人々は協力して作業を行い、生産物も相互に調整して分配しなければならない場合もあるだろう。例えば、水路網は共同で使用しなければならず、ポンプや多量のガソリンの使用についても同様である。この場合、一家族のみでは作業はできず、クロム・サマキが全体で、または村単位で作業をし、資材も共用とすることが必要となる。従って、住民に対して、どのような作業方法を行うべきかについての調整を委ねることによって、生産能力のレベルに応じた生産関係の整備が可能となる。こう述べたからといって、党や国が指導の役割を放棄することを意味するものではなく、指導は必要である。どのような指導をするのかについて、住民の実際の生産能力を踏まえて検討しなければならない。我々は、（住民からの）要望が実際の生産能力を上回ることはないということを知るべきである。

（2）農業用地の使用に関する政策改正

ここ数年、一部地域で農民は、土地は国家の所有物であると定められていたため、現在農作業を行っている土地をずっと使用できるのかどうかが分からず心理的に不安に思っていた。憲法第一五条によれば、法律に基づいて国が各家庭に与えた土地で、家屋建設、庭園及び野菜畑用の土地のみについて、国民は全面的な使用権及び相続権があるとされている。また第一六条は、法律に定められる家屋建設及び庭園・野菜畑用の土地及びクロム・サマキが生産活動用に与える土地以外に、農業労働者一人一人は、クロム・サマキの生産を行うため、労働力に応じて季節の作物を栽培するために追加的に国が貸与する土地を借りることができ、その労働によって得られる作物を得る権利があると定めている。

憲法の規定を見る限りは何らの障害もないように思えるが、これらの規定を周知し実施してみても、まだ農民を（農業活動へと）奨励し、農民を心理面で安心させることはできなかった。重要なポイントは、憲法上「国が貸与する土地」と規定される土地における生産活動の権利についてである。貸与するという文言について、多くの農民は、いつかは返さなければならないと捉え、そのため長期的な作物栽培や、追加的な土地の開墾を行おうとしなかったばかりでなく、多くの余剰土地への新規移住にさえ進まなかったのである。従って、新規土地の拡大や社会的労働力の再分配に支障をきたした。ここで重要なことは、憲法第一四条の「国が所有権を有する財産とは、土地、森林、海、河川、沼、自然資源、経済文化の中心、国防拠点及びその他の国の建造物である」という規定を変更するものではなく、また憲法第一七条の「何人も土地を売買し、抵当に入れ、または賃貸する権利を有さず、何人も農地や森林地を、権限を有する省庁の許可なしに、自らの意図で別の目的に使用することはできない」という規定を変更するものでもない点である。この問題を解決する際に重要な点は、国が各家族に与えた土地に関して管理し、使用する権利を明確にすることであり、国が別の用途で使用する必要がない限り、その土地は子孫へと相続する権利を有するという点である。国や社会の機関が（当該土地を）必要とする場合でも、当該土地を管理している家族と適切に協議・調整して、同家族の合法的な利益を保護し、別の場所で居住し、生産活動が行えるように便宜を図らなければならない。こうしたケースはあまり生じないかもしれないが、国家が発展する中でどうしても必要となる場合もあろう。現在、各農家への土地の分配はある程度安定してきているのだから、農民が心理的に安心できるように土地の管理権について明確にすべきである。各家族が新たに開墾した土地についても、国は承認する旨を、また今後新たに開墾したり、整備したりする土地についても承認する旨を明確にすべきである。国としては、土地を売買したり、抵当に入れたり、貸借したりすることを禁止すると共に、浸水林、予備林、鉱物地帯や工場または国防拠点の建設用地などに抵触しうる土地を許可なく新規に開墾することのみを禁止するのである。また国は、国が商業活動もせず、かつ他者に売却したり、有料で貸し与えたりもせずに保持している森林地帯を人々が占有することも禁止している。この問題については、我々は、土地面積と今後の人口との間の不均衡解消及び将来の社会的労働力の分配問題を解決するため、新規土地の整備及び新規に居住地を定めるための支援策を見直し、より実施しやすいものとしていかなければならない。

(3) 食糧生産のための拠点建設、資機材、手段や技術のための投資

この点についても、我々は農業分野の投資機構を見直し、改善すべき点は何かという観点から、その効率性を検討すべきである。我々の優先課題は、人々が稲作を行うための水問題を解決するために灌漑施設建設に集中することであった。国家の資金が不足する中、我々は大規模な施設建設に集中したが、それでも十分ではなかった。また、あらゆる場所で必要とされ、かつ国民が労働力及び資・機材面で貢

献できる小規模灌漑施設についても、国はあまり支援できなかった。農業用施設の建設に関して、国と国民とが協力するという動きはあったが、全面的な協力とまではいかなかった。場所によっては、人々は労働力や予算では自らが負担し、国に対しては木材、鉄、セメントやガソリンなどの売却の支援のみを要請するところもあったが、これについても我々はタイミングよく対応できない、あるいは全く対応できない場合もあった。水問題を解決する上で、我々は大・中規模の灌漑施設を必要としていたが、資本及び資機材が不足していた。同時に、たとえ大・中規模の灌漑施設があっても、人々は各自の水田に水を引き入れるための水路を必要としていたので、小規模灌漑施設はあらゆる場所で必要とされた。従って、小規模灌漑は依然として推進すべき目標であり、長期的戦略に盛り込まなければならなかった。この仕事は、地域住民や村の利益に直結しており農民は喜んで参加するので、我々がうまく指導すれば早く進む。また、この仕事は、高度の技術を必要としないため、地理的状況をよく知っている郡や村の年長者の参加も得られるであろう。国は、鉄、セメント、木材、燃料などの資材の一部や技術の複雑な部分を支援するだけでよいであろう。国が実施するか、国が国民と協力して行う大・中規模の建設工事についても、それらを同時に行う場合に（必要となる）資本も資材も我々国側にはないため、どこを最初に実施し、次にどこを行うのかを予め検討して明確にしておかなければならない。更に、交通路を建設する際に灌漑も同時に建設できるようにすべきである。例えば、水路を掘削する際に水田用の取水もできるようにしたり、水田用の堤防を作る際に、その堤防上で流通・輸送ができるようにしたりすることなどである。これらはタケオ州やプレイベーン州など一部の地域で既に実証済みである。灌漑施設建設のための資本についても、これまで以上に重視していくべきである。この問題は、単に農業分野全体から資金を割り当てるだけではなく、灌漑部門を一歩前進させるために社会の他の分野からも追加的に資本を割り当てる必要がある。

（生産）手段に関して、我々国としてはトラクター、ポンプや他の資機材を敢えて国民に販売できるようにすべきであり、その中でも重要なのはトラクターとポンプである（写真9）。新規に土地を開拓し、あるいは既存の土地で増産活動を行うには、土地を耕してならすための十分な手段（トラクター）が必要である。国が、国民に（それらの機材を）使用できるように提供すれば、管理も容易であるし、作業もタイミングよく行うことができ、これまでのように申請書類や精算などの複雑な手続きを行う必要がなく、しかも現場でこれらの機材を使用するので、（機械の）能力を全面的に使用できる。土地を耕すこと以外にも、国民は（トラクターを）輸送、牽引手段、ポンプ、もろこし精製機及び脱穀機などへと改造することができる。これも現場での技術訓練と言える。何故なら、国民は、農機を使用する際には、ある程度は維持管理及び修理方法を知らなければならないからである。ポンプについても同様である。人々は、ポンプを使用すると同時に修理も行い、また田に水を引き入れる以外にも、改造してダイナモを取り出して輸送のためのカヌーとしたり、電灯用に使用したりすれば、一層有益である。また、トラクターやポンプは高価な生産用具であるので、農家は購入のために皆で一生懸命努力しなければならなかっ

写真9　中古ポンプでメコン河から汲み上げた水を売って暮らす（出典：1989年1月23日付朝日新聞社聞蔵IIビジュアル）

た。こうしたことも、農民が生産手段に関して協力する契機となった。もし、クロム・サマキや村が、これらの機材の能力全てを使用できない場合には、他のクロム・サマキや村に、耕作や取水を行うために貸し出すことができる。クロム・サマキや村落の農民がトラクターやポンプを購入する資金が不足している場合には、国側としても月賦で売ることなどを考えなければならない。

農業技術の振興の問題についても、一層押し進めていかなければならない。中央（政府）や海外留学を通じて行われる高等技術訓練以外に、各州や都市などの現場での育成にも意を用いるべきであり、またこうした農業技術を学校のカリキュラムにもっと多く取り入れていくべきである。そうすることによって我々は早期に技術者の人数を増やすことができ、また農家は早期に栽培技術や集約的農業に関する知識を身につけることができる。更に、学生は卒業後に国の仕事につけない場合でも、学校で習った農業に関する知識を各家庭で農作物増産のために用いることができる。最初に解決すべき技術的問題は、生産活動に投入した費用さえ回収できないような現在の一ヘクタール当たり一トン前後の収穫量水準を上げるために、種の使用、肥料生産、（作物の）栽培や手入れ及び肥料の使用などと密接に関連する集約的農業を実施することである。

（4）農地拡大・集約的農業及び収穫期の増加

食糧生産量を早期に増加させるため、上記に述べた三つの問題以外に、農地の拡大、集約的農業の実施、収穫期の増加という三つの包括的措置を取る必要がある。これら三つの包括的措置は国の総合的措置であるが、地方ごとに異なる条件に応じて実施していく。

農地拡大については、我々はどの地域の拡大を優先しなければならないであろうか。ここ数年バッタンバン、シェムリアップ、コンポントムの各州で水田地帯の水位が上昇して浸水し、多くの農地が放棄され、まだ復旧されていない。従って、我々はこれらの州の農地復旧を支援すべきである。具体的には、これらの地域に国が所有する耕作用のトラクターを投入したり、優先的にこれらの地域住民にトラクターを売却したりするなどの資本投下を行うことで、水位が上昇して放棄された農地を復旧できるように、人々が十分な力を持てるようにすべきである。これ以外にも、人口が多いのに比べて土地が少ない地域住民にも、これらの地域や別の多くの土地がある地域で土地の整備または新規開拓ができるように支援していくべきである。これらの作業は、村、郡または州の責任で行うべきで、また明確な計画を作成しなければならない。州内で土地を拡大できない場合には、中央政府がこの任を担うべきである。

集約的農業は、土地の多い地域でも、少ない地域でも、あらゆる地域で行うべきであり、特に土地の少ない地域で行うべきである。集約的農業の方が、農地拡大よりも有益である。例えば、土地を二ヘクタール拡大し、一ヘクタール当たり一トンしか収穫できない場合と、集約的農業によって一ヘクタール当たり二～三トン取れる場合では、労働の利益が大きいという意味で、農地拡大よりも集約的農業を行うべきである。全般的に言って、集約的農業は、土地が少なく人口が多い地域で必要に迫られることもあって活発に行われているのに対し、土地が多く人口が少ない地域ではまだあまり行われていない。しかし、集約的な稲作を行う場合には、国は肥料、殺虫剤、技術などについて一定の支援をすべきである。集約農家こそが生産量の増加を決定づける役割を担っており、各農家が集める自然肥料でさえ肥料問題解決の一助となるのである。

収穫期の増加は新たな試みで、我々新政府の体制になってから開始したものであるが、我々は自信を持って取り組んでいくべきである。成功した地域では、これまで一期または一年に一度しか稲の収穫ができなかったが、一期当たり二度収穫できるようになった。確かに、この作業は、天候の問題、水問題、肥料、労働力など多くの要素が関係しているために困難を伴う。しかし、この収穫期の増加は、収穫量の増加や農家の収入の増加をもたらし、また多くの土地でこの作業ができるようになる可能性があるという意味で、我々はこれを一層推進していくべきである。

もし上記の様々な問題が解決できれば、我々はきっと食糧需給の不均衡の解消へと進むことができ、そうすれば他の問題も解決できるようになる。

周知のとおり、需要と供給の不均衡は、単に食糧のみの問題ではなく、他の分野でも多くの問題がある。しかし、その中で重要なものは、生活用品、食料、移動手段、学用品や生産手段などに関する物資であり、しかも量のみでなく質も問題である。我々の工場で生産される製品の一部は、既に国民の要望に合わなくなってきているからである。

この問題のために、我々は産業及び手工業分野の政策の見直しと改善が迫られており、特に産業分野への投資構造の見直しと製品の品質向上のために一部の工場の技術水準の改善が求められる。ここで重要なことは、集団的経営及び個人経営の両方で手工業を一層強化して、ますます増加する社会の需要に応えて製品を供給していくことであり、民間経済または官民合同の経済のどちらであれ、新規工場建設のために民間部門を活用することである。

我々が、国内生産の増加により需要と供給の不均衡を解消できれば、きっと歳入と歳出の不均衡、輸出入の不均衡、貨幣と商品の不均衡の解消に寄与するであろう。このことは、国家予算に安定をもたらし、予算と貨幣の脆弱性を緩和し、市場価格を安定させ、輸入超過からくる貿易赤字の軽減にも資するであろう。

二　社会事業・文化分野での業績と課題

国家の全ての分野が根こそぎに破壊され、人々の知性や理性までも土台が揺らいでしまっている状況の中で、先進的な文化・社会事業の再建のためには十分な時間が必要である。しかし、国家の現状を考えれば待つことは許されず、他の分野と同時に開始しなければならない。これまでの一〇年間を振り返ると、文化・社会事業の分野で大きな成功を収めることができた。それにより、我々国民は深い誇りを持つことができ、また今後も継続して取り組む上での貴重な経験となった。

1　教育・人材育成分野

我が国は、一九七〇年以来、米帝国による侵略戦争に陥った。戦争が発生した直後に、国家は二つの支配地域に分かれてしまった。一つは、米国の侵略に対抗する勢力による解放地域で、もう一つは親米のロン・ノル政権による支配地域であった。解放地域では、全ての学校は閉鎖されてしまったが、これは一つには戦争を恐れ、米国による爆撃を恐れたからであるが、もう一つの理由は、当時の解放地区の指導者の無知によるものであった。ベトナムやラオスの解放区では、防空壕やジャングルの中で身を隠しながら、ひっそりと子供たちに勉強を教えていたのに対し、カンボジアでは状況はまだまだ良かったにも拘わらず、全ての学校を閉鎖してしまった。ロン・ノル側が支配する都市に逃げてきた生徒や教師の中には、勉強を続ける者もいれば、そうでない者もおり、後者の場合はやむを得ず兵士となったり、その他の職を探したりした。教師も同様で、教職を続けられたものは少数で、多くは学校もなければ、教室も見つからない状況であった。生きるために彼らは兵士とならざるを得なかったが、そのことはロン・ノル側にとっては兵力を集める上で好都合であった。解放区に住むことにした生徒や学校職員も、勉強や教職を放棄しなければならなかった。学齢期に達しても勉強できない児童は増える一方で、それに加えて以前からの文盲者がいたため、字の読めない者は増えるばかりであった。

我々は、一部の解放地域で、村長や教師が子供たちに学問を教えたいと考えて夜間に米軍の爆撃の危険がある中で、子供たちに学問を教え、また父や兄姉たちが、家や水田で子供や弟妹たちに学問を教えたその勇気を否定するものではないが、その数は少数であり、かつ質も低いものであった。

戦争は五年以上続き、解放区では以前からの文盲者と新たな文盲者も含めて多くの文盲者が残された。都市部では、たとえ学校があっても、学齢期の児童生徒を全て受け入れることはできなかった。このことは、国家の弱体化を示す一つの兆候であったが、一層深刻であったのは、ポル・ポト派が権力を握ってから、カンボジア全土に学校がなくなったことである。つまり、高等教育学校や専門学校を含む全ての学校が閉鎖され、次第に収容所、倉庫や共同食堂とされたものもあれば、取り壊されたものもある。児童生徒や学校職員は、単に学校を放棄することを余儀なくされただけではなく、ポル・ポトのオンカー（組織）による殺戮の対象とされた。

全国で勉強が行われなくなって約五年がたち、また解放区では勉強が行われなくなってから五年以上が経過した結果、年配者及び年少者を含め文盲者が大きく増加した。その上、多数の知識人への殺戮が加わり、国は解放されたものの、当初は例えて言えば、人間の体内から血液が全て流出してしまったようなものであり、国家の知性は深刻に破壊された。

解放後、学校などの学問に資する施設や資料となるものは多く残ってはいたが、修理してはじめて活用できるものだった。それに対し、学び教えるための教材などは、ほとんど完全に破壊されてしまった。この状況の中で、現在の国家の発展を見る時、国民の生きる力や生き残った知識人の愛国心に一層の誇りを感じる。

学習は、新学期を待つことなく直ちに開始した。それは、授業開始を思い出させるために、教師と生徒を集めるものであった。カンボジア人民共和国の下での最初の新学期となった一九七九〜一九八〇年度までには、初等教育の生徒は九四万七三〇七人、教室は一万七七六一室、職員は二万五五二六人となった。当時地方では、多くの生徒が高床式民家の下や穴のあいた屋根の下で勉強しなければならなかった。生徒たちは、地面に座り、書くためには炭を用いた。教師については、大部分が（教師として）任命された訳ではなく、本来の教師ではなかったが、子供に読み書きを教えたいがために、国や国民から何の報酬もなかったが、あえて教師を務めたのであった。都市部では教師や教授が直ちに集合した。まだ教育当局は組織されたばかりで、安定していなかったが、これら教師や教授の最初の仕事は、教育指導要領を整備することであった。国家の状況が深刻かつ多大の困難に直面している中で、（ポル・ポト政権からの）解放の日から初年度の新学期開始までの間に、教育に携わる政府職員等は、全学年に亘る教育分野の組織の再構築、教師や生徒のための教育指導要領の準備、教授法に関して批評を行うために教員を集めること、学校や基礎教材の修理・修繕など多くの作業を行わなければならなかった。教授や教師の職業において、このような困難に直面したことはかつてなく、しかしそのことが、この初期段階の作業に関与した全ての関係者にとり偉大な誇りとなっていると言うことができる。彼らは、過去一〇年間に亘り、また更に将来のために、教育分野の発展の堅固な基礎を構築するため、彼らの持てる知識、体力及び精神力を動員した。

教育省の一〇年間の成果報告に依拠して、教育分野の発展を示すためにいくつかの指標を以下のとおり引用する。

（1）幼児教育

当時幼稚園に入る園児数は全国の入園年齢に達した幼児の数に比較すればまだ少数だったものの、幼稚園、教室、園児及び教師の数が次々と増加したことは、党、国及び社会が、幼児教育事業の強化・拡大に力を注いでいたことを示している（表4）。このように多くの幼稚園があり、また多くの園児が幼稚園に入園したことは、我が国の歴史上初めてのことであった。我々は、幼児教育活動を通じて父母が仕事を行っている間に子供の世話をする困難さから解放した。それ以上に重要なこととして、幼児教育が幼児に対し集団的に行儀を教え、また小学校に進学するための初歩的な知識を教える場となった。

2　社会事業・文化分野での業績と課題

表４　幼稚園、教室、園児及び教師の数

	幼稚園（校）	教室（室）	園児（人）	教師（人）
1979~1980	96	230	8,229	267
1980~1981	149	446	15,077	630
1981~1982	233	448	16,579	818
1982~1983	371	823	23,797	956
1983~1984	500	1,128	35,466	1,493
1984~1985	541	1,420	39,920	1,835
1985~1986	541	1,557	56,165	2,398
1986~1987	551	1,864	55,760	2,625
1987--1988	560	2,059	59,679	2,897

表５　初等教育における学校、教室、児童、教師及び修了児童の数

	学校	教室	児童	教師	修了児童*
1979~1980	5,290	17,761	947,307	25,526	6,481
1980~1981	4,484	25,526	1,328,053	30,316	19,885
1981~1982	3,521	31,804	1,538,838	31,884	50,801
1982~1983	3,114	33,740	1,597,081	32,859	96,227
1983~1984	3,005	33,287	1,504,839	36,520	121,484
1984~1985	3,133	33,345	1,367,089	35,665	129,908
1985~1986	4,294	31,062	1,315,531	35,080	116,032
1986~1987	4,282	30,946	1,294,227	36,754	109,610
1987~1988	4,780	30,890	1,279,053	37,292	96,600

＊初等教育を修了した児童

表６　第一中等教育における学校、教室、生徒、教師及び修了生徒の数

	学校	教室	生徒	教師	卒業生*
1979~1980	14	101	4,803	206	315
1980~1981	66	382	17,331	671	1,166
1981~1982	108	930	39,515	1,586	2,724
1982~1983	173	1,949	87,003	3,300	8,303
1983~1984	200	3,052	145,726	4,494	16,715
1984~1985	222	4,698	234,927	6,116	31,175
1985~1986	278	5,730	297,788	7,416	47,382
1986~1987	304	6,262	327,049	8,967	57,553
1987~1988	337	6,538	326,403	10,882	63,522

＊第一中等教育を修了した生徒

（2）　初等教育

最初の数年間の小学校数の減少に注目すると、外国人や国外にいるカンボジア人は誤解する可能性がある（表5）。小学校の数は、一九七九年～一九八〇年の年度と比較すれば、一九八〇年～一九八一年の年度以降減少しているが、教室の数は減少していないどころか、児童数が減少した最近二年間を除いてはむしろ増加している。小学校数の減少は、次のような幾つかの問題に起因する。即ち、初等教育の教室が中等学校の敷地内に設置され、数年後には中等学校となったケースや、学校の建設や修理を待つ間に授業が民家の下や、僧侶の庫裏で行われたケース、また小規模な学校をまとめてきちんとした学校としたケースなどである。こうした事情で、学校数は減少したが、教室の数は逆に増加したのである。更に、一九八三～一九八四年度以降に初等教育の児童数が減少していくのは、政治問題に起因するのではなく、中等教育の増大のための減少であり、もうひとつの重要な理由は、これまでと異なり、子供たちが年齢に従って正しく入学したからである。内戦中及びポル・ポト政権時代に学ぶことができなかった子どもたちは、たとえ年齢が過ぎていても、小学校に入らなければならなかったため、小学校の児童数は多くなったのである。

上記の数字からは、学齢期に達した児童の八〇％が就学したと推定できる。また、この数字は二つの地域に分けられ、平地では学齢期に達した児童の八五％が就学したのに対し、山間部ではその比率は五五％から六五％となる。

教育省の調査に基づき、現在の初等教育就学児童数を一九六九年～一九七〇年度の児童数と比較すると、四五万二八六八人上回っている。

（3）第一中等教育（中学に相当）

人口増加率が初等教育を修了した生徒数の増加圧力をもたらすことにかんがみれば、第一中等教育に生徒を受け入れるために必要な条件を整えなければならない。一つの学年度から次の学年度への移り変わりを見ると、生徒数は殆ど倍増したため、学校を建設し、教室数を増やし、教師を育成するため、また授業を行うための様々な資材を準備するために多大の資金が必要となった。更に、生徒を各学級に割り当てる際には限度を超えた大人数を割り当てることで、ようやく初等教育を終えた生徒を吸収することができた。一九八七年～一九八八年の生徒数及び学校数を一九六九年～一九七〇年の生徒数九万一一四四人及び学校数九六と比較すると大きな違いが分かる（表6）。第一中等教育修了生徒数を合計すると二二万八八五五人にも上っており、これは第二中等教育や様々な職業訓練学校、その他の社会問題への大きな圧力となっており、今後合理的に解決していくことが求められる。

（4）第二中等教育（高校に相当）

当初と最近の時期とを比較すると、学校、学級、教師及び生徒の数は多大に増加し、その数は生徒数が一万八八三八人であった一九六九年～一九七〇学年度よりも高い数字となった（表7）。第一中等教育（からの卒業生）が押し上げ圧力となる中で、第二中等教育を拡大するために、まず教師のリソースの不足やその他の必要な教育手段の不足という深刻な問題に直面した。また、第二中等教育も修了者が益々増加する一方で、高等教育及び専門教育機関が修了者の全てを吸収できない中で、高等教育を圧迫する

表7　第二中等教育における学校、学級、生徒、教師及び修了生徒の数

年	学校	学級	生徒	教師	修了生徒*
1979~1980	1	7	281	20	72
1980~1981	1	13	555	28	104
1981~1982	5	27	1,517	65	156
1982~1983	7	73	3,493	158	135
1983~1984	13	143	6,769	271	749
1984~1985	19	211	10,888	468	1,133
1985~1986	28	266	14,020	617	2,337
1986~1987	33	364	18,799	858	3,567
1987~1988	40	527	26,176	1,064	4,770

＊第二中等教育を修了した生徒数

こととなった。これは、今後の差し迫った課題である。

上記に述べた様々な教育課程以外には、我々の能力には制約があったが、我々党や国は、国内及び国外で高等教育及び専門教育を推進し、政府職員や専門家を育成した。このことが今後前進していく上での好ましい基礎となっている。

一九八八年のデータによる、国内外で育成された全ての種別の学位取得者は次のとおりである（表8）。

これと同時に、三七の専門分野を有する二一九の職業訓練センター、五七の専門分野を有する二五の中等専門教育機関、三〇の専門分野を有する六つの高等教育機関で学ぶ学生・生徒がおり、その数は一九八七～一九八八学年度で合計二万二七三六名であり、これに加えて外国に留学中の学生が数千人いる。これらの学生は、成功裡に学問を修め、今後祖国の建設と防衛の任務を担うこととなろう。

過去一〇年間の困難な道程の中、当面の必要性に対応するため、全ての機関、州・市当局は、党・政府職員や労働者などを対象に、仕事を行う上で必要な専門技能毎に知識を与えるために短期間の研修を現場で行ったが、このことが今日までの発展をもたらす上で重要な役割を果たしたことも想起したい。

表8　国内外で育成された高等教育及び専門教育学位取得者

種別	人
技術労働者及び初級専門家の資格取得者	13,364
中級専門家	22,910
高等教育修了者	3,692
大学院レベル修了者	32

我々が行ったもう一つの重大な任務で、輝かしい成果を収めたことは、文盲の危機をなくし、知識を与えたことである。

文盲は、これまでの社会が残した問題で、一九七九年一月七日の解放後に我々党及び国の懸念事項となった。このため我々党及び国は、文盲の危機をなくすために、大規模なキャンペーンを実施し、また多くの指示を出すなどして、この課題に重点的に取り組んだ。文盲の危機をなくし、知識を提供する任務を行う上で司令塔の役割を果たすため、教育省の中に高齢者教育局が緊急に設置された。高齢者教育の指示系統は、中央から地方まで整備された。我々党及び国は、六月一九日を文盲の危機に取り組むための運動の日と定め、また一九七九年一一月一五日に、（ヘン・サムリン）人民革命評議会議長同志は、高齢者教育事業に関するアピールを発出した。この事業を指導するため、ヘン・サムリン同志を委員長とする「文盲の危機対策・知識提供国家委員会」を設置し、全ての分野及び国内の各レベルで、この任務を担当する委員会を設置した。

一九八〇年から一九八三年及び一九八三年から一九八六年までの二度の三カ年計画を経て、我々は、文盲人口の九三・二二％に当たる一〇〇万二二二八人を文盲から解放し、一九八八年二月一三日には、「文盲の危機対策・知識提供国家委員会」は、全国で文盲の危機から脱したことを宣言した。

このように、我々は九年間の国家社会の広範な革命活動の中で、この仕事を成し遂げた。また、注目すべき点は、青年革命文化の光キャンペーン、カンボジア革命女性文化の光キャンペーン、カンボジア革命労働者文化の光キャンペーン、カンボジア革命軍文化の光キャンペーンに、全国の各分野、各階層の国民の活動が加わったことである。こうしたキャンペーンや運動を通して、全ての文盲者は、まるで必ず返済しなければならない負債を抱えたように、学びの義務を負ったのだった。

中には、これを強制と言う者もいるだろう。それも一理はあるが、この強制は盤石な国家をつくるため、各家庭の幸福のために必要なことであり、国民の無知状態をいつまでも放置しておくことはできないのである。

文盲の危機撲滅事業と共に、一般教養教育の任務も必要かつ急務であった。それをしなければ、我々は、今日仕事をしている党・政府職員の能力を向上できないのみならず、文盲の危機から脱したばかりの者が文字を忘れる危機とも呼ぶべきもう一つの危機に陥る恐れがあったからである。このため、文盲の危機撲滅に関する多くの規則は、ほとんど全て一般教養教育に関して言及している。我々は、学校や学級に指示を出し、各地域の条件に応じて、数多くの形態で（一般教養教育を）実施し、一九八〇年～一九八一年度には一般教養課程が一学年のみでしか行われていなかったが、やがて全学年へと拡大した。

一九八八年の教育省の統計によれば、中央（プノンペン）に正規の一般教養課程の学校があり、ストゥン・トレン州にはストゥン・トレン州、ラタナキリ州、モンドルキリ州、プレアビヒア州の東北諸州のために拠点となる一般教養課程学校が一校あった他、同様の学校が一七カ州・都市に設置され、国防省には二五校が設置された。また、プルサット州には、州内の四郡に正規の一般教養課程学校が設置された。それ以外に、準正規の一般教養課程学校が四五か所、勤務時間外で授業を行う一般教養課程学校は一一三か所あった。

過去八年間に一般教養課程を卒業した学生は、次のとおりである（表9）。

これと共に、現在一般教養課程学校の全三学年に学んでいる学生が一八万三九九四人（一九八七年〜一九八八年度のデータ）いるが、これらは一九八八年〜一九八九年度には変わりうる。この一般教養課程事業により、我々は、党・政府職員の能力向上を図ることができた。その第一の理由は、党・政府職員の中には、長期間にわたり敵と戦闘しなければならなかったために、教養面での学問が僅かで、これを補う必要があったこと、第二に軍人の多くが農家出身で、学問よりも戦争により多くの時間を費やしてきたため、仕事を続けるために一般教養を増やす必要があったからである。

過去一〇年間の教育・育成事業の成果を見ると、我々はこの分野が最も進展し、かつ国家社会の各界各層からの熱心な取り組みと参加が得られ、この分野は幅広く力強い国民の革命運動となったと言うことができる。

こうした進展が見られる一方で、残された困難や解決すべき課題にも言及しなければならない。学問の質は、我々にとり大きな問題であり、教師の問題は、この問題と大きく関係していた。ポル・ポト政権からの解放後、ポル・ポトの殺戮から生き残った教育関係者は、就学すべき生徒数との間で均衡しておらず、内戦時代やポル・ポト政権下で勉強できなかった若年層が多数いる一方で、教師や教室数は少数であった。就学すべき生徒を吸収するために、各教室には教育指導に定められた以上の数の生徒を収容しなければならなかった。教師陣は、本来の教員ではない人達の中か

表9　学年別一般教養修了者数

一般教養課程	人数
第一学年修了	16,006
第二学年修了	13,776
第三学年修了	1,735

ら選ばなければならなかった。都市部では、これは大きな問題ではなかった。しかし、地方では、この問題は至るところで発生し、このため多くの教師は、教鞭をとった経験がなかったり、生徒よりも二、三学年上級の知識を有しているだけだったりした。今の政権と内戦前のシハヌーク政権とを比較してみよう。一九七〇年以前には、教師や教授は多数いて、学校もそれなりに多数存在したが、学生や生徒の数は当時一〇〇万人に達しなかった。我々の政権下では、生き残った教師や教授は少数で、しかもそうした教師などの中には自身の専門分野とは異なる教育機関で働かなければならない場合もあり、学校も多大の被害を受けていた。しかし、学生や生徒は、既に述べた通り、多大に増加した。

教師の問題への対処は、依然として課題である。行政側は、教職の奨励に力を入れてはいるが、多くの若者は教師になることをあまり好まず、また教師の生活保障の政策もそれほど良いとは言えないため、教師数の増加は鈍り、生徒数の増加に追いつかなかった。また、育成された教師も地方に教えに行くことを好まず、しかも地方では、教師を国家の仕事や別の職種の指導者として引き抜いたため、地方では教師や教育分野の指導者が一層不足した。

学校の問題への取り組みについては、これまでの数年間、国内の国民及び国外のカンボジア人の間で幅広く行われた。国民自身の力により、また国民の参加により、学校、特に小学校及び第一中等学校に多くの進展が見られた。我々は、次世代の子供たちのための学校建設に向けた国民運動で僧侶、住職及び村の長老が果たした重要な役割を記すことを忘れてはならない。寺院での花まつり、カティン祭り〔僧侶に新しい僧服を贈る儀式〕やその他の祭りでは学校建設のための寄付が集められたが、これにより国の負担が軽減された。第一中等教育学校を村、人口密集地域や郡都に建設することで、都市や遠く離れた場所まで通学するための交通手段や資金を有さない農村の子弟に教養を教えることに大きく貢献し、また都市と地方との教育格差の問題も解決したが、このことは都市と地方とが並行して発展するための重要な基礎である。しかし、我々がこのように建設した学校では、全学年を考慮すれば、まだ需要に対応できていないと言わなければならない。東北部諸州では、各村での小学校建設を促進し、各郡では第一中等学校の建設に努め、更にこれら各州での第二中等学校の整備に進まなければならない。こうすることで、これらの地域での特に少数民族の子弟の育成を確保できる。学校建設の中でも、東北部での第一及び第二中等学校の建設については、学生のための寄宿舎及び教師の住居まで考える必要があり、それではじめて教室に生徒と教師を確保できる。低地でも、生徒が長距離通学をしたり、勉学のための住居を探したりする困難を軽減し、初等教育を終えた生徒を第一中等教育に吸収し、第一中等教育を終えた生徒を第二中等教育に吸収するために、第一及び第二中等学校の建設を一層進めなければならない。今後数年間、初等教育から第一中等教育に進学する生徒を全て受け入れられるように努めなければならない。

写真 10　池で遊ぶ子供たち。カンボジア・カンポット郊外の村で（出典：1992 年 9 月 28 日付毎日新聞）

一九八八年の教育省の報告によれば、第一中等教育は、（初等教育を）卒業した全ての生徒を受け入れたとされているが、これは受け入れ可能な学級数に対する、進学すべき生徒数を考慮したに過ぎない。これに対し、学区について考えれば、学校までの距離が遠く、通学手段や住居が不足しているため、実際には全ての卒業生を受け入れることはできず、多くの生徒が第一中等教育に進学できなかったが、この問題は特に地方部で発生した。従って、学校建設を今後も進めなければならず、また学校の場所についても、学区地図を明確に考慮しなければならない。つまり、子供たちが多くいる場所で生徒数に見合う形で、地理的にも適切な場所に建設するのである。これまで国民から訴えられたように、教師は近距離で通勤できるが、多くの生徒が長距離を通学するような形で学校を建設したり、党・政府幹部が自身の村々に学校を建設したいからといって、建設するようなことはすべきではない。

首都プノンペンや一部の州都では、我々が受け入れられる生徒が少数で、しかも規定以上の数の生徒を学級に受け入れたため、時間外で授業をし、また落第した生徒のために授業をしなければならないなど、学校には依然として課題があった。首都の学校不足の問題は、客観的要素に起因する面もあるが、我々の主観的要素に起因する面もある。例えば、一部の学校については、生徒の勉強のために使用せず、代わりに行政庁舎や軍事施設として使用したからである。生徒が学習できるように学校の門戸を開くことができないことは、単に生徒を学習のために受け入れられないだけではなく、社会問題をも生み出す。つまり、一八歳未満の若者で、勉強もしていない者に、何ができるのかということである。また、都内の交通秩序の問題や生徒が通学のために時間を失うことも深刻な問題である。例えば、プノンペンを例に挙げれば、かつてのインドラテーヴィー学校が、生徒に開校されていなかったため、トゥオルコークやトゥックルオック地区の生徒は、サントーモック学校やバトゥーク学校に集中したが、このため、これらの学校に通う途中で交通事故は絶えず発生し、生徒は通学に多くの時間を費やし、子供に通学用自転車を買うことができない貧困世帯にとっては一層の困難を強いることとなった。従って、学校の問題は、我々が引き続き取り組むべき課題であり、その中で重要なことは、国として学校建設のための国民の参画を、セメント、鉄や木材などの建築資材を優先的に売ることで働きかけ続けることである。

学校建設とともに、教師の育成も注力すべき重要な課題である。我々は、地方部及び東北部諸州の教師育成のために、どのような手段を用いるべきであろうか。過去一〇年間、我々は都市部や人口密集地域から東北部諸州に教師を派遣することが困難であるとの経験をしてきた。このため、我々は地方部出身の生徒を優先的に教師として育成し、自身の出身地に帰って教えられるようにすべきである。確かに最初の頃には教育の質はまだ低かったが、教師がいないよりは良く、また国や地元住民が教師の生活上の問題を一定程度解決する上でも好ましかった。特に、家屋については、教師は既に地元に住居を有していた。この方法でもまだ解決できない場合、適切な奨励政策により別の地域の教師に教えに行ってもらわなければならず、受け入れる地元側も住居や生活面で教師が安心できるよう便宜を図らなければならなかった。

教科書の問題についても、我々は多くの努力を行ってきたが、対処すべき課題は、どのようにして生徒の手元に教科書を届けるかであった。都市部や人口密集地域では、それほど大きな問題ではなかったが、地方部では生徒用の教科書は少なかった。生徒の教科書が不足する一方で、予算上の精算が難しいとの理由で、州や市の教育局の倉庫に教科書が一部放置されていることがあった。今後我々は、こうした状態を長引かせるべきではなく、生徒用の教科書の印刷にこれまで以上に資金を投入する必要がある。印刷された教科書は、そのまま適切な価格を考慮して生徒に売るべきであるが、全ての学校も図書館を備えて、教科書を購入する十分な資金力のない生徒に貸し出せるように教科書を保管すべきである。最新の学習用具に関しては、外国から輸入しなければならないため困難があるが、我々自身が作成する教科書であれば、難しいはずがない。中央、州、市及び郡において、例えば各種会合での会食を止めたり、州や郡で一晩に一時間か三〇分間消灯したり、党・政府職員一人のガソリンを一月に二〜三リットル減らすなどして一年間だけ節約すれば、生徒のための教科書印刷代を相当程度集めることができる。生徒用の教科書を増やすことは、生徒の学習の質を高める上で重要である。何故なら、全般的に言って生徒は学校で一日に一定時間しか学習せず、残りの時間は自主学習となるが、教科書があれば生徒は復習しやすいからである。

生徒が一日に一定時間しか学習できないことに関連して、補習の問題が起きており、この問題は、公式ではないものの論議されるようになった。補習授業は、裕福な子供を益するのみで、先生を雇う資金がない貧しい家庭の子供は困難に直面し、裕福な家庭の子供には適わないとの意見が出された。この問題は、生徒側には知識を増やしたいとの要望があり、教師側には生活を向上させたいとの要請があるので、解決策は見出しがたい。解決方法は、適切に問題を管理することであり、教師に対し、勉強するお金がない生徒を無料で受け入れるように働きかけることである。例えば、一人の教師が自宅で一〇人の生徒を対象に有料で補習授業を行う場合、我々はその教師に追加で貧困家庭出身の生徒一〜二名を無料で受け入れるよう働きかけるようにする。これにより生徒の質を高められるし、教師の生活を一定程度支援することもできる。

我々が、継続して取り組むべき大きな課題は依然多いが、中でも重要なものは、少ない教育資金と教育分野を力強く拡大する政策を推進し、また教育の量的拡大と質的向上を図る上での課題を解決すること、更に勉強を続けられない生徒や学生への対応などである。

我々党及び国は、教育分野を力強く拡大する政策を有し、実際にこれは、幅広い革命運動となってきた。しかし同時に、教育分野での資金力はまだ少なかった。しかし、我々の資金力が本当に少ないのかとの点をよく検討してみれば、まだこの分野での資金を増額する余地もあると言える。

資金問題については、全ての国民の意見が一致することが必要であり、それなくしてこの分野への追加的な資金を得ることはできない。我々は、教育は国家建設のための投資であり、一つ重要な生産機関と考えるべきである。確かに、直ちに原資を取り戻したり、利潤を得ることはできないかも知れないし、たとえ取り戻したとしても、教育省や学校の口座に入るわけでもない。我々は、投資資金を教育省や学校を通じて投下する。その資金は、全国の生産活動の基礎となることで戻ってくる。また、強力な国防力やあらゆる分野や様々な機関の効果的な労働力となり、美徳と文明を備えた社会として戻ってくることとなる。これは、教育が労働力を作り出し、その労働力が、社会の安定と発展のためにあらゆる物を生み出すからである。昨今、人口圧力が連鎖的になっている。子供の増加は、初等教育への圧力となり、初等教育は、第一中等教育への圧力となり、第一中等教育は第二中等教育及び学問を継続できない生徒の場合には社会への圧力となり、更に、第二中等教育は、高等教育及び学問を継続できない生徒の場合には社会への圧力となる。教育の質の問題も、同様に深刻な問題となっている。我々は、この教育の質の問題に関し、諸外国との比較は行っておらず、国内での比較のみであるが、それは、都市部と地方の平野部との間で、また都市部、地方の平野部と山間部との間で格差が見られる。この問題は多くの要素と関連しているが、その中でも教師という要素や資機材及び技術的基礎という要素などが重要である。

この生徒数の増加による圧力を回避し、教育の質の問題を解決するため、国は、教育分野への投資を一層強化しなければならない。同時に、教育分野に資する物質的、技術的基礎を作るための原資を得るため、国民、僧侶、外国にいるカンボジア人の参加を得るために働きかけていく必要がある。また教師や国民に対し、学校の教材作成に参画するよう働きかけ、国家、共同体、個人又は家族の生産拠点に対しては、生徒を実務研修や社会見学のために受け入れるよう働きかけなければならない。これは教育を拡大するための資金問題解決のため、国家と国民との合同による取り組みである。

我々にとってもう一つの深刻な問題は、学校の卒業生の就職先の確保である。

第一中等教育を修了した生徒数は多いが、第二中等学校が受け入れられる人数は少ない。一九八七年～一九八八年度の首都プノンペンのデータのみについて言えば、第一中等教育を修了した生徒数は、前年から残っている生徒数を含まずに一万一一二九人であるのに対し、第二中等学校に入学した生徒数は計画の四〇〇〇人に対し四五一五人であった。首都当局の努力により、一四歳及び一五歳に達した生徒のために夜間コースを開設し、一学級当たり八〇人の生徒を収容し四六六五人を受け入れたが、これ以上は受け入れられず、その受け入れられなかった生徒の大半は一六歳になったばかりであった。全国の状況を総合すれば、職業訓練及び中級レベルの技術教育コースへの入学、様々な国の機関への就職並びに時間外の職業訓練学校への入学を除けば、約三分の一の第一中等教育修了生は進学もしておらず、明確な就職先もない。未成年者を就学しないままに放置することは、我々新政権にとり深刻な問題である。彼ら青年は、何ができ、彼らの将来はどうなるのか。通常、勉強の機会がなかった生徒で、仕事もない場合には、就労意欲の喪失という問題を引き起こしやすく、しかも中には、暴力行為に及ぶ者も出てくる可能性がある。

第二中等教育修了生の中で、高等教育に進学できなかったり、外国留学のための奨学金を受けられなかった者についても、たとえ彼らが一八歳を超えているにせよ、我々社会にとっては深刻な問題である。

この問題を解決するために、我々は職業のための労働教育についての党及び国の方針に立ち返り、「何のために学ぶのか」との考え方を明確にする必要がある。これまでのこの点に関する理解及び実践は、党中央・政府幹部や一般職員、一部の学生及び生徒の中に誤りが見られたのみならず、地元の教育指導者や教師自身にも誤りがあった。党及び国の基本方針は、教養文化や技術系の教育を生産増大のための労働に結びつけるべきで、科学技術の知識を生産活動で実践し、専門的職業分野で能力向上を図り、農業・工業・手工業の技術を教養学校のカリキュラムに導入し、高等教育及び専門教育の基礎の強化を進めるというものである。また、生産増大のためのクロム・サマキ、工場、企業や様々な組織や分野のニーズに応じて、専門性を有する職人や労働者を育成するための初等中等レベルの職業訓練学校やコースを数多く、多様な様式で開設するための努力を進めるというものである。

我々党及び国は、第一中等学校が生徒を何らかの職業能力を備えられるように育成し、第一中等学校の卒業生が生産物の増産活動や祖国防衛の仕事に従事したり、また第二中等学校、専門教育中等学校や職業訓練学校で学問を続けたりできるようになってもらいたいと考えていた。

学校教育への外国語の導入に関し、我々には経験があり、国内で勉強する生徒と外国に留学する生徒とが想定される。高等教育に進むと、特に医学、薬学及び技術に関して、生徒が未習の場合には外国語の習得が必要となる。工場では、労働者が読み書きができないため、機械や道具にクメール語のプレートが付けられていない。外国留学に行く学生や生徒は優秀で知識を有しており外国人に劣りはしないが、外国語の基礎がないため、成績で劣ってしまう。

このため、我々は、学校の教養課程に外国語を導入する準備をすべきである。教師が不足している間は、まず第二中等学校に導入し、教師が揃ってから下級の学年でも導入することとする。

最後の問題は、一般教養の問題である。我々は、文盲の危機を完全に解消したが、文字を忘れる危機を忘れてはならない。従って、一般教養に関しては、正規の学校、非正規の学校や就業時間外において、多くの党・政府幹部・職員、労働者や王国軍兵士に対し、能力向上のために学習への参加を促す努力を続けなければならない。地元でも、幅広い国民的取り組みが必要だが、それは以前のような文盲の危機撲滅のための運動ではなく、識字忘却の危機を防ぐための一般教養のための運動である。我々は、国民の一般教養を高め、理解力を向上させるため、地元に新聞・雑誌や書籍を提供するよう努めなければならない。

整備された学校及び部分的に整備された学校に関し、我々は、生徒数及び学校規模を適切に見直さなければならない。若年者のための学校が多数不足しているため、一九八八年に、「国は勉強したくない者には、高齢者に一般教養を学ばせるように勉強を強要するが、第一中等学校を修了した生徒のように勉強したい者には、勉強させようとしない」との国民の意見が提起された。こうした意見は受け止めて検討し、合理的な解決を図るべきである。学校が大規模で、一般教養を学ぶ生徒が少数の場合、学ぶべき教室がない生徒をいくらかでも受け入れられるように支援しなければならない。この問題は、州や市が解決できるであろう。

要するに、我々は教育分野で多くの成果を収めたが、解決すべき課題も依然として多い。しかし、我々は必ずやこれらの課題を解決できると信じている。

2　文化分野

ポル・ポト政権による破壊は、国家機構に深刻な災禍をもたらした。かつて文化を通じて示されたクメール国家の象徴は、ポル・ポト吸血政権の歴史の中で殆ど葬り去られてしまった。ポル・ポトが政権を取る以前には、誰もが彼らは人間でありクメール人と考えていたので、このことは想像さえもしなかった。誰もが文化的芸術的財産、クメール人及び少数民族による良き伝統習慣、国民の信仰と精神的自由、更には人間の尊厳性と呼ばれるものに対するポル・ポト派による卑劣な行為を目の当たりにした。

ポル・ポト政権がもたらした損害は戦慄すべき深刻な負の遺産であり、我々カンボジア人民共和国国民がこの毒された傷跡を治療しなければならない。一九七九年一月七日の解放後、我々民族の魂は、様々な分野の多大な成功と共に蘇った。ポル・ポト派は、政権を握っている間に数百万人の人々を殺戮したが、民族の生きる力まで殺すことはできなかった。我々は、民族の文化・芸術を蘇らせ、進歩的なやり方で息づくようにしている。

我々が文化活動として行ったいくつかの点につき想起しておきたい。

まず芸術の問題であり、ここではクメール伝統の芸術につき述べたい。また、内戦前の時代に関しても少し言及しておきたい。一九六〇年代から七〇年代中盤にかけて、カンボジアの大都市に西側諸国の芸術が流入し、カンボジアの伝統芸術は少しずつ縮小し、最終的には地方に追いやられた。一方、都市部では、その（芸術の）一部は王宮、特に王宮舞踊として存続し、また一部はバサック・イーケー劇団などのクメール伝統芸術劇場に残ったが、全般的にはクメールの古代からの芸術は芸術大学に集積していた。しかし、この大学の力も、都市や地方に強力に流入した西側文化の影響力に抗することはできなかった。このため、民族の芸術は自己防衛せざるを得ず、後退を余儀なくされた。一部の楽器は、寺院で僧侶に保護してもらわなければならなかった。

一九七〇年に国が内戦に陥った際、都市では当時の解放区と言われる地方と比較すれば、相当程度多くの活動が行われていた。一九七〇年から一九七五年の間、解放区では伝統舞踊は存在せず、ピン・ピアット（宮廷音楽）のための楽器も次々に破壊されたと言ってもよい状態だった。これは、封建主義者の音楽や舞踊とされたためであり、現代的な音楽グループも次々に解散させられた。婚礼音楽と呼ばれる伝統音楽団だけは、幸運にもいくらか残った。オンカー（組織）の芸術団はいくつかあり、新しい様式で黒色の衣装で演奏するものであったが、大衆芸術はほとんどなかった。このためクメール伝統芸術は、消滅を避けるように都市から地方へと逃れたが、逆に都市よりも早く消失することになり、地方で拡大しようとしていた現代的な音楽グループも息絶えた。

芸術の保存は、都市部では困難ではあったが、一部分は保存できた。その内、最も重要だったのは芸術大学が芸術家を保護し育成したことであり、このことは解放後の我々にとり財産となった。（ポル・ポト派が政権を握った）一九七五年四月一七日以降は、クメール文化の崩壊期となった。当時は全国で、死を前にした人の恐るべき叫び声や憐れむべき子供の泣き叫ぶ声以外には、歌や踊り、喜びの笑い声などは何も聞こえなかった。ポル・ポト政権のプノンペン・ラジオ放送を聞けば、その内容は驚異的な大躍進、土地のあらゆる場所への作物の栽培、昼夜を問わない攻撃、また封建主義者や資本家、反動主義者、腐敗した秘密警察官などに対する非難中傷ばかりであり、更に（ポル・ポト政権は）芸術の物資的基礎を破壊した上に、多数の党員・官僚や芸術家も殺害され、そのために国の芸術分野の基盤が失われた。

一九七九年一月七日の解放後、我々党及び国家の指導の下、民族の生きる力は勢いを得て急速な進展がみられ、芸術分野は中央から地方まで発展した。初期の段階では国の状況は不安定で、人々の生活も困難であり、物質的基礎が欠如し、芸術に関する知識を持つ党・政府職員も不足していたため、多大の困難に直面した。記録によれば、一九七九年には、自ら仕事に加わった高度な技術レベルの芸術家は二〇人で、中級レベルの芸術家は三四二人のみであった。我々は活発な活動を通じて、ポル・ポト政権時代に失われた民族の芸術的財産を結集する段階を完了した。年長の芸術家から次の若い世代に芸術知識を継承するため、芸術学校は一九八一年一月二七日に開校した。芸術分野の教授陣が多大の犠牲を払ったことで、偉大な民族の財産が残された。次の世代のために、失われたものを研究し、また新たな成果を作り出すことは、全て貴重な遺産であり、我々は永遠に保存しなければならない。

民族の文化芸術の財産を結集することと併せて、芸術運動が国民による広範な運動になった。これまで職業芸術団が四一グループ、大衆芸術団が二九五〇グループあり、これに加えて移動映画団が六〇グループ、映画館が二九か所あり、これらが国内のあらゆる場所で国民のために活動している。

また、粘土を用いた造形、彫刻や工芸分野の芸術も大きく発展した。

これまでの発展に加え、継続すべき活動についても考えなければならない。我々は、失われた財産を結集する段階を終えたが、今後は芸術が心理面、イデオロギー教育面や倫理面にも関連することから、どのように目標を設定すべきかを考えなければならない。別の言い方をすれば、芸術は、社会の全ての側面を反映するという意味で包括的な性格を有している。現状は、歌謡のファッションや猥褻なビデオテープを通じて、文化が衰退し腐敗も起こっていることから、(芸術分野での)目標を設定し、質を強化するべき段階に入っている。芸術をもって芸術に対処する以外に方法はない。娯楽や楽しみのために、民族の善良な習慣、文化、芸術や社会秩序に悪影響を与えてはならず、対抗措置をとらなければならない。このため、既存の芸術団への適切な管理や指導が求められ、これら芸術団を民族の文化芸術の中心となるように強化しなければならない。そうするため、我々は芸術に関して知見を持つ党・政府職員を早急に地元に派遣しなければならず、また芸術大学開学後は、党・政府職員及び芸術家の育成に意を決して取り組まなければならない。映画やビデオにも、力を入れなければならず、国が制作できないならば、民間企業・団体が内容面で国の指導を受けつつ制作できるようにしなければならない。

3　信仰と伝統の問題

信仰と伝統は、ポル・ポト政権が政権を握っている間に葬り去られた。カンボジアの全ての宗教は葬り去られ、仏教僧は還俗させられるか殺され、イスラム教のハカムトゥオンも同様である。両宗教の寺院は放棄され、破壊されたり、拘置所にされたりした。

解放後、寺院が修復され新築される中で信仰は再生した。これまでに全国で寺院は二三九七カ寺、僧侶は六〇八〇人、イスラム教寺院は二〇カ寺存在し、これにより数百万人の国民がそれぞれの信仰心に基づき、宗教上の儀式を行ったり、喜捨を行ったりできるようになった。我々国家も、国営ラジオやテレビで仏教の説法を放送することで、仏教信徒が信仰しやすいようにしたが、それにより国民の信頼を呼び覚まし、大きな喜びをもたらした（写真11）。

伝統・習慣に関しても、全てのカンボジア人がきちんと尊重するようになった。ポル・ポト政権下での数十組の強制結婚は完全に廃止され、男女とも自身の配偶者を選択し、伝統に則り結婚する完全に自由な権利を得た。

写真11　カンダル州チュロイアンペル村の寺でただ一人の僧。（出典：1989年1月25日付朝日新聞社聞蔵Ⅱビジュアル）

この問題に関し、我々としても国民をきちんと教育しなければならない。何故なら、これまで離婚や重婚・不倫の問題が数多く発生し、社会や家庭に多くの複雑な問題を引き起こしたからである。

メディア活動において、出版業も大きく広がった。古代遺産の保護や文化財の保存・修復につき、我々党及び国は資金や技術面での困難はあったが、それでも力を入れた。スポーツや体育活動は、広範な大衆運動となった。

我々が文化分野でやらなければならない仕事がまだ多くあるのも事実で、そのために今後も力強く努力を続けなければならない。

4　社会事業分野

社会事業において、我々が直面し解決しようとしている最も深刻な問題は、孤児、高齢の身体障害者、身寄りのない人、子供が多くいるが働き手がいない未亡人の問題である。

ポル・ポト政権は、数えきれない（家族との）別離という負の遺産以外には何も残さなかった。このことは、世界のどの国もかつて経験しなかったことである。この野蛮な政権が崩壊した後、我々新政権は多大な課題を解決しなければならず、その中でも社会問題は、国家に物質的予算的基盤がないために深刻であった。一九八一年の統計によれば、全国で孤児は二〇万七一〇五人おり、この内三四か所の養護施設で生活していたのは六二四二人、叔父叔母、両親の友人や篤志家の家族に身を寄せていたのは二〇万八六三人であった。これには、父親又は母親が亡くなって片親のみとなった子供は含まれていない。

我々はこの問題をどう解決し、どのような成果を達成したのか?この緊張した状況下で、我々党及び国は、国民の間で相互に連帯と支援の気持ちを起こさせるべく次々と呼び掛け、政策を打ち出し、孤児養護センターの設立に関して緊急の措置を講じた。最初の頃は、党や政府の組織でさえも設置されたばかりであり、全国の家族の生活もまだ安定していなかったため多くの困難があった。この頃にベトナム義勇軍は、孤児の支援で重要な役割を果たした。ポル・ポト派は、草を掘り起こす際には根こそぎにするとの政策を行ったため、父母と一緒に亡くなった子供が多数いたことが思い出される。運良く生き残った孤児の多くは子供達の集合拠点や青少年移動部隊にいたが、国内が混乱状態にある中で、ポル・ポト派が誰の子供かも知らない子達であった。また、両親が死亡・離別した子供で、善意の人が養育してくれる場合もあったが、そうした子供の中にはポル・ポト派が都市から住民を下放して以来、父母と別れ別れになったケースもあった。更に、革命軍及びベトナム義勇軍が解放のために侵攻した際に、ポル・ポト派によって殺されることを免れて生き延びられた子供もいた。

最初の頃、一部の孤児は善意の家族が支援し面倒を見たり、また革命軍及びベトナム義勇軍が世話をして養ったりする場合もあったが、後者の場合ほとんどの孤児は、その後孤児センターに送られた。ベトナム軍は、ポル・ポト派を攻撃してカンボジア国民を解放することを重要な任務としていたが、それ以外にも国民生活を支援するための多くの任務も有し、国民のために食料や薬品を配布し、病気を治療し、家を建てたりしたが、中でも重要な仕事は孤児の支援であった。孤児への支援は、その他の家族への支援とは異なっていた。何故なら、これらの孤児にコメや薬品を与えてから、行先もなく旅をさせることはできないからである。更に、中には歩いたり話したりすることすらままならない子供もおり、このため最初の頃には、孤児を見つけた全ての組織は、まず組織内で孤児の世話をしなければならず、そのために兵士、党・政府職員は物資や食料を孤児の世話や養育のために割り当てなければならなかった。ベトナムの党・政府職員や兵士の中には、ハンモックを孤児が寝るように使わせたため、自分は地面に寝たり、孤児に毛布を使わせて自分は何もなしで寝たりした人々がいた。このため多くの孤児は、ベトナムの党・政府職員や兵士を両親と思っていた。部隊にとり戦闘し、または戦闘準備をしなければならない中で、子供が一緒にいることは困難なことであった。また、ベトナム人はクメール語を話さず、クメール人の子供はベトナム語を話さず、しかも一部の子供はまだ話すことさえできない中で、両者のコミュニケーションは困難であった。このためベトナム人達は、子供の名前が何で、父母の名前が何で、出身地がどこであるかを知ることが出来なかったが、それでも彼らは父子のように一緒に暮らすことができた。ベトナム軍部隊の中には、今日のキウロン薔薇センターのように孤児養護施設の建設支援をしたところもあった。孤児養護施設の建設後、我々は孤児を順次集めた。ベトナム軍、カンボジア軍及び善意の家族は、孤児達をこれらの施設に預けた。一九八〇年の統計では、こうした施設は三四か所あり、孤児は五七四〇人（内、女子一八二五人）であり、一九八一年には孤児は六二四二人（内、女子二三二七人）だった。これ以外の二〇万人以上の孤児については、親戚、友人や善意の家族が引き取って養ってくれた。我々は、こうした家族の多大な恩を忘れることはできない。これは社会問題の解決への貢献であり、また子供達を将来の社会の善良な市民へと成長させるための支援でもあった。

我々は、国と国民との協力により、またベトナム、社会主義諸国及び国際的な人道機関からの支援を得て、この大きく複雑な問題を成功裡に解決することができた。我々の新しい社会では、これまでの社会と比較しても孤児の数は最も多かったが、全般的に言って道路脇で寝ていたり、ひったくりを行ったりする孤児はおらず、むしろ我々は子供達を集めて孤児施設に収容しただけでなく、党及び国として、これらの子供達の育成に重点的に取り組んだ。我々には、孤児のために勉学面を含めて優先的に支援する制度があり、それにより孤児は教養課程の学校、高等教育、中等専門教育及び職業訓練学校に入学し、また海外留学に行くことができるようにしていた。国、友好国及び様々な国際機関からの支援を受けて、全ての孤児養護施設では、縫製、刺繍、機織り、木材加工、鉄加工などの職業訓練や農産物増産分野の実務研修が行われた。孤児養護施設にいた子供達は、精神病の子供を除けば文盲者はおらず、全般的に子供は第一中等教育以上の教養を身に付け、更に一定の職業的知識も身に付けた。家庭に引き取られた子供については、その大部分が勉強し良い教育を身に付けた。

一九八〇年から今日まで孤児養護施設で勉強し、育成された孤児の人数を記しておきたい。すなわち、外国に留学した生徒は一七七人、国内で高等教育機関へ進学した生徒は一〇二人、初等・中等レベルの専門学校に進学した生徒は一一九一人、国家機関及び軍隊に就職した生徒は九一三人、ゴム園を含む農産物の増産活動に就労した生徒は一七三一人で、この他まだ学校の教養課程に学んでいる者や既に結婚した者もいる。このため孤児養護施設の孤児の数は減少し、残った施設も二三か所となった。

孤児の問題に関して、我々にはまだ解決しなければならない課題も残っている。何故なら、ポル・ポト政権により残された孤児の他に、我々の政権下でも孤児は存在するからである。例えば、過去数年間にポル・ポト派やクメール反動主義者に父母を殺された孤児、国防任務に従事して亡くなった我々党・政府職員、軍人及び国民の子供である孤児、その他の理由で父母が亡くなった孤児であり、これに加えて様々な理由から養護施設に預けられたケースなど社会問題に起因する孤児や赤ん坊もいる。これら全てに関して我々はこれからも対処していかなければならない。我々国や国民がこれまで養育支援してきた孤児に関しては、これからも対応が必要である。各家庭に引き取られて生活している孤児は、その家族が保証人となるので大きな問題は生じない。しかし、国が養育してきた孤児は、たとえ成長して結婚し、就職したとしても、依然住居の問題があり、これは外国留学から帰国する者についても同様である。孤児の中で、国の機関に就職したが、孤児養護施設に戻って生活している者や軍隊に就職したが、年次休暇を取得した際には住居も親戚・友人もいないために以前から住んでいた孤児養護施設に戻って休暇を過ごす者や、結婚してからも孤児養護施設で過ごしている者も見られる。結婚した者の内、一方が孤児でも結婚相手の夫又は妻が住居を有する家族の出身であれば問題は生じないが、孤児同士の結婚の場合には、二人がこれまで住んできた孤児養護施設以外には住む場所がない。従って、今後はあらゆる分野で、特に地元当局及び孤児を雇っている部門が対応していかなければならない。コッコン州での試みは良い例である。コッコン州は、カンダル州から孤児を受け入れ、州の機関で雇用した。州当局は、家族用の住居を建設した。何故なら、青年男女を受け入れる州当局が仲人役を務めることで、これらの青年男女が結婚することになり、住居も提供しなければならないからである。ゴム園でもある程度良い解決が図られた。この問題でもう一つ重要な点は、現在勉強中の孤児の育成を進めることであり、具体的には、全ての教育課程での就学や職業訓練校への入学を一層優先的に進めるとともに、党や国の機関及び生産拠点への就職を優先的に行う必要がある。我々は、これらの孤児が成長した際に、身寄りのない放浪者のままに放置しておくべきではないとの考えである。

孤児養護施設や家庭に引き取られた孤児の中には、内戦やポル・ポト政権時代に両親と別れ別れになり、父母が外国にいる場合もある。我々党及び国は、要請に応じて父母と一緒に生活できるように便宜を図ってきており、また一部の外国人に対して孤児を養子として外国で養育することも許可してきた。

孤児以外にも、高齢の障害者や身寄りのない人などもおり、我々党及び国が対応しなければならない。これらの人々が、生活を安定させられるように技能や知識を身につけるために職業訓練センターを設立することが必要であるが、そのためには多大の予算を必要とする。現場では、子供の多い未亡人、労働力の不足する世帯、殉職したり身体障害者となったりした兵士の世帯数は数多く、右への対応のためには、国民の助け合いの精神が求められる。クロム・サマキは、この問題の解決に貢献した。その上我々党及び国は、国境地帯で祖国防衛に取り組む国軍兵士の家族や防衛のための労作業に従事する者達の家族のために戦場の後方支援に取り組む必要がある。この任務については、これまで多大の努力を行ってきたが、全般的にはまだ十分とは言えず、一層継続的な取り組みが求められる。

身障者の戦闘員の問題は、我々のような内戦を抱える国では大抵発生している。過去一〇年間の戦争は、ポル・ポト政権の再来を阻止するため、国を守り、革命の成果を守り、国民の安寧を守るために国民の多大の犠牲を伴ったもので、数千人の身障者が残された。我々党及び国はこの問題の解決に努力してきたが、まだ十分に行ったとは言えず、そのことは社会、軍の士気及び兵士の入隊志願の意思に悪影響を及ぼしている。身障者の兵士への教育、育成及び監督が良好に行われていないために社会秩序に影響を及ぼすこともあった。今後は政府の取り組みを見直し、より良い対応に努めなければならない。重要なことは、労働能力が残っている身障者の兵士が教養と技能を身に付けることであり、党及び行政の機関は、身障者の能力に応じて、例えば、各省庁や州、市、郡等の行政部局での雇用などに努めなければならない。能力がありモラルを有しているが、片手を失くした者や、片方の目が不自由であるが働ける者については、昇進させて党・政府職員として重要な仕事に就かせなければならない。我々は、身障者の兵士が労働能力を完全か又はほぼ完全に失い、国がずっと世話をしなければならない場合を除き、身障者兵士を擁護キャンプに集め、長期間に亘り勉強も仕事もしない状態のままにするべきではない。いくらか仕事ができる者については、働けるようにすべきであり、安全が確保される地域等の場合には、我々国が定めた給与を支払うことで、家族を付き添わせて世話ができるようにするべきである。こうすることで身障者兵士は、家族が持てるようになる。もし、我々が身障者兵士を擁護キャンプに集め続けたままにすれば、現場にいる場合よりも家族を持つことが難しいであろう。

5　保健分野

保健分野も他の分野と同様に、根こそぎに破壊された。疾病の検査・治療及び医学・薬学分野の人材育成のための病院及び資材的基盤は完全に破壊され、医学博士（医師）、薬剤師及び全ての分野の医師並びに数千人の医学生が、非常に残虐なやり方で殺された。死を免れた国民の健康状態は、非常に衰弱している。

一九七九年一月七日の解放後、我々党及び国は、死を免れた医師を速やかに集め、直ちに中央に三か所の病院と一〇〇か所の救護所を設置した。同時に、ポル・ポト政権時代に損傷した診療施設を次第に復旧・再建した。一九七九年末までには、六〇五か所の診療施設を復旧・再建したが、その内訳は中央病院が三か所、州・特別市病院が一一か所、郡病院が一〇七か所、村診療所が四八四か所であり、これらの病院の病床数は合計七五七五床であった。これらの病院に勤務する職員は六四七五人で、この中には医師三三人、薬剤師二六人、中級医師一二人、歯科医三〇人、看護師三二三九人及び産婆三四二人が含まれる。

この初期に、我々は保健ネットワークを再構築する上で多くの困難に直面した。確かに、我々は病院を再建したが、資機材、薬品や病院の経営者及び医師などが不足していた。同時に、病人の数も多く病気の種類も多種であったが、最も深刻だったのはマラリヤと栄養不足であった。この緊急で深刻な問題を解決するため、ベトナムは諸々の病院や救護所が活動を開始できるよう、多くの医師、薬剤師や医師団を派遣すると共に、資機材、薬品やその他の手段を提供してくれた。一部の特別市及び特に地方において、ベトナム軍部隊所属の病院及び医者は、我々国民の病気の診療及び治療において多大の支援を行ってくれた。その後次第に、特に一九八〇年以降には、我々はソ連、社会主義諸国及びインドから保健分野の支援を受け始め、また一九八〇年からは様々な国際機関からも多くの援助を受けた。その中には、カンボジアへの緊急援助プログラムとして国際赤十字や国連及び一部の西側諸国からの支援金であるユニセフからの援助も含まれていた。また、そうした援助には州病院で働くための医師団の派遣も含まれていた。国際機関及び外国の中には、病院の建設及び運営を直接支援してくれる国もあった。それらは、フランス国民援助機関、ワールド・ビジョン、スイス、スウェーデン及びフランス赤十字などであり、またソ連は首都プノンペンの病院の再建及び運営を多大に支援してくれた。キューバ、ブルガリア、ドイツ民主共和国、インド等の国々も、病院運営のために資機材、薬品やスタッフの面で支援してくれた。保健分野全体として、我々は多様な支援を得ることができ、それにより最も困難な状況を脱し、徐々に安定へと進んだ。

我々国民自身の努力と外国からの支援により、一九八八年までに我々は疾病治療の拠点を一七二五か所へと拡大したが、その中には州・特別市二九か所、郡一五七か所及び村診療所一五三一か所を含み、これらの病床総数は一万八六四二床である。また、資機材や技術的基盤も、それまでの年よりも向上した。

保健分野の党・政府職員の不足に対応するため、医学部、薬学部及び歯学部が、国家解放の一年後の一九八〇年一月一〇日から活動を開始し、また中央及び州や特別市の保健学校の中には学生・生徒の入学受け入れのために開校する学校も次々に現れた。一九八八年までに、我々はあらゆるレベル及び分野の職員一万二八八〇人を育成したが、この内には医学博士五二七人、薬剤師二四〇人、歯学博士三四人が含まれ、また学校では今後就職する学生・生徒約二〇〇〇人を常時育成している。このような発展はあるものの、我々には、今後も解決し続けなければならない多くの課題が残されている。我々は、最も困難な段階を脱したのみであり、そのことはもはや克服すべき困難がないことを意味しない。疾病治療の拠点は増えたが、まだ病院として適切とは言えないものが多い。中央、州及び特別市では、ある程度の水準を保証できたが、郡病院や村の診療所は実に大変な状況であった。現在、病院及び医療関係職員についてはある程度多数存在しているが、診療・治療機材や薬剤については深刻な不足がある。今後既存の診療・治療の基盤強化に努めるとともに、これらの拠点の運営のために資機材の整備に努めなければならない。

医者は増加してはいるが、全体的にはまだ需要に対応できているとは言えず、特に医師、薬剤師及び中級レベルの医者の不足が顕著である。今日の医者の人数を人口数に比較すれば、まだ極めて少ないと言わなければならない。更に、これらの医師は均等に配置されておらず、州の中にはようやく医師が二、三名となったばかりのところもある。学問を終えたばかりの医師を各州や特別市に派遣することには困難がある。このため我々は、学生や生徒を選考する際に、地方の州や特別市出身者を優先して数多く勉強させるようにし、学問修了後には、地元に戻って仕事ができるように制度を変更しなければならない。学問・技術の進展に関しても、先進国と比較すれば、まだ低水準である。従って、この問題の解決策を考えるべきで、外国からの支援を得て医学生や医師、また薬剤師を留学させ、新たな知識を習得させ、帰国後に国内で学生や生徒の育成に従事させるようにすべきである。

薬剤の不足は、これまでも、また今後も深刻な問題である。国立の病院では、中には、医者は単に患者の診療をするのみで、国が保有しない治療薬の場合には、患者が自身で調達しなければならない場合があった。我々国は、薬剤を生産し、貨幣を用いて輸入し、更に国際社会からも援助を得たが、それでも多大な需要には対応できなかった。同時に、我々の薬剤管理もまだあまり良くなかったため、国立病院の治療薬の不足は一層深刻になった。伝統的薬剤は、生産・使用されてはいるが、幅広く使われているわけではなく、病気治療全般については、ほぼ全面的に現代の薬剤に依存している。薬剤販売業を営む民間業者への管理もまだきちんと行われておらず、道路沿いの露天や市場などでの薬剤販売はまだ一般的に行われている。また、それ以上に危険な点は、国民の健康や生命に影響を及ぼす偽の薬剤が製造・販売されていることである。政府は、道路沿いの露天商店や市場での薬剤販売を縮小し、最終的には終わらせるための薬局及び副薬局の開設に関する措置を取ったが、現場での実施が遅く、それのみならず既に営業していた副薬局が薬剤を独占し、意のままに薬剤価格を引き上げることを許す結果となった。保健当局者及び現場担当者は、追加的な薬局の開設を認めずに、市場や露天商店での薬剤販売を撲滅しようとの誤った考えを有していたが、これを行うことはできず、それを行えば薬剤販売の闇市場の発生をもたらし、また既に開設された薬局は薬剤価格のつり上げを一層意のままに行うこととなり、それにより国民はますます多くの困難に直面することになる。不正規の薬剤販売を縮小乃至撲滅するためには、薬局及び副薬局を多数開設する必要がある。露天商や市場で販売している人々を集め、彼らの資本を併せて薬局を開設することは可能であろう。そうすれば、不正規な販売業者を減らすことができ、監督することもより容易である。薬剤輸入を行う業者が事業を行い易いようにし、技術面及び税制面できちんと管理するとともに、外国在住のカンボジア人から国内の親戚宛の薬剤の郵送に関しても便宜を図る必要がある。国と国民が力を合わせることにより、この深刻な薬剤不足を解消していくことができる。同時に、薬剤不足の困難を軽減するために、伝統的薬剤の生産及び使用も促進しなければならない。

マラリヤ、伝染病、小児病への対策は、今日でも取り組むべき課題である。マラリヤによる死亡率は、特に山岳部やカンボジア・タイ国境地帯でいまだに高い。幼児死亡率は減少したものの、依然として高水準にある。子供の予防接種に関しては、政府及び保健省の指導により、またユニセフからの支援を得て、大規模なキャンペーンが度々行われたが、ようやく都市部で成果が現れたにすぎない。これに対し、地方では僅かしか行われなかったが、これは国が有する手段及び人員の不足により、また国民への教育が不十分だったことにより、人々は子供に予防接種を受けさせなかったからである。子供への予防接種については、国際社会からの支援により、我々は相当程度の資金を有しており、特に重要な薬剤も有している。従って、この予防接種事業を一層強力に推進しなければならない。その中でも、事業の実施と並んで、国民への教育・啓蒙にも注力しなければならない。

全般的な疾病予防に関しては、あらゆる種類の疾病対策のための公衆衛生運動などに力を入れなければならない。これについては、僅かしかできておらず、まだ国民全体の運動になっているわけではない。個人や家庭レベルの衛生への取り組みは必要だが、それが国民全体の取り組みとなって初めて、公衆衛生が可能となる。このため、あらゆる可能な手段による、一層広範な教育啓蒙活動が必要である。

訳注

（1）「クロム・サマキ」の「クロム」はグループなどの組織を意味し、「サマキ」は団結・連帯を意味するので、「クロム・サマキ」は連帯グループを意味する。農業をカンボジアの慣習に従い相互扶助方式によって行い、農産物を増産するための農家の組織を指す。

（2）第一クロム・サマキは集団作業形式、第二クロム・サマキは相互扶助形式、第三クロム・サマキは共同作業と各家庭ごとの作業の混合形式である。

（3）愛国的貢献とは、一九八四年に定められた稲作農地に対して課された税で、土地の性質に応じて肥沃な平地では一ヘクタール当たりコメ一〇〇キロ、海岸地域では一ヘクタール当たりコメ六〇～八〇キロを納めるように求めたとされる。

第三章　国力の構築

我々は、ポル・ポト政権を打倒する革命及び過去一〇年間の国家の防衛と建設での勝利を決定づけたカンボジア革命軍の発展に関し、大いに誇りに思う。

その国力構築の歴史と歩みについて記述したい。この歩みは困難を伴うものであったが、同時に誇りに満ちたものでもあった。

ポル・ポト虐殺政権の下で、多くの革命家と愛国者が殺された。一方、革命家と愛国者の中には、ポル・ポト政権に対抗するために別々の場所で闘争運動を作り上げたものがあり、それらの闘争運動は次第に大きく広がっていった。闘争勢力は、一九七八年五月に東部全体で蜂起した後に拡大し、「カンボジア救国連帯戦線」という名の闘争指導組織を作り上げた。この戦線は、ポル・ポト政権に対抗するための統一戦線兵力であり、同時に一九七九年一月七日の勝利を決定づけ、過去一〇年間にわたる祖国の構築と防衛のための国力の源泉となった。国家解放に加わった愛国者の中で、カンボジア人民革命党の純粋で優秀な同志がこの運動の指導に参画したことを特筆したい。これらの党員は、たとえ党がポル・ポト派によって破壊されたために第一線から離れたとは言え、純粋で正統なマルクス・レーニン主義という党の当初の理想を放棄してはいなかった。これらの同志は、国民解放運動を指導するために、党再建の方途を懸命に模索していた。カンボジア人民革命党が、（ベトナムの）ホー・チミン主席が創設したインドシナ共産党に起源があることは既に知られていた。カンボジア救国連帯戦線が、カンボジア国民を解放するためにベトナム軍に支援を呼びかけた際、党員グループも全ての分野における国力構築のために支援要請を行っていた。「党再建のための大会」と名づけられた第三回党大会は、多くの様々な場所で活動を行っている党員二〇〇人以上を代表する六二人の党員が参加して開催された。党大会は、国家解放闘争が行われている最中の一九七九年一月五日から八日まで行われた。この大会において、内政・外交に関する政策及び党再建の路線が打ち出されるとともに、後に党中央委員会となる党再建委員会が任命された。この党大会が終わると、祖国カンボジアは吸血鬼ポル・ポト派のくびきから解放された。社会機構全体が跡形もなく破壊され、党幹部職員数も少数で、情勢は混乱を極め、飢餓の脅威が全国を襲い、ポル・ポト派による権力奪還の企てが依然として重大な脅威である中、国家指導の任務がカンボジア人民革命党に委ねられた。これは、党にとって重荷ではあったが、同時に高邁な任務であり、この歴史的な任務を担う以外にはなかった。

我々党の指導者及びベトナム共産党の指導者はよく意見交換を行い、「カンボジア革命は、カンボジア国民が行うものであり、誰もカンボジア国民に取って代わることはできない」という点で常に一致した。確かに、カンボジア革命は（カンボジア軍及びベトナム軍という）二つの兵力の混成部隊を用いており、ベトナムは、カンボジアの要請に応じて、カンボジアの独立と国民の安寧を守るためにポル・ポト派の再来や外部からの脅威に対して国防面の支援を行い、また党幹部職員の育成を支援し、専門家や様々な支援を提供した。しかし、国家権力を指導・管理し、カンボジアの命運やその将来に関わるあらゆる問題の決定を下すのはカンボジア国民であり、ベトナムやその他の外国が行うことはできない。カンボジア国民が立ち上がって、自国の国防や国家建設の任務を行わなければ、代わりに行う者は誰もいない。何故なら、ベトナムや諸外国からの支援は欠かせない重要な要素ではあるが、成否を決するのは、カンボジア国民自身という国内の要素によるからである。

国民と国家を解放するための闘争は極めて困難であったが、国家権力を防衛し、国を向上させていくことは更に困難である。それよりも重要なことは、社会全体が混乱し、党幹部職員数も少数で、かつ敵が国家権力を奪還しようと企んでいる中で、国家権力を管理しなければならないことであった。こうした困難は、有利な点に比べて圧倒的に多かった。我々にとっての有利な点は、国民の愛国心と自由を愛する心であり、またポル・ポト派に対する国民の怒りであった。これらが、国家権力の周囲に新たな力強い闘争運動を作り上げ、また国家権力を守る新たな力となった。また、カンボジア国民は、連帯して助け合う伝統を有しており、集まり助け合って管理し互いに面倒を見ることができたため、多くの地域で国が指導する以前から村落の指導者を選任しさえした。このことで、国は国民を容易に統治できるようになった。

党幹部職員数は少数であったが国家全体を統治しなければならず、しかも今回は国家解放の時のように政治及び軍事のみを行えばよいというわけではなく、国内のあらゆる仕事から国際関係に至るまで、全ての分野の仕事を行わなければならなかった。

我々は、過去一〇年間にわたる国力の構築において、どのように歩みを進め、どのような発展を達成したであろうか。本書の第一章及び第二章で国力の構築に関する大きな部分を述べたが、ここでは革命の成否を決する決定的要素である党の構築及び党幹部職員の育成や革命国家権力の構築を最も重視し焦点を当てていく。

我々党が統治を開始した際の状況は、既存の国家機構や官僚機構を引き継いで統治を開始したロン・ノルのそれとは異なっていた。また、五年間にわたって地方の大部分を占める解放区で権力基盤を構築していたポル・ポト派が統治を開始した際とも異なっている。ポル・ポト派は、都市を統治したり建設したりすることに関しても困難はなかったが、これは破壊政策を行う方が建設政策を行うよりも容易だからである。我々党が統治を開始した際には、社会機構が粉々に破壊され、人材が不足した混乱した状況であった。我々は、短期間に国家を攻撃によって解放しなければならず、地方における国家機構は非常に小規模でかつ短期間で作り上げたものであった。このため、我々は地方から中央まで、また全国で国家統治を開始しなければならないという意味で、多くの仕事を同時に行わなければならなかった。この点は、我々党が国を統治する最初の段階で直面したもので、諸外国とも異なっていたが、我々はこの困難を乗り越えた。国家機構を建設・強化する上で明らかになった点は、組み合わさった二つの力のそれぞれを活用する方法である。つまり、ベトナムは、ポル・ポト派による権力奪還の動きを防ぎ、同派への攻撃を続ける任務を行ったのに対し、カンボジア革命側は国家機構の建設・強化及びその他の任務を行った。

我々国家の特殊な点は、幹部職員があまりにも少数で、党員も二〇〇人をようやく上回る程度であったため、党及び国家機構を上部から下部まで建設しなければならなかったことである。我々は、中央、州及び都市レベルまでしか整備を行うことができず、中央機関では中軸となる職員は二～三人と少数であり、州及び市レベルでは、軍隊の一～二個大隊が駐留していたのである程度余裕のある兵力を有していたが、郡及び村はほぼ全面的に空白状態だった。(1) 当時我々党は、文民と軍人を含む形で郡レベルの執行委員会を組織し、敵を攻撃し、住民を組織し、また郡行政当局の役割を担わせた。この執行委員会は村レベルの権力機構を整備した。その下の村落レベルでは、ある地域では執行委員会や村当局が権力機構を整備し、別の地域では住民自らが権力機構の選任を行った。これにより政権の上部組織は任務遂行が非常に容易になった。この状況の中で、ポル・ポト派は我々の下部の権力組織に同派の影響力を増大して二面性を持たせようと強力な活動を行った。

間もなく、全国で国家権力機構や指揮命令系統が構築されたが、幹部職員は少数で、仕事の質や指導体制は依然として脆弱であった。

我々党は、「全ての分野で党を構築し、幹部職員を育成する」という必要不可欠で喫緊の課題に関する指導原理を打ち出した。この任務は多くの困難に直面したが、基本的に有利な要素もあった。それはカンボジア国民の愛国心であり、またポル・ポト虐殺政権に対する怒りであった。それが国家を防衛し構築していくために新しい党と国家権力の周囲に国民を結集する大きな流れとなった。国民的な革命運動を通して、能力があり活発で優秀な幹部職員が頭角を現すようになり、それによって我々は幹部職員を容易に選定・育成できるようになった。解放の日から、死を免れ、タイへ避難することもなく、国を捨てなかった知識人、学生、大学教授、教師やその他の能力を有する人々が様々な機関や組織で自発的に働き始めたが、これは当時国家再建のために知識人を必要としていた我々党と国家にとって助けとなった。次に浮上した課題は、政策、技術や仕事の進め方に関して、人材を育成し能力強化を図ることであった。我々は、中央及び州や市のレベルで政治理論や様々な専門科目に関する学校を直ちに開いたが、これらの学校では十分に対応できなかった。このため我々党は、ベトナム、ソ連や社会主義諸国に幹部職員育成のための支援を要請した。ベトナム、ソ連やその他の国々からの支援は、初期のカンボジア幹部職員の育成に多大に貢献した。これらの支援は需要には対応し切れなかったものの、更に向上していくための基礎を作り上げた。

初期には、党員の拡大はわずかしか行うことができず、中央、州や市の一部では何もできないところもあった。郡から下のレベルでは、党員がいなかったために党員の拡大もできなかった。中央では、一部の政府機関には党員がおらず、また多くの機関には党の支部組織が存在しなかったため、党員が自覚を持って党を構築できるよう、党支部の連合組織を整備しなければならなかった。

党構築の基礎を作り、しかも量と質の両面を確保するため、我々党は、中核委員会を通じて幹部職員の養成を行い、それから党の構築へ進むという連結方法を実施した。一九七九年四月、党中央委員会は中核委員会の設置に関する決定を行った。この組織は、党の指導機関の一つで、初期にはこの中核委員会が、党支部のない所で党の活動を指導する役割を担った。中核委員会は、党のイデオロギー理論について教育し、また人々を育成し入党させるための場でもあった。一部の州及び市で党統括委員会を設置するために十分な党員がいない場合、メンバーを補充するために中核委員会の優れたメンバーを選任した。このため、当時の党統括委員会には、党員もいれば、中核委員会のメンバーもいた。党員が少なく、党支部や党支部連合を組織できない場合、我々は党員を維持し、また中核委員会の指導を支援するため、党員を中核委員会に参加させた。この方法は、党を早期に構築し、また党の資質を確保するためには良い方法であった。

我々の党の状況は、三段階に分けられる。第一段階は一九七九年から一九八一年までで、この段階では党員数は少数で、先進的な考えを持つ人々が集まっただけのグループのようであった。それにも拘わらず、その政策路線の正統性は、国家を指導するという党の役割と革命の勝利の決定的な要因となった真の政党となったという形で示された。この時期に、党員数は二〇〇人超から九〇〇人超へと増加し、第四回全国代表者党大会を開催した。党大会では、現状を再評価し、国内的及び対外的な政策路線と党構築の目標を打ち出した。我々党は、依然として党の構築及び幹部職員育成の問題を極めて重要な任務と位置付けていた。

第二段階は第四回党大会（一九八一年）から第五回党大会（一九八五年）までで、この段階では党員数が七五〇〇人へと増加したが、まだ草の根の民衆レベルまでには至っていなかった。この時期には、党は幹部職員ばかりのようであった。何故なら党員の大部分が、中央及び州や市の重要な幹部職員であり、郡レベルでも大部分が郡幹部職員で、村レベルでも大部分が村長及び副村長ばかりであったからである。一部の地域では、党を強固にする際に障害があった。つまり、上役の幹部職員、または村長や副村長が入党していない場合、下位の職員などは、たとえ優秀でも入党できず、上役の職員の入党を待たなければならなかった。このことは党を強固にする上で、一部の地域で起こった誤りである。この段階では、中央では全ての機関に指導的役割を果たす党の支部があり、ほとんど全ての州に党暫定委員会があった。一部の郡にも党支部があり、一部の村には党員がおり、またごく少数の村では党支部や党支部連合があった。

第三段階は一九八五年から現在までで、この段階では党が草の根レベルや民衆の中に入り、党を強化・拡大した。第五回党大会では、依然として党の構築と幹部職員の育成が革命の成功を決定づける重要な任務であると規定している。草の根レベルで党員が存在するように、党中央は、党構築執行委員会が草の根レベルで党を強固に構築するように指示し続けており、この任務は一九八三年から一九八四年にかけて既に一部の地域では行われていた。既存の政党及び党支部や党構築執行委員会を組み合わせることで、数年後には、我々党は企業の工場、病院、学校、農園及び村レベルにまで根を下ろした。軍隊組織では、全ての大隊に党支部などが存在し、中隊には党員または党支部が存在しており、ほとんど全ての連隊、旅団、師団、軍区や州軍にはそれぞれのレベルに応じて党組織が存在した。この時期の党の構築は、党員や党指導部があらゆる所に展開していたために非常に容易であり、新規党員につき審査して入党を決める上で好都合であった。これは、一つには幹部職員、中核委員会や党員育成の現場となる青年連合が長年にわたって訓練してきたからであり、また民衆の三つの革命運動が依然として中心的位置を占め、党員育成に関して資格や条件を判断する基準となっていたからである（党が当初から打ち出してきた三つの民衆革命運動とは、敵を攻撃し、引き寄せる運動、国民生活安定のための食糧増産運動及び革命の真の力の構築運動である）。党は国民のものであり、国民が党の構築において積極的な役割を果たす。入党に際して国民の意見を聞いたり、国民に党構築に関して批判を許したりすることで、党員や党指導部が十分な資格や資質を備えていることを確実なものとし、党と国民とを結びつけることで、党が国民との関係で誤った方向に進むことがないようにできる。これは、我々党が堅持してきた国民及び民衆を基礎とするという原則である。

一九八八年第三四半期の数字によれば、我々党員は二万二〇〇〇人超に増加した。これらの党員は約三〇〇〇か所の党支部におり、その内訳は一〇〇〇か所以上の村とほぼすべての郡及び区に存在することになる。この数字を人口比で見れば、その比率は依然として低いが、党員が二〇〇人余りしかいなかった一九七九年と比較すれば、党員数は大きく増加したことが分かる。これに加え、党員育成の現場とも言うべき中核委員会や青年連合にも更に数万人存在する。これらのことは、今後の党構築にとって好ましいことである。一九七九年と比較すれば、当時約二〇〇人いた党員が、それぞれ一年間に党員三人を育成しても、一年で合計六〇〇人を育成できるにすぎないが、今日では、もし党員一人が一年に党員一人のみを育成しても、二万二〇〇〇人以上を育成できることになり、その結果、党員数は直ちに四万四〇〇〇人以上に増加する。

党が意を用いたのは単に党員の人数のみではなく、党員の質の問題も重視した。そのためには政治理論に関する教育を進める必要があった。我々党はこの任務を重視し、国民及び幹部職員全員に教育を行った。この結果、入党したときには、ほとんど全員が既に教育を受けていた。入党に際し、政治理論への理解の水準は一層高く、党員としての自覚も進んでいたため、党指導部及び党員の規律違反行為は予防された。過去数年間、罰則を科されたり、党から追放されたりした党員は少数であった。

党員が少人数でかつ上層部のみであった段階でも、また地元及び一般国民の中へ党の存在を強化拡大した段階に至った際にも、党は、常に国民の利益に合致し、国民の利益を代表した方針を正しく堅持していた。党は、適切でない政策に関しては、国民に対し敢えて過ちを認め、これを是正した。それにより、党を強化・拡大することができ、最も困難な時期を乗り越えて革命を推進できた。国民の支持がなければ、党を拡大することはできず、かつ国家権力も永続し、発展することはできない。

党構築の進展の度合いから、幹部職員の成長及び革命国家権力機構の発展をはっきりと知ることができる。党構築のために幹部職員を育成するという方法や「量があって初めて質を見出し得る」という理論から言えば、量及び質の双方から、幹部職員の成長・発展をみることができる。数年後、革命は勝利を収め、幹部職員は急成長した。また革命国家機構は、組織が体系づけられ、郡レベルでは執行委員会が郡委員会となり、中央では各機関が具体的な形に整えられ、多くの幹部職員が働くようになり、州及び市でも補助的機関が設置された。ここで、我々は国家機構及びその補助的機関が弱体だった時期から出発して強大となったことに注意を払うべきである。最近では党中央及び政府は、頭部と胴体が大きく、足が細い状況にある。即ち、中央、州、市、郡及び区では機構は肥大化しているが、現場が最も重要であるにも拘わらず、依然として村や村落などの地元組織が弱いのである。

全ての成果は現場で成し遂げられる。何故なら、現場は国民を守り、革命の成果を守るための戦場であり、また国民が集結している場所であって、そこでは敵が革命側から国民を奪い、村や村落などの現場を奪おうと活動しているからである。現場での国力構築を軽視したために、その構築に長時間を要したことは、我々の大きな誤りである。現場を強化して以来、我々は国民の生活についても、敵への攻撃についても状況が好転したと見ており、これによって国民を奪い、現場を奪おうとする敵の策略は深刻な敗北を喫した。

武装兵力の構築及び党の大衆組織の構築に関しても記しておきたい。当初、我々の武装兵力の軍事力は決して大きくはなかったが、戦闘と兵力構築に取り組む中で、武装兵力は発展し、党を防衛し、国家機構及び国民を守る重要な手段となった。この武装兵力の発展により、ベトナム義勇軍の本国への段階的帰還に向けた条件が整備され、一九九〇年の全面撤退へとつながった。党の軍事面の路線は、その時の状況や敵が我々に仕掛ける戦争の性質に応じて決められ、突撃隊、地方軍及び偵察部隊という三種類の軍隊が作られ、また戦争の性質によって陸軍、水軍、空軍といった軍が作られ、更に突撃隊と地方軍とは適切な比率になっていった。国民による戦争という党の方針は、国民による国家防衛の基礎を構築する運動を作り出した。自警団組織が、省庁や政府部局から工場、企業まで、特に村などあらゆる場所で作られた。多くの国民が、国境防衛体制の構築に参加した。国民による国防のための運動により、有利な状況が作り出され、敵を分断し、次第に弱体化させていった。それにより我々は国境や村を防衛し、革命の成果を厳護することができた。

労働組合、青年・女性組織などの大衆組織は、中央から現場まで系統的に整備され、党と民衆とを結びつける橋渡しの役割を担い、また国民を党及び国家機構の周囲に糾合することとなった。

これまでに達成された成果について述べる際には、残された課題に言及することも忘れてはならない。党員、党指導部及び幹部職員の資質の問題は、引き続いて意を用いていくべきであり、それによって初めて刻々と進展する状況に対応することができる。任務を遂行する組織体制も簡素で効率的なものへの改善が求められる。現場組織の強化・育成も、革命にとって死活的に重要な課題であり、引き続いて努力しなければならない。

大衆組織に関しては、農民組織を整備する必要があるだろうか。我々は、既に青年、女性及び労働組合の組織を有しているが、これまでクロム・サマキを農民組織と見なしてきたために、農民には組織はない。しかし、実際には食糧増産のためのクロム・サマキは生産活動の組織でしかなく、更に（農民に対する）一定の管理と政治教育を行ってきただけで、農民の中にはクロム・サマキに所属していない者もいる。

要するに、国力の構築について、我々は現在の発展ぶりに強い誇りを感じてはいるものの、ここで止めることはできない。何故なら、敵との戦いは依然として緊張した複雑な状況の中で続いており、国家建設のために我々の力量を早急に発展させていくことが求められているからである。

訳注

（1）カンボジアの行政機構は、中央政府―首都プノンペン及び州（カエット）―区（カン）及び市（クロン）と郡（スロック）―地区（サンカット）及び村（クム）である。村落（プーム）は正規の行政機構ではなく、事実上の存在である。

第四章　将来への道

一〇年間の長い道のりは、カンボジア国民の真の能力と可能性を試そうとするものばかりであった。カンボジア人民共和国が歩んだ一〇年間は、多大な困難を経たものであり、平和と戦争が並立する状況の中を進んだのであり、脆弱な存在から力強い存在へと変わっていく歩みでもあった。一〇年間の成果は、将来に進むための土台となるものであり、また政治・社会の分野で多くの良い経験ともなるものでもあった。これは、何もない状態から出発し、戦闘もし、国家建設もする中で、最後には荒廃した国家を蘇生させるという意味で、我々国民全体にとって歴史的教訓となるものであった。最も大きな経験は、国民の現状と希望に合致した形で打ち出された、カンボジア救国連帯戦線の政策綱領に始まり、第三、四及び五回党大会における決議に至るまでの正しい指導路線に基づく様々な活動によって示されている。これによって全国で、あらゆる民族や社会階層を含めた多くの国民を糾合し、吸血ポル・ポト政権打倒のために決起し、また祖国の建設と防衛を継続することができた。革命は、国内の力と国際的団結の力、特にベトナムからの支援、という二つの力の融合によって成功を収めることができた。実際、ベトナムが、虐殺政権を終焉させてその再来を阻止し、カンボジア国民の蘇生を支援する上で果たした重要な役割を否定する者はいない。ラオス、ソ連及びその他の社会主義諸国はすべてカンボジア革命の勝利に貢献した。これら諸国や国際機関からの支援によって、国民の生活は改善された。

革命は最も困難な段階を越えて、強化・拡大する段階に入っている。確かに、軍事攻撃のみの段階から、攻撃を行いつつ和平交渉も行う段階に移行したが、我々と敵との闘いは緊張状態にあり、軍事、政治、外交、心理及び経済などの多くの分野で複雑な状況である。敵は、軍事的にせよ、政治的にせよ、または交渉のテーブルを通じてにせよ、我々を打倒する策略を放棄していない。こうした中、国の状況は引き続き平和と戦争が並立する状態にある。国は、領土的及び時間的に大部分で平和になってきており、戦争は、領土的・時間的に部分的・散発的に生じているに過ぎない。いずれにせよ戦争は、国家建設に悪影響を及ぼし、カンボジア国民に多大の苦痛を与えている。しかし、この戦争は、敵が我々に仕掛けてきたものであるため、継続せざるを得ない。現状では、我々は平和な状態にはあるが、敵の破壊活動があるために安定していない。我々は独立しているが、外国がカンボジアの敵対勢力を利用して我々を倒そうとしているために脅威を受けている。また、我々は発展しているが、生産活動が安定していないために、堅固にはなっていない。

一　戦争と平和

1　戦争と平和

戦争と平和の問題に関して、どのように戦争を終わらせ平和を探るかについては、我々が常に解決策を求めなければならない重要なテーマである。国際及び地域情勢が変化し、交渉による紛争解決に向けて好ましいものとなったが、紛争当事者にとって、どのように解決するかは難しい問題であり、ポル・ポト派の問題は解決を図る上で焦点でもあり、障害ともなっている。

情勢の進展の中で、カンボジア問題の今後に関しては次の三つの可能性が想定される。

第一は、全面的解決であり、国内的側面及び国際的側面を同時に解決するというものである（国内的側面と国際的側面の内容は「第一章　第九節　逡巡と障害」の冒頭に記載）。

第二は、部分ごとの解決であり、最初に国際的側面が解決され、次に国内的側面が解決されるというものである。

第三は、政治解決が行われないというものである。つまり、一九九〇年にベトナムがカンボジアから軍を全面撤退させることで、少なくともカンボジア問題におけるベトナム軍の問題は自ずから解決される。また交渉が継続される中でも、残された問題は、ポル・ポト派の問題を解決し、敵対するクメール各派への援助を停止するだけとなる。

最初の可能性は、全ての点に関する解決ないし全面的な解決であり、これはポル・ポト派が武装解除されるのであれば最良の可能性である。しかしこれは、クメール・ルージュに政治的・軍事的な参加を許すのであれば、内戦が勃発しやすい可能性でもある。また、その場合の内戦は、首都や人口密集地における戦闘となるので、制御不能となる。内戦を終結させるために、中国とクメール・ルージュを政治解決に同意させ参加させるべく、クメール・ルージュに政治・軍事面で譲歩すべきという考え方は誤っており危険であり、制御不能の新たな内戦を引き起こす考え方である。

クメール・ルージュに政治的・軍事的に妥協することと引き換えに中国とクメール・ルージュを政治解決に参加させようとすることは、「内戦勃発への引き金」となる。（そうなれば）民族虐殺の危険が再びカンボジア国民に近づき、クメール・ルージュが拠点を構え、支配した地域で虐殺が直ちに発生するであろう。クメール・ルージュが政策を変更したと信じることができるだろうか。クメール・ルージュの政策変更などという話はありえない。クメール・ルージュの内部では依然として殺し合いが続いており、クメール・ルージュがカンボジア人民共和国に敵対する上で同盟関係にあると見なすシハヌーク派及びソン・サン派は、ポル・ポト派によって情け容赦なく殺されている。ポル・ポト派が支配し、同派兵員への人材供給源ともなっているタイのカンボジア難民も、ポル・ポト派によって野蛮に殺戮され、蹂躙されている。国内にいるカンボジア国民は、数の大小はあるが、全て過去一〇年間、ポル・ポト派打倒ないし反対に参加してきたのであり、ポル・ポト派が政治解決によって合法的に戻ってきた際、これらの人々に何をするであろうか。過去の経験から、ポル・ポト派が無差別に人々を殺戮することは明らかである。同派が政権を握っていた際、彼らは共に暮らしたこともある国家副主席、副首相、大臣及び政府高官から一般国民、更には分別のつかない子供までも殺した。この一〇年間、ポル・ポト派はたとえ公には共産主義を放棄したとか、指導層を変更したと発表しようとも、野蛮な政策については何の改善もなく継続している。一九八六年一二月二日の文書では、ポル・ポト派は自身の過ちについて少しも触れていない。それとは逆に、彼らは自身の指導者及び民主カンプチア体制をフランスのナポレオンやカンボジアのかつての指導者シボタよりも優れた、歴史の中で最も純粋なものと見なしている。

ポル・ポト派が政権を再構築できるように武器を保有する可能性を与えることで、国民の生命を再び死の危機に晒すべきではない。ポル・ポト派がカンボジアの他の政党から抵抗を受けるために完全に権力を奪取できないとしても、同派が支配する地域のことを考えるべきである。もし、クメール・ルージュが軍隊を保持するのなら、解決するよりも、むしろ解決しない方が良い。何故なら、解決しないならば戦争は遠隔地のカンボジア・タイ国境地帯で継続するだけだが、クメール・ルージュ軍が参加する形で解決されれば、国内の首都や人口密集地で戦争が発生し、今回は国際平和維持軍や三派連合政府の大統領も含め、誰も制御できないからである。

我々は、数百万人の国民の保護に責任を有する者として、政治的・軍事的にクメール・ルージュが参加する形での政治解決を受け入れるべきではなく、むしろあえて戦争の継続を受け入れるべきであろう、何故ならその方が国民への危険が少ないからである。

犯罪者であるポル・ポト派を被害者であるカンボジア国民と同列に扱うことは、法律的にも道徳的にも全く適当ではない。ポル・ポト派の大虐殺の罪については何も（処罰が）行われていない一方で、同派が政策変更もしない中で、こぞって同派に政治的・軍事的役割を与えようとする。バランスの取れた平等な解決、またはポル・ポト派を含む全ての関係者の利益を維持できる解決と呼ばれるために、カンボジア国民の利益以上に中国やクメール・ルージュの利益を考慮することは、平和をもたらす政治解決ではなく、それどころかカンボジア国民に新たな危機をもたらすものであり、誰も制御できない新たな内戦の火種を作るものである。

　中国とクメール・ルージュが政治解決に参加するためにクメール・ルージュ軍の解体に同意することは決してない、と想像できる。それゆえ、ポル・ポト派は破壊のための戦争を継続するであろう。もしも、他の派閥や他の国々がポル・ポト派への支援を停止し、国連が同派の承認を停止するのであれば、このような戦争を恐れるべきではない。ゲリラ戦を恐れ、制御不能な戦争を受け入れることは、戦争終結の希望に反する行為である。選択肢は二つしかない。一つ目は、ポル・ポト派の政治的・軍事的参加を認め内戦を甘受するというものであり、二つ目はポル・ポト派の破壊活動に対抗する戦争を続けるというものである。この二つの選択肢は、ともに戦争の継続という意味では同じであり、ただそれが大規模なものか小規模なものかという点が異なるだけである。政治解決においてクメール・ルージュの政治参加を許すという妥協をすることは法的・倫理的な違背行為で、また国民の希望を侵害するものである。従って、クメール・ルージュや中国の歓心を買うために、軍事的に妥協するという更なる危険な一歩を踏み出すべきではない。

　全面解決の可能性に関して、その成否は中国及びクメール・ルージュの出方次第であり、特にクメール・ルージュが武器を置くことに同意するかどうかにかかっている。多くの人が、「誰がクメール・ルージュから武器を取り上げるのか」と質問するが、我々はクメール・ルージュ自身のみが、解決に際して政治的役割を得るのと交換に自身を武装解除できる、と明確に理解している。そうしなければ、クメール・ルージュは政治解決の外に置かれ、同派から武器を取り上げるためにあらゆる措置を講じなければならないことになる。

全面的解決は、最善の解決である。それは、国内的にはクメール・ルージュ軍を解体した上でクメール四派が参加し、国際的にはベトナム軍の撤退と同時に行われる諸外国による敵対勢力への軍事援助の停止を通じて関係国が参加する形で、国内的側面と国際的側面とが同時に解決できるというものである。

全面的解決については、国内的問題が複雑であること及びクメール・ルージュが重大な障害であることから可能性は小さく、従って、国内的側面の前に国際的側面の解決を進めることが考えられる。

二番目の可能性とは部分的解決であり、最初に国際的側面での解決を図り、国内的側面の解決に向けた条件を整える。国際的側面については、包括的解決も可能であるし、部分的解決も可能であろう。しかし、中国は解決に向けてまだ柔軟性を示していない。

もし、中国が解決への参加に同意するなら、それは好ましいことであり、国際的側面を完全に解決することができ、またベトナム軍が撤退し、中国を含む他の国々がクメール反対派への支援を停止するという意味で、両陣営にとって平等な条件となる。

しかし、中国が参加しない場合でも、部分的解決に進むことは可能である。タイは、敵対するクメール各派に拠点を提供し、中国及び諸外国から敵対勢力への援助が集まる場所にもなっているという意味で、カンボジア問題の国際的側面に関して和平協定を策定する際に最も重要な要素である。従って、和平協定には、たとえ中国が参加せずとも、政治解決に参加するベトナム、他の諸外国及びクメール各派で署名することが可能である。中には、中国が政治解決に参加しなければ、戦争も終わらないという懸念と疑念を表明する国もあった。この懸念は正しいが、中国に受け入れられる程度まで譲歩することは、クメール・ルージュに軍隊を保持したままで（政治解決への）参加を許すことであり、それは一層大きな懸念と危険を生じさせるものである。現実的には、もしタイが政治解決に参加するのであれば、中国の不参加を恐れる必要はない。我々は、中国が密かにクメール・ルージュに武器を供与することに反対はしない。彼らは、クメール・ルージュへの支援継続の方途を模索するであろう。しかし、タイが政治解決に参加するのであれば、タイ自身がクメール・ルージュへの支援供与の阻止に加わらなければならず、従って、中国からクメール・ルージュへの支援は、タイ領を合法的に通過する公然としたものから、タイ領を非合法に通過する秘密裡のものへと変化しなければならない。

国内的側面には複雑な問題があり、早急に解決することはできない。その中でクメール・ルージュが軍事的役割を欲するのであれば、包括的解決も難しい。従って、クメール・ルージュの同意を待つのか、それともクメール・ルージュを排除して進める決意をするのかが問題となる。この問題に関しては、三つの「戦争」の方途がありうる。一つ目の方途は、過去一〇年間と同様にクメール・ルージュ（の合意）を待つというものであり、これは中国及びクメール・ルージュにとって有利な戦争であるが、カンボジア国民及びシハヌーク派やソン・サン派などの他の派閥にとっては好ましくない。二つ目の方途は、中国とクメール・ルージュが政治解決に参加できるように、クメール・ルージュに政治的軍事的な譲歩を行うことであるが、その場合には、その後に制御不能な内戦が勃発する。三つ目の方途は、クメール・ルージュを排除する決断を行い、参加したい派閥のために部分的な解決の枠組みを策定し、クメール・ルージュとの戦闘を継続するというものである。この戦いは、カンボジア国民と中国が支援するポル・

ポト派ゲリラ軍との戦いとなる。戦争の方途は三つあるのに対し、平和の方途はただ一つであり、それは「クメール・ルージュの軍事機構が解体された上で、全ての派閥が参加する政治解決」である。これが、カンボジアに平和をもたらす唯一の方途である。

中国が不参加の場合の国際的側面の解決及びクメール・ルージュが不参加の場合の国内的側面の解決は、戦争を完全に終結させる解決ではない。それは全面的な解決へと至るための「半分の解決」でしかなく、従って、頑固なポル・ポト派との戦争を更に一定期間継続することを受け入れなければならない。ゲリラ戦を恐れてはならず、恐れるべきは政治解決の後に武装したクメール・ルージュによって引き起こされる内戦である。国内的及び国際的な側面に関する解決が部分的にでも具体的な形となれば、ポル・ポト派のゲリラ戦は、権力奪取という最終目標に向けて進むことはできず、戦争を拡大することもできない。逆に、この戦争は徐々に縮小し、最終的には一定期間のうちに終結するであろう。カンボジア内戦の一〇年間の経験によれば、ポル・ポト派は、シハヌーク派やソン・サン派、タイ、アセアン諸国、米国及び中国からの支援を受け、国連に議席を有している間も目的を達することができなかった。その際、カンボジア人民共和国は、何もない状態から出発し、精神的にも物質的にも安定した状態に到り、ベトナム軍も約三分の二が撤退するが、それでも同派には情勢を覆す力はない。もし、他のクメール各派との間で部分的に問題を解決することができ、タイ、アセアン及び他の国々が政治解決に参加するなら、クメール・ルージュは孤立し、戦争を継続したくとも、戦争の範囲を拡大することはできない。中国もそれ以上のことはできない。アジアではフィリピン、タイ、ビルマ及びスリランカなどジャングルに反政府勢力が存在する国々も相当数あり、ジャングルにいる武装グループとの戦闘はほとんど通常のこととなっている。また、反政府活動を行う様々なゲリラやテロリスト組織がいる国もある。それに対し、カンボジアでは内戦は新しい話でも特別なことでもなく、一九六〇年代から次々と発生し、過去一〇年間（一九七九〜八九年）には、ジャングルの武装グループを支持する諸外国からの支援が行われる中で、ジャングルでの戦闘がずっと続いてきた。クメール・ルージュと中国が解決に参加しないまま、内戦について問題提起することは、クメール・ルージュの軍事的役割を認めさせ、新たな形での内戦を引き起こすための野蛮な力による圧力にすぎない。部分的解決という可能性の中で、一部の国の人々の中には、「赤い解決または共産主義の解決」について考えたり、懸念したりする者もいた。そう考える人々は、このことは一部の国の指導層に懸念を生じさせる可能性があると考えていた。赤い解決または共産主義の解決とは、カンボジア人民共和国とクメール・ルージュの二者による解決であり、シハヌーク派とソン・サン派を排除するものであり、これはアセアン、米国及び西側諸国の役割を排除することを意味した。赤い解決は、クメール・ルージュが抱く、近い将来ではないものの、中・長期的な目標としていた可能性の一つであり、「過去、現在及び未来におけるクメール・ルージュの美徳、性質及び真実はいかなるものか」と題する一九八六年一二月二日付文書に記載されていた。ポル・ポト派は、シハヌーク殿下及びソン・サンを「奴ら」と呼んで敵と見なし、一九八七年四月のポル・ポト派の文書には、シハヌーク殿下及びソン・サンは将来も敵であり続け、封建主義者のシハヌーク殿下及び資本主義者でコンプラドールのソン・サンに対抗するために、カンボジア革命勢力を将来における同盟相手と見なしたいようであった。ポル・ポト派がシハヌーク殿下及びソン・サンに矛先を向けようとした際、我々も赤い解決の可能性の兆候を見ることができた。中国もこのことを考えていたようだ。ポル・ポトは、カンボジア人民共和国に対抗するために、当面はシハヌーク殿下及びソン・サンを利用し、将来シハヌーク殿下及びソン・サンに対抗するためにはカンボジア革命勢力を利用しなければならないと考えていた。この点について、恐らくポル・ポト派は、カンボジア人民共和国が彼らと同様の極左イデオロギーを有していると誤解しているようだ。一部の国の懸念は、二つの勢力が一八〇度異なっていることを知らないが故に、無理もないものである。我々としては、（むしろ）懸念すべきは極左勢力の「クメール・ルージュ」と極右勢力の「クメール・セレイ」が連合して、プノンペン政権（カンボジア人民共和国）に対抗し、ポル・ポト派が権力を再度掌握する条件を作り出しうる点にあることを警告したい。プノンペン政権だけが、軍事的・政治的に真にクメール・ルージュに対抗しうる唯一の勢力であり、この勢力にはポル・ポト派に対抗する全ての政治傾向を有する者が参加していることを知るべきである。これは、シハヌーク派やソン・サン派が口ではポル・ポト派に対抗すると大言壮語しつつも、政治的・軍事的活動ではポル・ポト派を支援しているのとは違う。我々は、ポル・ポト派の再来阻止のために同派を弱体化させること以外のことを考えもせず、行っても来なかった。ポル・ポト派の士官や兵士を含む数万人の投降した迷える人々に寛大な政策で人道的活動を行ってきたのは、ポル・ポト派の策略にはまった人々を救いたいという唯一の目的によるものであって、赤い解決のための準備をしているわけではない。これまでの一〇年間、現在、そして将来においても、赤い解決を恐れる諸国こそが、「赤と青の混合」（赤は共産主義でクメール・ルージュを、青は自由主義でソン・サン派を指す）の過程で「赤のみ」の解決を作り出そうとし、最終的に「純粋な赤」にしようとしている、つまりポル・ポト派が一人で権力を握り、シハヌーク殿下及びソン・サンの勢力を排除するというものである。赤と青の混合の過程で、現実にはカンボジア人民共和国を打倒するために、「敵対する派閥同士の連合」「三派連合政府」を樹立した。赤い解決は、カンボジア国民にとって巨大な「危険な道」であり、それが実際に起こることはありえない。何故なら、我々は彼らが考えるように、ポル・ポト派の赤と連合できるような赤ではないからである。

クメール・ルージュ問題の解決に関して、内外のカンボジア国民の間には、クメール・ルージュ政権を撲滅してその復権を許さないという点では意見の一致があるようだ。クメール各派（クメール・ルージュを除く）、アセアン、米国などの西側諸国は、国連決議内で、「世界的に非難されている最近の過去の政策及び慣行が再現されないこと」という文言を受け入れた。その重要な意義は、ポル・ポト政権を再来させないことを述べた点にある。しかし、この危険を除去するための措置については意見の一致があるわけではない。カンボジア人民共和国に反対する派閥や国々が想定する措置とは、政治解決においてポル・ポト派に政治的・軍事的役割を与え、その後ポル・ポト派が武器を置いていない中で、選挙を通してポル・ポト派を葬り去ることで、その危険を除去するというものである。しかし、それ以上の危険は、カンボジア人民共和国の解体を要求することでポル・ポト派を全滅しようとするものであり、これはポル・ポト派に容易に権力を取らせることを可能にするものである。カンボジア人民共和国及びその支持国以外に、真にポル・ポト派に対抗し、ポル・ポト派を阻止する十分な能力がある者はいないことは誰もが知っている。しかし、彼らは、むしろポル・ポト派に対抗する者の「手を縛る」措置によってポル・ポト派を全滅させたいとしている。これは、政治的な冒険をする者の危険を伴う道であり、また国家と国民の生命を賭け事に使うやり方である。ポル・ポト政権再来の可能性を完全に除去する唯一の方法は、同派による権力奪取と政権樹立の手段である武装組織を撲滅することであり、それを道義的・法的に大きな侵害とはなるものの、クメール・ルージュの政治参加と引き換えに行うことである。クメール・ルージュに対して、カンボジア国民への更なる破壊行為を可能にするような譲歩をすべきではない。もし、ポル・ポト派が受け入れないのであれば、同派を排除する決断をし、ポル・ポト派の再来を阻止するために戦闘を継続する方が、同派の合法的な再来を許すよりもよい。自らをカンボジア国民に同情し愛すると称する者たちは、カンボジア国民に平和をもたらし、ポル・ポト派の脅威から逃れさせたいとしているが、実際には自らの発言とは逆のことを行っており、真に善意のある者にはできないことを行っている。ポル・ポト派の危険を認めるのは、モラル上の恥を避けるためである。これに対し、(同派を) 受け入れることとは、クメール・ルージュが軍事的戦争を行うのを支持することでは得られないような利益を機に乗じて得ようとして、譲歩すると見せかけた戦術の変更にすぎない。これは、「カンボジア人民共和国の政治的崩壊と引き換えに、クメール・ルージュの再来を阻止する」という表現を受け入れることを意味する。一部の国、特にシンガポールは、「ベトナム軍の撤退後には、全てのクメール派から武器を取り上げるべき」という驚くべき意見を述べた。これは理解に苦しむことであり、被害者と加害者を一緒に刑務所に入れる判決を下す裁判官のようである。こうした措置を発案する国は、世界が撲滅しようとしている民族大量虐殺を合法化する危険な先例を作り出そうとしているのである。シハヌーク派や、特にソン・サン派は、一つにはクメール・ルージュを擁護したいがために、もう一つには自身の軍事力がずっと脆弱であるために、ポル・ポト派と結びつけられている戦略について考えもせずにさっさと同意してしまった。

「これは、頭が煮えたら頭を食べ、尾が煮えたら尾を食べるように、権力を得るためには何でもするという日和見主義のやり方である」

食事をしてもお金を払わず、商品を買ってもお金を支払わないというやり方（自身の利益のみを追求する無責任なやり方）は、シハヌーク派とソン・サン派に対してだけできるのであって、カンボジア国民に対して行うことはできない。

こうしたやり方については「民主カンプチア連合政府の解体と同時にカンボジア人民共和国の解体及びシハヌークを長とする四派暫定政府の樹立」という方法で頻繁に言及されている。一〇年前、カンボジア人民共和国に敵対する者達は、政治的、軍事的、経済的、外交的措置を用いて打倒しようとしたが、行うことができず、今回は「交渉テーブルの上で打倒する」方法を行おうとしている。これは、実体のないものと実在するものとを結びつけるやり方であり、彼らは書面を破棄するというやり方で妥協することで、根っこから先まであるものを破壊しようとしている。実は、民主カンプチア政府というものは、一九七九年一月七日に国民によって解体され、外国によって書面の上で保持されてはいるが、国民と世界が憎んでおり、国土も国民も有しないものである。それは、数百万の国民がいる台湾とは異なる。台湾は、書面を破棄する形で解体され、国連からも除名されているが、実態は依然台湾のままであり、二つの中国政策をとる米国や多くの西側諸国が依然として良好な関係を維持している。民主カンプチア政権は、これを書面の上で破棄し、国連から抹殺すればおしまいであり、支配地域も住民もいないゲリラが残るのみである。また、タイの領土を民主カンプチアの解放区とすることについては、民主カンプチアの政治的・軍事的安定のために主権さえ譲歩しているという意味で、タイ国民でさえ自国政府の行為を理解できないでいる。それに対し、カンボジア人民共和国は、たとえ国連に名前がないとはいえ、実体があり、国民によって成立した政権であり、国民によって永続性が与えられているのである。彼らは、力を行使しない方法で、実体のあるものと名前しかないものを同時に解体するよう求めている。彼らは、「双方が互いに譲歩することにより、政治解決を見いだしうる」という理論を使っているが、実際には逆の方向に進んでいる。つまり、カンボジア人民共和国に対しては、一〇点の出発点からゼロ点か少なくとも三点にしようとしているのに対し、民主カンプチア政権に対してはゼロ点から一〇点または七点にしようとしている。このことは、一方は失い、もう一方は得をすることになるのであり、互いに譲歩するという理論とは異なっている。（贈り物ではない）商品を購入する際には、販売者にお金を支払う必要がある。カンボジア人民共和国に敵対する者達は、カンボジアに来て支配するために、より直接的には首都プノンペンを支配するために、兵士の生命、財産及び時間をどれだけ費やす必要があるのか、また軍事的に政権を崩壊させ、支配したとして、ポル・ポト政権を受け入れようとしない、または必要としない我々国民の反撃に対して、どれほどの被害を出さなければならないのかを知らないわけではなかった。我々は、彼らがそれほど愚かな政治家ではないが故にこうしたことを明確に分かっていることを知っているが、彼らは「賢すぎて、欲が深すぎる」ために、この問題を取り上げて、政治解決を模索する中で八方塞がりの状態を作り出してしまった。彼らは、この戦争は勝つことも負けることもない戦争であり、軍事的手段でプノンペン政権を倒すことができず、従って、政治的妥協をしなければならないと言っていた。しかし、交渉のテーブルに着くと、彼らは過去一〇年間戦場で達成できなかったことを要求するようになった。

我々は譲歩を行ってきたし、合意に達するために更なる譲歩を行う用意もあるが、一方のみが譲歩するのは政治解決において平等とは言えない。我々国民や党としては、国民の生命と安寧のためにあらゆる犠牲を払ってきた。農民が愛国的貢献の問題に関して訴えてきた際には、我々は直ちに訂正し、国民に謝罪した。しかし、政治解決に関しては、武器で対峙する党派間の戦いであり、虐殺者及びその支持者との戦いであるので、一方のみが譲歩を行うことはできない。もし我々のみが譲歩するとすれば、それはポル・ポト政権を招き入れて、もう一度国民を殺戮させることと変わらない。我々党及び国が譲歩を行うことの最重要の目的は、敵対勢力からの破壊戦争によって引き起こされた国民の悲惨な状況を終わらせることにある。我々は、国と生活を建設するために平和を必要とする国民に安寧をもたらすのと引き換えに、交渉することに同意し、複数政党制を受け入れる用意がある。これは大きな譲歩である。一つの政党が権力を独占する状態から多くの党が権力を担う、あるいは社会で活動できるようにするということは、多くの国またはカンボジアでかつて権力を握った多くの人物が行ったことがないことであり、非常に大きな譲歩である。何故なら、多くの国では反対政党を鎮圧することに躍起となり、社会での役割の拡大を阻止しようとしているからである。東南アジアの例としては、フィリピンやビルマがあり、他の国についてもほぼ同様である。多くの政党が法律に基づいて活動を行っている国でも、依然として政権与党が権力を握ることができるように他党を弱体化しようとしている。タイ、フランスや米国などがそれである。選挙キャンペーンになると、自身が権力を握るという「大」目的のためにお互いに相手をおとしめて、自身の政党をよく見せることばかり考えている。カンボジアでも、シハヌーク殿下は自身が政権を担っている間に、ソン・ゴクタン、サム・サリ、フー・ユム、フー・ニム、キュー・サンパンやサロト・ソー（ポル・ポト）達及びその他の政党など自身に対抗する政党を強力に鎮圧した。これも、自身の支配権力を強化するためである。ロン・ノル政権も同様で、ポル・ポトに至っては政党などは言うに及ばず、子供や僧侶までも殺した。

政党の利益のみを考えれば、交渉も政治解決もないのである。我々の政党が権力を握っていれば、働いている者の全てがカンボジア人民革命党の党員であるから、立法機関（国会及び国家評議会）や行政機関（閣僚評議会）においても仕事を容易に進めることができ、司法機関においてもそうである。しかし、国民の利益のために我々は交渉に同意し、社会で多くの政党が活動できる状況をもたらす政治解決を受け入れる準備を整える。

他の政党は、いずれも国内で活動したいと思っており、首都プノンペンに拠点を置いて権力を握りたいと考えてきた。彼らは、この目的を達成するためにあらゆる手段を用いたが、目的を達成できなかった。今、彼らが軍事的に争うことなく（プノンペンに）来たいのであれば、彼らは我々に何を差し出さなければならないであろうか。我々の最低限の要求は、クメール・ルージュに対してどのような態度をとるかにかかっている。クメール・ルージュ軍の解体は、国内のプノンペンで政治的に何の手がかりもない状態から、手がかりを得るために支払うべき対価である。敵対派の政治家達は、密かにささやきながら、隠れてビラをまく宣伝方法から、マイクや新聞、更にはラジオやテレビを通じた公の宣伝方法に変えることができるが、そのために彼らが支払うべき対価とは、クメール・ルージュ＝ポル・ポト軍の解体である。ポル・

ポト軍解体の要求は、単にカンボジア人民革命党のみの利益のためではない。それは、国内外のカンボジア国民の利益であり、ポル・ポト政権の危険を懸念する諸国及び世界中の正義を愛する人々の利益であり、またシハヌーク派及びソン・サン派の利益でもある。にも拘わらず、何故シハヌーク派及びソン・サン派が、我々がクメール・ルージュ軍の粉砕を求めていることに反対するのか、我々は理解できない。

交渉のテーブルでカンボジア人民共和国を打倒するという目的を達成するため、彼らは選挙を待つことなく、この体制を直ちに解体することを要求したが、これはカンボジア国民の民族自決権を乱暴に侵害するものであり、ポル・ポト政権の再来に道を開くものである。ポル・ポト派の再来を効果的に阻止できるのは、カンボジア人民共和国であって、シハヌーク派やソン・サン派ではない。選挙の前に、またポル・ポト派が軍を解体する前に、この政権の解体を要求することは、殺人者のために扉を開き、国民を殺戮させるようなものである。カンボジア国民が選挙により選出したカンボジア人民共和国政府は、カンボジア国民のみが、選挙によって解体する十分な権利を持っているのであり、カンボジア国民のみが、国家元首、首相及び国会議員を選出し、またカンボジアの政治体制を決める十分な権利を持っている。「カンボジア国民の自決権」という標語を隠れ蓑にする者達は、国民が選挙を通じて認めた訳ではない政府を押しつけることで、自決権の原則に反することをやろうとしている。彼らは、「ベトナムが押し付けた支配体制」という言葉を誇張することで、選挙を行った数百万人の国民を見下しており、またこの選挙がカンボジアにベトナム軍が存在していたゆえに合法ではなかったと見なしている。この理屈を述べる際に、彼らは米軍や外国軍がいる中で選挙を行っている多くの国のことを忘れている。例えば、アフリカ諸国、アメリカ大陸諸国及び西ヨーロッパ諸国のほとんど全ての国々に米軍がおり、核兵器や近代的戦争手段さえもある。アジアでは、日本、韓国、フィリピン及びタイには全て米軍がいる。これらの国ではどの国からの真の脅威もない中で、米軍はいずれも合法的に存在している。

カンボジアでもロン・ノル政権時代に、米軍及び南ベトナムの傀儡軍が侵入した際には、米軍の存在は合法となった。その後彼らは、シハヌーク殿下を国連から追放し、権力を奪取したロン・ノルを後釜に据えたのである。カンボジア人民共和国については、この政権が米国側に何の利益ももたらさないために、彼らは別の問題と考えている。

我々は、政治解決における民族自決の原則及び国民の利益に基づいて、カンボジア国民の上に政権を樹立したい外国に代わって、カンボジア国民の決定により裁定を下すという意味で、選挙後の連合政府の樹立に同意する。この目的に進むためには、政治的・軍事的に現在のカンボジア情勢を維持すること、つまり軍隊を現在いる場所に留めておいて、選挙委員会なり選挙評議会なりを設置し、外国の選挙監視委員会の下で国会議員選挙を行い、その後に国会は新憲法を制定し、新政府を樹立する、またその新政府は将来の単一の軍隊組織について決定する。選挙は、ベトナム軍がカンボジアから完全に撤退し、クメール敵対勢力への援助が停止されてから実施されるべきである。敵対派は、こうした選挙はカンボジア人民共和国が領土と国民を支配しているために平等ではないと言う。彼らは、自身の資金力が少なく、軍事攻撃によって権力を奪うことができない以上、これ以上の要求をすべきではない。カンボジア人民共和国が、彼らに選挙参加を認めることは、既に大きな譲歩であり、しかもこの措置は、シハヌーク殿下が一九五四年にジュネーブ会議後に行ったものよりもよい。当時、シハヌーク殿下は、敵対勢力の軍隊の解体を求め、その後に殿下が支配する国家権力の下で、これら政党の選挙参加を許したのである。今回我々は、選挙実施までの間、政治的・軍事的な現状維持を求めているだけである。つまり彼ら敵対勢力は、自身の政治的・軍事的勢力を維持し、かつ、もしあれば、支配地域があると仮定した上でのことだが、それを保持できるというものである。

しかし、過去数か月間、中国とタイは、「結びつける戦略」を実施してきている。つまり、中国はクメール・ルージュ政権も危険だが、ヘン・サムリン政権も危険であり、両方とも粉砕しなければならないという両政権を結び付けた発言を行っている。ジャカルタ非公式会議のワーキング・グループ会合で、タイはポル・ポト派とヘン・サムリン派の二つの政権を結びつけて虐殺政権阻止のための措置について言及した。ソン・サンも、国連で同様のことに言及した。中国とタイは、カンボジア人民共和国をそのままにしておいたのでは、クメール・ルージュが好きなようにはできず、かつ、両国自身が望むようにはカンボジアにおいて影響力と利益を回復できないことをよく知っていた。中国とタイは、ポル・ポト派粉砕を要求する世論からの圧力を、カンボジア人民共和国に振り向けようとすることで、弱めようとしている。

ポル・ポト派粉砕を求める国際世論及びカンボジア国民の声が高まる中で、中国、米国、西側諸国及びアセアンは、カンボジア問題を解決するために、また最も脆弱な勢力のシハヌーク派の力を守るために、「シハヌーク・カード」を使用する方向で共同歩調を取った。その方法は、一つは国際平和維持軍のカンボジアへの派遣要求であり、もう一つはシハヌーク派及びソン・サン派の軍事力強化のための早急な支援であり、そうした中で米国は軍事援助を含めて支援を増強した。彼らがカンボジアへの派遣を求めている平和維持軍について、シハヌーク派及びソン・サン派のために支配力及び防衛力を強化することを目的として、カンボジア人民共和国を攻撃し、クメール・ルージュを阻止するためであると直接的には言わないものの、「ベトナム軍の撤退後にポル・ポト政権の再来を阻止するため、国際平和維持軍をカンボジアに派遣する」と述べた。そうすることで、ポル・ポト派を危険視するカンボジア人民共和国の心理を利用した。これを踏まえて、中国や米国などは、国際平和維持軍の目的を、第一にポル・ポト派を解体するためであり、第二にカンボジア人同士の内戦を阻止するためであり、第三に選挙を実施するためである、と解釈している。任務の内容から言えば、国際平和維持軍は、カンボジアを支配する部隊であり、その任務が全てカンボジアの内政事項であることから、カンボジア国民の民族自決権を侵害するものであり、彼らがこの任務のために来るのであれば、カンボジア政府を上部から支配するためにその力を使いたいに違いない。また、彼らが、カンボジアにおける国際平和維持軍はポル・ポト派を阻止するためであると言うことは、完全に世論を欺くものと言わざるをえない。何故なら、彼らが本当にポル・ポト派を粉砕したいのであれば、何故ポル・ポト派を支持する活動を行い、ポル・ポト派に対抗する勢力を弱体化しようとするのか。カンボジアにおけるベトナム軍の存在は、ポル・ポト派の再来阻止のためであるにも拘わらず、何故彼らはこぞってベトナムを非難するのか。カンボジア人民共和国は、ポル・ポト派に抵抗するためにあらゆる国民が参加した重要な勢力であり、何故彼らはこの勢力を弱体化させようとするのか。カンボジア国民は、外国がポル・ポト派への支援を停止すれば、同派の再来を阻止し、倒すだけの十分な力を有している。何故彼ら中国や米国などは、カンボジア国民を強くして、カンボジア国民自身でポル・ポト派を粉砕できるように支援しないのか。そしてこの支援というのは、多くの力を割く必要はなく、ただポル・ポト派への支援を停止するだけである。ベトナムがカンボジア国民によるポル・ポト派粉砕を支援すると言うのであれば、なぜこの任務を後押ししないのか。ポル・ポト派を粉砕する任務を支援するためにやってきたある国の軍隊の撤退を求める一方で、ポル・ポト派を粉砕するために多数の国の軍隊をカンボジアに派遣すると言うのは、理解できない話である。もし、カンボジアに外国軍が必要ないと言うのであれば、何故彼らはこれほど多くの国の軍隊をカンボジアに派遣することを求めるのか。確かに、彼らはカンボジアに国際平和維持軍を派遣するために、反ポル・ポト派の旗印を掲げておきたいのであろう。それは一つには、ポル・ポト勢力が完全に殲滅されることを避けて勢力を維持させるためであり、もう一つは、シハヌーク派とソン・サン派が権力を握り、米国及び西側諸国に親密な体制を樹立するという最終目的を達成するために、カンボジア人民共和国を打倒することを企図しているからである。実際、フランスの有力政治家は、「米国は、シハヌーク政権を守るために、七〇〇〇人の国際平和維持軍をプノンペンに派遣したいと考えている」と発言したという情報がある。国際平和維持軍のカンボジア派遣が、ポル・ポト派撲滅のためではないことは明らかで、それはシハヌーク殿下に権力を与えるためであり、更には中国の戦略に従ってポル・ポト軍を保護し、生きながらえさせようとするためである。中国は、平和維持軍を利用することで、ポル・ポト派が単独で権力を奪う段階からは後退しつつ、ポル・ポト軍を保護する戦略に移行している。彼らは、山の頂上に座って、虎とライオンが噛みつきあう様子をみる作戦を採っている。米国、アセアン、西側諸国、シハヌーク殿下及びソン・サンが、本当の意味でポル・ポト派を粉砕するために断固たる措置を執ったことはない。彼らは、カンボジア人民共和国への対抗勢力として、ポル・ポト軍を温存しなければならないのである。彼らは、これら二つの勢力間の対立を利用して、シハヌーク殿下とソン・サンの力を強化する機会にしようとしている。シハヌーク殿下は、一九八八年一月の第二回フン・センーシハヌーク会談で、「もしクメール・ルージュが自分に脅しをかけるのであれば、自分はクメール・ルージュに対抗するためにフン・セン閣下と共に行動するが、フン・セン閣下が自分に脅しをかけるのであれば、自分はフン・セン閣下に対抗するためにクメール・ルージュと共に行動する」と語った。これは、両手で魚を捕り自身の鍋で料理する〔なりふり構わず自分の利益を優先する〕やり方であり、米国、アセアン諸国及び西側諸国が、現在と将来に向けて一致しているやり方である。これらの諸国は、クメール各派間での紛争発生を阻止するために、国際平和維持軍が任務を果たすことを話し合っているが、カンボジアの平和はカンボジア国民が決めることで実現されるということを忘れている。もし、クメール各派が平和を欲するのであれば、全ての派閥が戦争を避ける方式を模索するであろう。しかし、もし戦争を欲するのであれば、誰も制御することはできない。イランーイラク戦争のように、両国が自ら戦争の停止を表明する前に、国連が両国間の戦争を阻止することはできない。レバノンでは、国際平和維持軍は同国国内を統治する任務を負ってはいなかったが、それでもレバノン国内に駐留する平和維持軍は攻撃を受けて、同軍は多大の危険に晒され、紛争の範囲を縮小することはできなかった。カンボジアでも同様で、平和の実現はカンボジア国民自身によって行われる。カンボジアに国際平和維持軍を派遣するならば、カンボジアに武器を追加的に流入させ、戦争の範囲を拡大させることになり、また多くの政治傾向の異なる国々の軍隊が派遣されることになるので、平和維持軍同士がカンボジアの国土で戦うことにもなりかねない。国際平和維持軍を選挙の実施及び監督のために用いることは、カンボジア国民の自決権を武力で上から押さえつけようとするものである。従って、彼らがカンボジアで行おうとする全ての任務は、正しく言えば、「カンボジアを支配するための国際軍隊」である。

米国、アセアン諸国及び西側諸国は、カンボジア国民に受け入れさせるために、カンボジア問題を国際会議の場に持って行って解決するように求めている。最近では、一九八八年七月にシハヌーク殿下は、国連事務総長に国際会議を招集するよう要請し、また同年九月にシハヌーク殿下は、フランス大統領にカンボジア問題を「解決する」ために国際会議を招集するよう要請した。中国は、国連安保理常任理事国五カ国の間でカンボジア問題について話し合うことを提案した。これは、「カンボジア国内問題は、カンボジア人同士で解決すべき」との原則を侵害する形での解決である。こうすることで、これら諸国にとっては、彼らが作り上げた解決の枠組みをカンボジア国民に受け入れるよう強制することが容易になる。

我々にとっては、全ての国際的監視は、カンボジアの独立及び主権尊重の基礎に立ち、カンボジアが合意したものとすべきと考えている。我々は、カンボジアの独立及び主権尊重の基礎に立ち、クメール各派が合意し、決定した任務を実行する国際監視委員会を受け入れる用意がある。この委員会は、ベトナム軍の撤退の監視、クメール抵抗各派への援助停止の監視、停戦の監視及びクメール各派と国民と共に選挙監視に参加するなどの任務を行うことができる。重要な問題は、これらの監視に関して、国民の完全な権利・権限を活用することである。彼らが行う国際会議は、「既に合意した内容を保証する」ためであり、「合意を決定する」ための会議ではない。こうすることで、「カンボジア国内の問題はカンボジア国民が解決し、東南アジアの問題は東南アジアの国民が解決する」という原則に合致する。紛争当事者及び関係者の間に事前の合意がないままに行われる国際会議は、単に成功しないだけではなく、行き詰まり状態と新たな対立をもたらしうる。従って、ジャカルタ非公式会議及びカンボジア内部での会合は、国際会議の成功を決める上で最も重要な基礎となるものであり、これら二つの会合がうまく進むように努める必要がある。

原則から言えば、東南アジアの問題は、東南アジアの人々によって解決されるべきである。必要なことは、カンボジア問題の解決を東南アジアの平和と安定をもたらす枠組みの中に位置づけることであり、この全体の問題と個別の問題とは同時に取り組むか、またはカンボジア問題解決の基礎となる信頼醸成のために、東南アジアの平和と安定の問題を最初に解決すべきである。地域の問題と切り離した形でのカンボジア問題の解決は、長期的な平和をもたらすことはないに違いない。これまでの何回かにわたるインドシナ戦争解決の取り組みでは、問題を解決することも、長期的な平和をもたらすこともできなかった。これは、インドシナ諸国の人々の手だけを縛って、例えばタイなど東南アジアの他国は、政治解決に参加せずに相互不信があったため、インドシナ諸国に敵対する活動を行う余地が依然として残されていたからである。今回の解決では二つの問題を結び付けるべきである。つまり、カンボジア問題は東南アジアの平和と安定の問題の中に位置づけられるべきであり、この問題は東南アジアの人々が団結して解決すべきで、そうすることではじめて相互信頼の基礎が作られ、地域の永続的な平和の基礎となるのである。もし、この相互信頼が醸成されれば、カンボジア問題の解決において自国の利益のために優越性を追求しようとする国はなくなるであろう。

要するに、包括的な解決も、部分的な解決も、どちらも複雑であり容易に膠着状態に陥りうる。それは、もう一方が（我々を）打倒したいという策略にとらわれているからである。というのも、彼らの主張には問題を解決したいという柔軟性が見られず、逆に自身のために政治解決から利益を得ようとしており、彼らの最終的な目的は、カンボジア国民が過去一〇年間努力して築いてきた成果を台なしにしようとしているからである。最大の障害はポル・ポト派の問題で、カンボジア国民は理解することも、許すこともできない。この問題こそ、内戦勃発の主たる要因である。従って、これから一九九〇年末までは、カンボジア情勢は（本節冒頭に記載した）第三番目の可能性、つまり政治解決が達成されない可能性に従って進展する可能性が高い。戦闘しつつ交渉を継続しなければならないが、政治的解決を見出すことはできないであろう。一九九〇年にはベトナム軍がカンボジアから完全に撤退し、ベトナム軍の問題は自ずから解決するのに対して、ポル・ポト派及びクメール敵対派側が残り、戦争を継続する。今回の戦争は、真の意味でカンボジア国民に対する戦争である。一九七九年から一九九〇年までは、カンボジアにおけるベトナムに対抗するというスローガンに隠れてカンボジア国民に対する戦争を行っていたが、ベトナム軍が完全に撤退する一九九〇年以降はそれ以上戦争を続ける理由がなく、もし戦争を続けるのであれば、それは直接カンボジア国民に対する戦争となる。ポル・ポト派やクメール敵対派を支援してきた外国も同様で、これまではベトナムに対抗するというスローガンの下でカンボジア国民に敵対してきた。一九九〇年以降には、もし彼らがこれらの一派を支援し続けるのであれば、それは真に「ポル・ポト政権を樹立する」ための戦争を支援することになる。一九九〇年以降には、もし交渉が継続するなら、ポル・ポト派の問題及びクメール敵対派への外国からの援助停止の問題のみが残り、今日のように解決すべきベトナム軍の問題はなくなる。第三の可能性によれば、戦争は更に長年にわたって続くが、戦争の内容及び形態は変化する。何故なら、カンボジア人民共和国側にはベトナム軍の支援がもはやなくなるのに対して、ポル・ポト派及びクメール敵対派がカンボジア国民に対する戦争をするための外国からの支援は残るからである。

上記の次第にかんがみれば、戦争の可能性の方が、平和の可能性よりも大きいようである。ポル・ポト派の問題が解決していないために、このような結論となるのである。ポル・ポト派は、戦争へ通じる扉であり、また平和へ通じる扉でもある。すなわち、ポル・ポト派が武装解除されなければ戦争は継続するが、その規模は異なり、ポル・ポト派が政治面と軍事面を含めて解決に参加するならば、戦争は制御できない大規模なものとなるであろう。ポル・ポト派が武器を保有し続けたとしても、政治解決の外にあって、以前のような諸外国からの支援がなくなるのであれば、戦争は続くがその規模は次第に小さくなっていく。平和は、ポル・ポト派の軍事指導部が解体されてはじめて実現される。

ポル・ポト派の問題のみのために、カンボジア国民は戦うことを余儀なくされている。二〇年近くの戦争により、カンボジア国民は戦争に疲れ果て、国家は根本から破壊され、建設の時間もない。しかし、この問題のために戦闘を止め、ポル・ポト派を受け入れることはしない。何故なら、戦闘継続による損害の方が、ポル・ポト派の虐殺による損害よりも少ないからである。我々は戦争を憎むが、敵が我々に戦争を強いるため、戦争を受け入れる。もしそうしなければ、ポル・ポト派が戻ってきた際に、カンボジア国民の代わりに命を捨て、また苦しむ者はいないからである。ポル・ポト派による辛酸を味わったことがない者は、苦しみ、死、別れ、餓えや幾万の困難や悲惨がどのようなものかを知らない。彼らは容易に幻想を見て、カンボジア国民の生命の利益に関しても妥協してしまうだろう。我々の戦いは、好んで戦争を行うものではなく、平和のための戦争であり、ポル・ポト派からの脅威に晒されることなく生存する権利のための、国民の安寧のための戦争なのである。

戦争は継続するであろう。平和はカンボジア国民からはまだ遠いようである。平和への道は、カンボジア国民の力量と世界の平和と正義を愛する友人からの支援に依るところが大きい。

二　改革

これまでの一〇年間の歩みを振り返ってみると、党の路線の正しさによって、敵との闘争及び国家再建において勝利を収められたと明言できる。我々には、政策綱領を策定し、その綱領を国の状況や我々の力量に応じて段階ごとに遂行する上で多くの利点がある。しかし、状況の変化は速く、時代遅れになったいくつかの原則の上に安住することはできない。現状に合致しなくなった点については改善が必要である。この点で「改革」という単語の使用については、我々はまだ基本的な部分を十分に整備できていないという意味で、またそれ以上に、既にある基礎から出発して、その中で時代遅れになった部分を改善するという意味で完全には正しい使い方ではないが、便宜的に「改革」という用語を使用する。改革という言葉を見ると、カンボジア人民共和国は政治解決を待たずに前進することを決意したと思われるかも知れない。船は、一旦決めた航路に従って進まなければならないが、乗りたい者がいれば乗せることができ、以前よりも速い速度で進むために改善もできる。しかし、船の乗組員は、別の人がやってきて舵取りを助けてくれるという幻想を抱いてはいけない。

改革の道は、国民全体の客観的な要請であり、前進しようとする国家の要求である。この改革に関して、他の様々な問題の改善を行う前に政治的要素について考える必要がある。ここで我々が検討すべき問題は、「革命の段階」についての評価であり、革命はどの段階まで来たのかということである。この点は、その他の基本方針、特にその中でも重要な「経済社会開発方針」に影響を与えうるので重要な意味がある。第四回及び第五回党大会では、カンボジア革命の段階を社会主義に進む経過段階にあると規定した。過去数年間、我々党幹部はカンボジア革命の段階について検討し、「カンボジア革命は人民民主主義の段階にあるのみで、まだ社会主義段階には移行していない」という見解が述べられた。その理由は、ポル・ポト政権を倒したものの、戦争は完全には終わっておらず、しかもこの戦争は帝国拡張主義及び国際的反動勢力からの干渉を受けた戦争であり、独立が脅威に晒されているので我々は祖国防衛の戦争を行わなければならないからというものであった。同時に、国家経済の基礎には、依然として多くの経済的構成要素があり、国家の経済力も脆弱であった。更に、カンボジアの生産力は不十分で、社会主義的生産関係を進めることはできなかった。革命段階に関する我々の目標の設定は、現在置かれている状況に合致しておらず、高く設定しすぎた嫌いがあるが、その反面、実施に当たっては状況に応じて柔軟性を発揮して努力してきた。

現在我々が置かれている革命の現実は、「過渡期の序盤において社会・経済発展へと進むために、祖国を防衛し、社会・経済を復旧させて安定をもたらすための段階」である。この段階では、国家を防衛し、社会・経済を復旧させるために、あらゆる人々の力、知力及び資源を結集した、人民民主主義的な政策綱領が必要となる。この仕事は長い時間をかけてはじめて達成できる。革命の進展に関する決定権限は、党大会または全国党幹部会にあり、これに関して我々党として再検討したことはよいことである。

改革の基礎として、全ての分野に関する政策綱領を打ち出す上で出発点となる革命段階の評価及び位置づけの他に、政治の民主化の問題があり、これが改革を押し進める上で重要な鍵となる。全ての分野、全てのレベルの機関及びあらゆる国民階層の中で民主主義を強化し、また全ての人々の合法的な権利に応えることができなければ、国家を前進させるための新たな光明や鍵を見出すことはできない。我々の党は国民のものであり、国家権力も国民によって成立し、存続しているのである。進歩は、全ての人々の参加によって可能となる。国民が党や国家権力に対して意見を述べる機会を作るべきであり、我々の広報当局も、そうした国民の意見を吸い上げて広報していくべきである。我々は、敵による破壊のための宣伝と、我々党、国家権力及び政府幹部のためにあえて真実や考えを述べる一般国民の意見とを区別しなければならない。過去数年間にも、我々党及び国はこのことを行ってきたが、まだ広範な活動にはなっておらず、一層力強く拡大していかなければならない。

行政組織及び仕事のやり方についても、改善を図ることで状況の変化に適応できるようになる。もし、我々が官僚主義的な管理体制を続け、複雑な組織を維持するならば、経済分野での改革を進めることはできない。過去一〇年間、我々は政府上層部の指導管理組織をほんの小さなものから、多くの紆余曲折を経て、官僚主義を含む肥大化した体制にしてしまったが、その結果多くの非効率を生みだしてしまった。我々は、指導管理体制を簡素化する方向で見直し、行政組織をスリム化する必要がある。これまで、我々党及び国家は、いくつかの機関を解体してきたが、一方で一部の機関は多くの下部組織を抱え過ぎており、そうした多くの機関がたった一つの仕事を行うのに、手続きを過度に煩雑にしたために仕事に支障をきたしている。行政手続きは、製造業に関する様式を含めて複雑であり、地元の人々は多大の困難に直面している。権限について言えば、機関の上層部が上から下までを抱え込みすぎており、この結果下のレベルでは創造性を発揮できず、仕事や生産活動が妨げられている。また、上層部は日常業務ばかりを行い、大きな戦略的性格の仕事を放棄する結果となっている。一定の状況では、上層部に過度に業務が集中することは適当かも知れないが、現在は機関の下級指導層や中堅幹部が肥大化しており、この状態を続けるならば、下部機関に無責任体質を作り上げてしまう。つまり、何らかの状況が発生した場合に、下部機関は何の問題解決もできず、上層部に報告して意見を求めることと、（上層部は）下部機関を叱ることの二つの仕事しかできないことになる。これは、無責任な官僚病という悪弊である。経済分野において、今後経済的自立性をもった事業を行うためには、生産活動の現場に十分な権限を付与することが必要で、それによってはじめて活動ができるようになる。

経済分野の改革は、今後最も注目される緊急の課題である。我々は、一つの地点にじっと立っていることはできず、堅い決意でしっかりと改革を進めていかなければならない。我々の改革には最重要の目的がある。それは、「我々国民の貧困を撲滅させるための解決策を模索する」ことであり、これ以外に目的はない。この問題に関しては、考え方及び具体的措置の両面から真剣に意見を出し合って協議すべきである。何故なら、これまでの古いやり方で物事を進めようとする考え方が依然として存在し、特にそうした考え方は、民間及び官民合同の経済活動を開放することが社会主義を放棄するもので、カンボジアに資本主義を作り出すと見做しているからである。しかし、この方法による解決を、社会主義路線を放棄するものと考えるのではなく、どのようなやり方であれば社会主義を進められるかについて、明確にかつカンボジアの現状に沿った形で考える必要がある。我々より先を進む殆ど全ての社会主義国には開発に遅れが見られ、より速く進むための方途が求められているために改革を行っている。カンボジアの状況は特殊であり、他国のモデルをそのまま当てはめることはできない。我々は、一般的な法則を活用するが、自国の状況にも依拠しなければならない。我々は何もない状態で出発したのであり、戦争と平和が並立する状況の中で国作りを行わなければならない。従って、我々自身の目的に合致した形で前に進む方法を探さなければならない。これは理論的には容易だが、実行に際しては多くの困難が待ち構えている。何故なら、国民の貧困を撲滅するという目的の達成は長い道のりであり、短期間に達成することはできず、貧困を終わらせることができない間は、社会主義という目的も達成されないのである。年配者は、子供が空腹の時は言うことを聞かないから教え諭してはならないと教えている。国民も同様であり、彼らに食べ物がなく、衣服もない中で、社会主義を目指して理論的教育を行うことはできない。重要なことは、空腹が満たされ、衣服、蚊帳、毛布、住居や移動手段があり、子供が勉強でき、余暇の時間も持てるようになって、はじめて社会主義を信頼するようになるのであり、それが社会主義の目的であって、資本主義ではない。国民は、ポル・ポト派の社会主義に懲りてしまった。カンボジアの社会主義の問題に関して恐れるべき点は、土地、財産、住居、工場、企業やその他の手段に関する私的所有権の問題ではない。恐れるべき点は、長引く貧困であり、その結果、国民が党及び国の指導を信用しなくなり、党及び国を打倒しようとする敵に手を貸すことである。国民が裕福になれば、国家権力も必ずや強化され、国防の基礎も向上し、より多くの国民が全ての分野で国家建設に参加するであろう。党及び国家としても、国民の食糧不足について心配する必要がなくなる。経済を向上させるためには、国家経済、共同体経済、家族単位の経済、民間経済、国家と民間との混合経済の五つの経済構成要素を最大限に活用するとともに、生産活動の関係を生産力に見合った形で整備する必要があり、それによってはじめて前へ進むことができる。カンボジア国民の大部分は農民であり、国家経済も農業に依存しているため、この分野を早急に、かつ力強く改革することが求められる。この本の第二章でも書いたように、我々はこれを正しく行うことができておらず、経済と農民との関係についても、特に重要となる価格の要素を含めて生産を奨励するまでには至っていない。我々は、国民の希望と生産能力に見合った形でクロム・サマキを再編しなければならず、そのやり方は農地の活用に関する政策を改革し、また農民の土地所有権に関して心配のない形で行う必要がある。

つまり農民が安定した生産活動を行い、かつ土地の新規拡大に向けて資本と労働力を投入できるようにしなければならない。我々は、農民のために一層の資本投下をしなければならず、トラクターを既に保有する農民に対しても恐れずに、トラクター、ポンプ、その他必要な物資を売ってあげなければならない。我々は、国民が既存のゴム園で、また事業が行われていない場所で、ゴム、コショウ、コーヒーなどの商品作物を長年に亘って植えられるように支援しなければならず、また国民が農産物を生産できるように物資を支給しなければならない。国民が使用できる土地を国民から隠すことを止め、国民に土地を与えなければならず、愛国的貢献に代わる土地税に関する法令を定めなければならない。価格の問題は、生産活動を推奨し、国と農民との関係をも明確にする上で重要な要素である。従って、価格が国民の生産物の真の価値に合致すること、つまり農民の真の利益を保証するように改革を行う必要がある。工業、手工業、運輸及び建設の問題においては、企業に生産及び流通を管理する権限を与えるなどの改革を行うという勇気ある一歩を踏み出す必要がある。また一部の生産物については、市場が受け入れ可能な水準で価格を決定できる権限を工場に与える必要がある。国は、事業運営を管理することは止めるべきであり、企業が自立性を失うような上から下まで介入して管理するような状況を止めるべきである。国は、頭脳の部分のみを管理することとし、どんなに踏み込んでも胴体部分までにとどめるべきである。つまり、一部の企業については、国は収入と国家財政に収める税の支払いのみを管理することとする。社会の大部分の人々が使用する製品を作る企業については、国は価格も管理することとするが、タバコ、酒、清涼飲料水などの企業については、市場に受け入れられ、かつ収益を得つつ事業が行える水準で価格を企業自ら決定できるようにすべきである。

我々は、民間の事業者に門戸を開き、工業、手工業、土木工事や輸送業を拡大したり、民間が国と合同で事業を行ったりできるようにすべきである。国に事業を行う余力がなく、または国が事業を行っても収益を生み出せない工場や企業については、民間と合同で事業を行うか、民間に経営を委託するか、または民間に売却することもできる。何故なら、そのいずれの方法でも工場を休止させたり、赤字経営をさせたりしておくよりも利益があるからである。輸送業については、人々の輸送の需要に応じて民間の事業者が資本投下し、輸送手段を作り出し、またモーターボートや船、車両を輸入できるように奨励していかなければならない。ここで恐れるべきものは、車両の持ち主でもなければ、モーターボートや船の持ち主でもない。恐れるべきものは、国民の生命への危険であり、輸送手段の不足に起因する、国民が移動する際の困難や悲惨さであり、時間的遅れである。国が事業者を調査・検討し、監督することは可能である。土木工事にしても、今後増加していく建設需要に対応するために、国民にその実施を奨励しなければならない。価格、給与、流通、貨幣及び予算の問題は、複雑で解決困難であることから、我々党及び国家にとって喫緊の課題である。カンボジアでは過去一〇年間に二つの市場と三つの価格が生まれた。即ち、国の市場と自由市場、また配給価格、事業保証価格及び自由価格であり、これらによって市場を統制する上で多大の困難が生じている。我々の改革は、「一つの市場、一つの価格」という目的を目指したものであり、現状では、単に価格のみに関係したものではなく、財務、予算、貨幣及び給与にも関係している。財務、予算、貨幣及び給与と価格に関する仕事は、別々の仕事であるが、それらは相互に密接に関連している。もし、それぞれを別々に実施し、相互の関係を考慮しなければ、良い成果は得られないであろう。

最近になって、我々は国内の価格換算率の改定に基づいて、米や農産品の買い入れ価格及び輸入した物資や商品の売却価格の改定を行ったが、全体として言えば、価格と実際の価値との差はいくらか縮まったとはいえ、まだ調整されておらず、国民からの買い入れ価格と国の生産物の売却価格を含め、国が設定する価格と自由市場の価格との開きは依然として残っている。「一つの市場、一つの価格」を目指す目的は、この価格に関する業務から始めるべきだが、今後取るべき措置については慎重に行わなければならない。何故なら、この問題は予算及び貨幣や社会の人々の生活にも影響を及ぼすからであり、また生産活動を奨励することにもなるからである。価格決定制度も改正が必要であり、国家としては戦略性のある物資についてのみ価格を決定することとし、それほど大きな影響のない物資については、企業の決定に委ねて、市場の要請に応じて変動するようにすべきである。

給与の問題は、解決が必要な今日的な課題である。一九七九年以来給与に関しては二つの状況があった。貨幣が使用される以前には、支援（給与）は物資によって行われ、貨幣の流通開始後は、給与は貨幣によるものと、市場価格が不安定であったために配給価格による物資の支給とで構成されていた。これにより毎年国が不足分約三〇億リエルを補完していた。党・政府幹部、職員及び労働者は、これらの物資が給与であることを知らなかった。また、これらの配給により管理者側に多大の困難と煩雑さをもたらしていた。現在、市場における商品の力（価格）は相当程度安定しているので、物資の配給を終えるか、少しずつ物資を減らし、やがて完全になくすことができれば、これまで国が不足分を補うために物資購入用にあてていた資金を給与に回すことができるようになるであろう。こうすることで、党・政府幹部、職員及び労働者は、彼らの真の給与を知ることができる。これによって原価での給与記録簿の作業と企業活動の流通費用の記録簿作業とが正確になり、損失と収益とが明確になる。国は、残った物資を売却して資金を回収してきたが、配給物資を隠れて市場で売却して利益を得るという状況は終わらせることができる。

独立採算制による生産体制は様々な形態がありうるが、たとえ給与形態を物資の配給から金銭支給に移行させたとしても、生産物を得るという観点からは、生産活動を促進するためにあえて生産者個人の利益を奨励すべきである。過去数年間、我々は国、共同体及び個人のそれぞれの三つの利益を緊密に連関させてきたが、国と共同体の利益を重視しすぎた嫌いがあり、そのために生産活動における個人間の競争を促進できなかった。最近になって、我々は生産量に従った給与支給体制を導入したが、労働者の利益には制約があった。例えば、企業の利潤がどれだけ多くとも、労働者は四か月分または六か月分を上回る給料を受け取ることができなかった。また、一二か月分の給与をもらっても、共通の口座で分配してしまった。我々は、「多く生産し、多くの生産物を得るという完全請負方式」を採用すべきである。例えば、ゴム園の労働者に対しては、採取したゴムの樹液一リットル当たり例えば二リエルなどと決めるべきで、一〇リットル取れたら二〇リエルを供与し、一〇〇リットル取れたら二〇〇リエルを供与するというようにする。こうすることで、生産活動における競争を生み出すことができ、事業者側も帳簿がつけやすくなる。この全面的に出来高に基づいた給与体系を実施する基礎に立ち、国としては生産者に貸付金を完全に請け負わせることができ、生産者はそれを活用できる。そのため（現在の）事業管理方式を止め、以前のように国側が上から下まで管理するやり方を終わらせ、事業側がその事業実施を管理できるようになる。

商品の流通及び輸出入についても、改善しなければならない。最近我々は一部を改善したが、まだ試行錯誤の段階で場合によっては（改革の方向が）左から右へと揺れており、更なる調整が必要となっている。

我々は、一部の企業に対して自身の産品を流通させる権限を付与し、以前のように商業部門に独占的に行わせないようにした。また、商業部門を、生産企業と同様に、企業から商品を買い付ける部門であると位置づけた。これは、商品流通の停滞を解消するためであり、企業自身が事業を管理できるようにするためのものである。

過去数年の貿易に関しては、生産物の輸出量が増加し、商品輸入の対価としての金の流出は減少していたが、国はまだこの貿易の仕事がきちんとできなかった。中央当局が地方を掌握できておらず、中央は地方の州や市に制約を課して貿易を行わせなかったので、民間側がその機に乗じて容易にまとまった量の物資を輸出できた。一方、国の定める価格と自由市場価格とが異なっていたので、我が国と貿易関係を有する国々との商品の交換のために輸出用物資の国によるまとめ買いが困難に直面した。民間側が輸出入を管理しやすいように、カンボジア人民共和国の国会は憲法第一九条の「外国との貿易は、国家の独占的な管理下にある」という規定を改正して、「外国との貿易は、国の管理と指導の下にある」とした。これは、民間側が、国の指導と管理の下で輸出入ができるようになることを意味する。同時に、中央としては、作物栽培の増産を促進して輸出用物資の源となるものを集め、また地元に資本の源泉を作り出すために、地方の州や市に対して国の計画を超える、または計画外の物資の輸出入を行う権限を付与した。買い入れ価格についても、国が固定価格を定めない方向で改訂されることになり、収益を生みだす輸出入を行うことを基本とし、買い入れの際にも国際市場価格に応じて変動するようにした。しかし、州、市及び民間に開放した結果、左から右に振れすぎてしまい、州や市の中には輸出入に関心を払いすぎて、生産活動の促進に対する考慮を忘れてしまったり、買い入れや入札が争うように行われたりしたことから、市場の管理が困難になる現象が見られた。このため国は、州、市及び民間に対して輸出入に関する原則を定めた。その原則とは、州や市が輸出できる物資は、中央に対して計画に基づいて国に供出した後の計画を超える分の物資であり、また中央が買い入れを行わない計画外の物資であって、かつ州の管轄内にある物資である、ということである。また、ある州が別の州の物資を購入してはならないこととしている。それに対して、民間側は最初と最後の部分で活動を行わなければならない。つまり、内陸部に位置する州や市は、民間業者を使って買い入れを行い、対外的な窓口となる州や市を通じて輸出ができる。次に対外的な窓口となる州や市は、民間業者を活用して輸出を継続したり、一部の国が我が国に対して経済制裁を課している政治状況のために輸出入ができない場合には、逆に物資を買い戻したりすることができる。

我々の貿易収支は大きく均衡を崩しており、金の流出は一部で減ったものの続いている。外国への債務も増え続けている。いまここで我々が取るべき措置は、生産活動を力強く押し進め、輸出用商品の価値を高めるために、商品加工の現場を充実させることであり、また輸出できる生産物の買い入れに努めることである。これによって貿易赤字を縮小し、輸入商品の支払いに用いる金の流出を最小限に留めなければならない。

改革すべき課題は依然として多いが、カンボジアの改革は他国の改革とは異なっている。我々は、「全体と個別」との関係性や政治経済社会システムが一つの統一体であることは理解しているが、カンボジアの現状では全面的な改革はできないのであり、既にある基礎に基づいて改革しなければならない。従って、我が国の改革は、部門ごとの、またそれぞれの関連性を踏まえた段階的なものであるべきであり、それは現状にそぐわない点の改革であり、またこれまでになかった点を補うものである。それは、静かな改革、または公表しない形での改革とも言うべきものであり、実行すること、教訓に学ぶこと及び責任感を持って取り組むことが求められる。国民の貧困状態を解消し、国家を喜びへと導くために、大胆に思索し、行動し、責任を持つことが必要となる。経済問題における改革の重要なポイントは、計画化、政策綱領及び管理体制に集約され、これらの点から、現状及び国民の真の能力に合致した経済理論と戦略を作り上げていく必要がある。カンボジアの実情は市場経済と位置づけられることから、計画を策定するためには、必要性や利便性を起点としなければならない。国家や社会の利益のためには、個人の利益を起点としなければならない。個人の利益は、生産を促進する競争の中から生まれる合法的な利益であり、国家や社会の利益を侵すものではなく、またこの問題は価格や給与の問題とも密接に関連している。管理体制は、簡素で柔軟なものとしなければならない。

政治情勢は我々に有利に進展しているが、いまなお複雑である。我々党及び国は変動する情勢の中で国を指導しているが、党員及び党・政府幹部は、あらゆる情勢に対応できるよう政治面での確固とした姿勢が求められる。船は出航当初に定めた目標に向かって進まなければならないが、その船は新しいエンジンを備えて改善されている。その船は、強く吹き荒れる嵐の中を航行中であり、到達すべき岸辺は遠い。我々は、これまで最も困難な時期（一九七九〜八〇年）を経たことから、目的に到達できることを期待している。我々がこれまでに経験してきたことは、我々国民の真の能力と力量とを示すものである。つまり、時は我々に味方しており、未来はカンボジア国民の掌中にある、と言える。

解題

今川幸雄

一　本書の時代背景

本書のテーマである「カンボジア問題」とは、広義には、一九七〇年三月のロン・ノルによるシハヌーク殿下に対するクーデターにより始まった内戦を端緒に、一九七五年〜七八年のポル・ポト政権による大虐殺を経て、一九七九年に樹立されたいわゆるヘン・サムリン政権と三派連合政府との内戦が一九九一年のパリ和平協定により終結するまでを指す。一方、狭義には一九七九年から一九九一年までのヘン・サムリン政権と三派連合政府との内戦を指すこともある。

フン・セン首相が本書で取り扱っているのは、一九七九年から一九八九年までの期間であり、狭義のカンボジア問題を中心に記述している。フン・セン首相が本書の中で指摘している通り、カンボジア問題は、東西冷戦構造の中の代理戦争である。即ち、フン・セン首相のカンボジア人民共和国（後の「カンボジア国」。いわゆる「ヘン・サムリン政権」）側をベトナム、旧ソ連や東側諸国が、一方敵対する三派連合政府側を中国、米国、ＡＳＥＡＮなど西側諸国が支持していた。また、対立の構図は、米ソ対立だけではなく、中ソ対立、中越対立などの要素も複雑に絡み合っていた。

一九八〇年代後半、特に一九八九年は、いわゆる「冷戦終焉」の年であり、米ソの首脳が地中海のマルタ島で「冷戦終了宣言」を行ったが、これに加えて、中国とベトナムとの間では外務次官会談が、中国とソ連との間では首脳会談が行われ、カンボジア紛争解決のためにも国際環境は有利に働いた。

本書は、代理戦争の戦場となった当事者から見た内戦勃発から和平交渉開始に向けた記録で、冷戦構造を理解する上でのケース・スタディーということができる。カンボジア問題は、大国の視点で書かれることが多く、当事者の視点で書かれたという意味で本書は貴重な史料である。特に、一九八〇年代のカンボジアを実効支配していた「ヘン・サムリン政権」は、西側諸国との国交がなかったため資料が少なく、その意味でも、当時の政権のトップが第一次資料を用いて情勢分析を行っているという意味でも貴重な歴史的資料と言うことができる。

二　フン・セン首相という人物

フン・セン首相は、一九五二年八月五日にコンポンチャム州のストゥントラン郡で生まれる。小学校卒業後、首都プノンペンで寺院に住み込みながら中等学校に通った。一九七〇年、シハヌーク殿下が親米のロン・ノルによるクーデターで失脚させられたのに伴い、フン・セン首相はシハヌーク殿下の呼びかけで、カンプチア民族統一戦線に加わり、ロン・ノル政権軍との闘争に加わった。その中、一九七五年の戦闘で左目を失明した。一九七六年一月、サムヒエン夫人（現ブンラニー・フンセン夫人）と結婚。一九七七年にクメール・ルージュ軍を離脱し、ベトナムに逃亡した。一九七八年に同志と共にカンボジア救国連帯戦線を結成し、ベトナム軍と共にクメール・ルージュ政権に攻め入り、一九七九年一月に同政権を打倒した。その後設立されたカンボジア人民共和国（いわゆる「ヘン・サムリン政権」）の外務大臣に二七歳で就任し、一九八五年には三三歳で首相兼外相に就任し、内政・外交で卓越した手腕を発揮した。

写真12　カンボジアに関する東京会議に参加したフン・セン首相（出典：1990年6月5日付毎日新聞）

特に、一九八七年一二月から開始されるシハヌーク殿下との二者会談でカンボジア人の立場から和平への協議を重ね、紆余曲折を経ながらも、一九九一年六月の第八回会談で実質的な和平に合意した。これを通じて、党派を超えてカンボジア国民から敬愛されていたシハヌーク殿下とフン・セン首相との間に信頼関係が醸成されたと言われている。

パリ和平協定を受けた一九九三年の国連による選挙後は第二首相、一九九八年以降は首相として、常に陣頭指揮で強力なリーダーシップを発揮して、クメール・ルージュの崩壊、政治の安定、経済発展をもたらした。

写真13　カンボジアに関する東京会議に参加したシハヌーク殿下　（出典：1990年6月5日付毎日新聞）

本書は、こうした政治家フン・セン首相の政治思想を述べたものでもある。当時のカンボジアをめぐる内外の情勢にかんがみると、フン・セン首相が本書の中で扱っている情報量や分析力には驚かされるものがある。また、フン・セン首相の愛国心、独立心、闘争心が率直に綴られている。そこには、大国の運命に翻弄され、小国の悲哀を感じつつも、その中でしたたかに生き抜く逞しさを感じる。特に、第四章では、和平のあり方を詳述しているが、冷戦構造の崩壊という激動する国際情勢を分析し、その中で民族自決権や複数政党制の受入れなど、国の舵取りに関する決断が示されている。

これらは、今日のフン・セン首相の政治スタイルを理解する上でも、参考になると思われる。

三　フン・セン首相との出会い

私は、一九五七年四月二二日に外務省のカンボジア語を専門とする研修員として、カンボジアに着任した。以来、一九九六年四月に退官するまでの約四〇年間に亘り、カンボジアとカンボジア人を愛し、尊敬しつつ勤務し、最後は和平後のカンボジア王国で大使を務めることができたことは幸運であった。

その中でも、特に印象に残っている二人の人物がいる。一人が、シハヌーク前国王（二〇一二年に崩御）である。私がカンボジアに初めて着任してから七日後に吉岡範武大使公邸での天皇誕生日レセプションで、当時首相兼外相のシハヌーク殿下にお会いし、固い握手と共に激励して頂いた。このことが、自分の一生を日本とカンボジアとの友好のために捧げようと心に誓った瞬間であった。その三〇年数後には、幸いにも、シハヌーク国王が元首のカンボジアに対する日本の大使となり、外交官生活を終えることができた。

写真14　フン・セン首相（右）との面談時の筆者。1996年（写真提供：今川純子）

もう一人がフン・セン首相である。日本政府がカンボジア和平に積極的に関与を開始した頃の一九九〇年一月、私はパリからバンコクに転任し、バンコクの日本大使館で公使として「ヘム・サムリン政権」との関係を担当した。これに対し、池田維公使が三派連合政府との関係を担当し、二人で紛争中の両「政府」への対応を分担していた。私が最初に公式にフン・セン首相に会ったのは、一九九〇年五月一日で、同首相がタイを訪問した際にシハヌーク・フン・セン東京会談を打診するためであった。その時には、フン・セン首相は、喜んで東京に行くと承諾してくれた。この東京会議の結果、国連による暫定統治期間に主権を体現する機関として最高国民評議会（ＳＮＣ）の構成につき、それまでの三派連合政府及びヘン・サムリン政権の四派で各二五％とする案から、三派連合政府と「ヘン・サムリン政権」とをそれぞれ五〇％ずつの同数とする案で合意が成立し、署名が行われた。今日でも、フン・セン首相はこの東京会議でのSNCの構成に関する合意を成果として誇らしげに言及している。

和平後、私はSNCに対する日本政府代表（後に、特命全権大使）としてカンボジアに赴任した。私は、カンボジア和平はシハヌーク殿下とフン・セン首相のイニシアティブで始まり、両者の協力により達成されたとの認識から、シハヌーク殿下と並びフン・セン首相との関係を重視して仕事を開始した。

和平後、しばらくの間日本大使館及び大使公邸は共に、当時カンボジア唯一つの高級ホテルであった「ホテル・カンボジアーナ」の中に構えていた。その後、私はフン・セン首相邸の隣の物件を借り上げて大使公邸として使用した。私は、何かあると徒歩でフン・セン首相邸にお邪魔し、仕事の話をし、時には夫妻で呼ばれて歓談させて頂いた。この日本大使公邸とフン・セン首相邸との物理的な距離の近さは、日本とカンボジアとの親密さを象徴的に示すものでもあったと思う。

四　和平後のカンボジア

本書は、一九八九年までで記述が終わっているため、将来予測も「戦争は継続する」としつつも、「時は我々に味方している」として、慎重な表現になっている。

一方、和平交渉は順調に進展し、一九九一年一〇月二三日にパリ和平協定が署名された。同協定に基づき、一九九二年三月から明石康国連事務総長特別代表を長とする国連カンボジア暫定機構による暫定統治が開始され、一九九三年五月に国連管理下の選挙が実施された。選挙では、シハヌーク殿下が創設したフンシンペック党が第一党となり、フン・セン首相の人民党は第二党となった。その後混乱があったが、シハヌーク殿下の知恵で、第一党となったフンシンペック党のラナリット殿下と第二党となった人民党のフン・セン氏を共同首相とする暫定政府が発足した。同年九月には、憲法が採択され、シハヌーク殿下が国王に再即位して「カンボジア王国」が発足し、ラナリット第一、フン・セン第二両首相率いるカンボジア王国政府が活動を開始した。

4　和平後のカンボジア

1　政治

連立政権による国造りは、暫くは国際社会の後押しを受け、順調に滑り出した。

しかし、一九九七年、五年毎に行われる第一回選挙を一年後に控え、両党間の軋轢が表面化し、両首相配下の軍同士の武力衝突が発生した。このため、一九九七年六月に米国・デンバーで行われた主要国首脳会議（サミット）で、日本の橋本総理はカンボジア情勢の緊迫化への憂慮を表明して特使の派遣を提案し、これにシラク・フランス大統領が同調して、日仏特使の派遣が決定された。日本側の特使は自分（今川）が、フランス側の特使はクロード・マルタン外務次官補が任命された。ところが、日仏特使の働きかけにもかかわらず、七月五、六日にはラナリット第一首相系軍とフン・セン第二首相系軍との武力衝突が発生し、ラナリット第一首相は国外に逃れた（七月事変）。

国際社会は、一九九三年に国連ＰＫＯの実施によりカンボジアにもたらされた平和が損なわれることを懸念し、カンボジアの双方の当事者が選挙に参加できる政治環境を醸成した上で、一九九八年七月の総選挙を自由かつ公正に実施することを通じて、平和と安定を回復させるべきとの政策をとった。米国が結成したフレンズ・オブ・カンボジア（メンバーは、国連安保理常任理事国五カ国、ASEANトロイカ（タイ、フィリピン、インドネシア）、日本、オーストラリア、ニュージーランド、ドイツ、韓国、国連）や日本の仲介もあり、一九九八年七月二六日、国民議会選挙は自由かつ公正に実施された。

この選挙で、与党人民党は、第一党の地位を獲得した。これに対し、ラナリット殿下のフンシンペック党とサム・ランシー党は、選挙結果を認めようとしなかった。このため、シハヌーク国王（当時）が仲介役を果たし、フン・セン首相は単独で首相に就任し、新たに上院が設置されて、国民議会議長だったチア・シムが上院議長に就任し、第一首相であったラナリット殿下は、国民議会議長に就任した。

その後カンボジアは、五年毎に国民議会選挙を実施し、フン・セン首相が副党首（二〇一五年以降は党首）を務める与党・人民党は勝利を続けている。特に、二〇〇八年には一二三議席中九〇議席を占める大勝を収めた。

しかし、二〇一三年の国民議会選挙では野党・救国党が躍進し、一七年の地方選挙でも勢力を伸長させた。その後同年九月、司法当局は野党・ケム・ソカー党首を国家反逆罪で拘留し、一一月には同党を解党し、幹部一一八名を五年間の政治活動禁止処分にした。一八年七月に行われた国民議会選挙では、人民党が大幅に得票数を積み増しし、得票率七割強を獲得して、全一二五議席を独占した。

2　軍事

一九九三年の新政府成立後も、残存していたクメール・ルージュは軍事活動を続け、政府軍との間で北西部のタイとの国境地帯での戦闘が継続した。しかし、一九九六年頃からのフン・セン首相の「敗者なき解決策」により、内部分裂が生じ、同年八月に北西部のパイリンを拠点とする反ポル・ポトのイエン・サリ元外交担当副首相が、約四〇〇〇名の部下を連れて政府側へ投降した。

一九九七年には第一首相のラナリット殿下がポル・ポトと交渉しようとしたとの情報もあり、これがきっかけとなり、先述のとおりフン・セン首相との間で一九九七年七月の事変が発生した。

一九九八年四月にはポル・ポトが死亡し、同派の政府側への投降が相次いだ。これらの元ポル・ポト派兵は、土地と財産を保持することを政府から認められる形で統合され、いわゆるポル・ポト派は消滅し、カンボジア全土の安定が達成された。

一方、二〇〇六年から国連の協力を得て、カンボジアの国内裁判所でクメール・ルージュの幹部を裁く裁判が実施されている。

二〇一二年にドゥイッ元S21国家中央治安本部長に無期禁固刑の確定判決が下され、二〇一六年にヌオン・チア元国会議長及びキュー・サンパン国家幹部会議長（国家元首）に対しても、人道に対する罪に関して無期禁固刑の確定判決が下された。また、二〇一八年には両名に対し、チャム人やベトナム人の虐殺等の罪で初級審が無期禁固判決を下し、これに対して、被告側は控訴手続き中であったが、一九年八月、ヌオン・チアは死去した[1]。

3　経済

カンボジア政府は、和平後、内戦で荒廃した国を再建するために、諸外国・国際機関からの援助を獲得し、民間投資を誘致することを積極的に推進してきた。特に、ポル・ポト派が消滅した一九九八年以降は、経済発展のための諸改革を本格的に開始した。二〇〇四年にはＷＴＯに加盟した。

二〇〇四年以降は、貿易、投資、観光の順調な伸びを背景に四年連続で二桁の成長率を達成した。二〇〇九年には金融危機の影響で成長率が落ち込んだものの、その後一〇年間、平均七％の成長率を達成した。

二〇一八年に一人当たりＧＤＰが一、四八五ドル（ＩＭＦ）となり、低中所得国入りを果たし、二〇三〇年までの高中所得国（四〇三六ドル～一万二四七五ドル）入りを目指している。

二〇一五年末にＡＳＥＡＮ共同体が発足し、中国／タイ／ベトナム・プラス・ワンの流れの中で、カンボジアへの投資に関心が高まる中で、海外直接投資を受けつつ経済成長を図っている。

一方、経済の多角化、産業競争力強化、生産性向上による高成長の実現が課題である。

4　国際社会への統合

カンボジアは、冷戦の影響下で長年に亘る内戦と西側諸国との対立を経験したこともあり、体外政策は、中立・非同盟、近隣国をはじめとする各国との平和共存を謳う。和平後の新政府は、国際社会に統合し役割を担うことを重視している。これまで一九九九年にＡＳＥＡＮに加盟し、アフリカ諸国等での国連ＰＫＯへの要員派遣を重視し、のべ七〇〇〇人以上を派遣してきた。

五　日本との関係

一九八〇年代、日本は三派連合政府を承認しており、フン・セン首相の「ヘン・サムリン政権」との外交関係はなかった。今日のような日本とカンボジアとの緊密な関係が築かれるのは、国連による総選挙を受けた新政府成立後である。

日本政府は、カンボジア和平を維持するためにも、同国の復興・開発を積極的に支援した。日本は、一九九三年九月、九四年三月、九五年三月、中長期的な復興援助の調整メカニズムとして「カンボジア復興国際委員会（ICORC）」の議長をフランスと交代で務め、国際社会からのカンボジアへの支援獲得を後押しした。

日本は、二国間でも復興のために政府開発援助（ODA）を最大供与国（トップドナー）として供与した（但し、二〇一〇年以降は中国がトップドナー）。それらは、道路、橋、電力施設といった基礎的インフラや上水道、保健医療、教育といった基礎生活分野などへの無償資金協力であり、また専門家の派遣や研修生の受け入れといった技術協力も盛んに行っている。特に、クメール・ルージュの大虐殺により知識人や有識者を中心に多くの人材が失われたため、奨学金の供与等を通じて人材育成を重視している。

一九九九年以降は、カンボジアの開発努力を後押しするため、大型インフラ案件等を支援するために円借款の供与を開始した。

また、人権・民主化分野の支援として選挙実施に際して資金協力、選挙専門家の派遣や選挙監視団の派遣を実施してきている。カンボジアの司法関係者の能力向上や司法体制の整備・向上を図るために、民法・民事訴訟法の起草支援や法曹人材の育成を行っている。国民大虐殺を行ったクメール・ルージュ政権の幹部を裁くためのクメール・ルージュ裁判に対しても、国際社会からの支援全体の約三〇%を支援している他、日本の野口元郎検事が上級審の国際判事として約六年間に亘り勤務した。こうした日本の援助は、カンボジア政府・国民から高く評価され、歓迎されている。

二〇〇八年に両国間で投資協定が発効し、また近年の中国／ベトナム／タイ・プラス・ワンの投資先として日本企業はカンボジアへの投資に関心を高め、二〇一一年から進出が本格化した。現在軽工業から精密機器関連製造業まで幅広く進出している（カンボジア日本人商工会加盟の日系企業は二〇二〇年一一月時点で二五三会員）。特に、二〇一四年六月には、大型ショッピング・モールのイオン・モールが開店し、週末には多くのカンボジア人や日本人など外国人で賑わっている（二〇一八年五月には二号店もオープン）。

二〇一六年九月に全日空による成田・プノンペン間の直行便が就航し、人的往来の利便性が大きく向上した（現在はコロナ禍のため休止中）。

このように、日本とカンボジアの関係は、和平後の復興支援に始まり、今日では政治・経済、文化、人的交流など幅広い分野で緊密化している。

六　カンボジアの今後

カンボジアは、政治、軍事、経済、国際関係の各分野で、内戦の負の遺産を乗り越え、復興・発展の歩みを着実に進めた。フン・セン首相は、常にその最前線にいて陣頭指揮で国造りを推進した。その意味から、フン・セン首相の和平から復興・開発において果たした役割は歴史的意義があるといえよう。

一方、二〇一七年一一月に野党・救国党が解党され、二〇一八年の総選挙では与党人民党が全一二五議席を独占し、欧米諸国からは、これまでの民主主義の路線から外れたとして非難されている。これまでのカンボジアは、内戦を終結させ、成功裏に国造りを進めたサクセスストーリーであったが、今後はどうなるであろうか。

カンボジア国民は、一五歳未満の人口が約三割を占めるなどクメール・ルージュ政権を知らない若い世代が多くなってきている（二〇一九年人口センサス）。このため、国民の社会に対する見方も、これまでの平和と安定を望むものから変化を望むものに変わってきているとも言われる。

カンボジアは、和平プロセスを経て周辺国（ベトナム、ラオス）よりも一足先に民主主義を導入し、様々な制約がある中で定期的な選挙の実施を通じた国政運営に真面目に取り組んできたと思う。

同時に、民主主義は時間のかかるプロセスである。現在国政を担っている政治家は、与野党を問わず内戦を生き抜いた人々であり、戦争を通じて植え付けられた敵愾心は容易には克服されないのではないか。また、いまだにカンボジアは人材不足など内戦の負の遺産を克服しきれておらず、紆余曲折は避けられないのかもしれない。また、周辺国も、民主主義の観点からは様々な課題を抱えている。

カンボジアの運命は、カンボジア人が決めることである。カンボジアの若者は、内戦を生き抜いた世代とは異なる、新しい感覚で社会や世界を見ているようである。カンボジアの将来は、こうした若い世代が作っていくものである。

和平以来のカンボジアの歩みという意味で、日本は最も緊密な国の一つである。これからは和平プロセスのような、日本とカンボジアとが二人三脚で歩んだ時期からは、一歩進み、カンボジアが「普通の国」として歩んでいくことを隣で見守りながら支えていく、という関係になっていくと思われる。

注

（1）二〇二二年九月、クメール・ルージュ裁判最高審はキュー・サンバン被告に対し、初級審判決（無期禁固刑）を支持する判決を下し、本裁判プロセスは終結した。

（2）本稿の執筆に当たり、外務省ＨＰ等の資料を参照した。

訳者あとがき

川口正樹

このフン・セン首相の著書の翻訳の監修をして頂いた今川幸雄元駐カンボジア日本大使が，二〇二一年一二月三〇日に逝去された。心からご冥福をお祈り申し上げる。

今川大使は、私が一九九三年六月に初めて大使館での勤務を開始した際の上司である。今川大使は、外務省のカンボジア語専門家の大先輩であり、カンボジア和平プロセスにおいてパリ会議の第三委員会共同議長を務められるなど数々の輝かしい業績をお持ちの理想の存在であった。駆け出しの私に対して、外務省の仕事のやり方やカンボジア語専門家としての仕事に臨む姿勢など多くのことを教えて頂いた。この本の翻訳のお話を頂いたのも今川大使からである。以来、仕事の合間に少しずつ翻訳を進めたが、多忙を理由に、少しずつしか進められず、全く手がつけられない時期もあったので、思いの外時間がかかってしまった。今川大使が、御存命の間に完成させられなかったことは本当に残念である。

写真15　フン・セン首相（右）と今川幸雄大使、1996年（写真提供：今川純子）

この本の思い出について一言だけ述べさせて頂く。

このフン・セン首相の著書は、カンボジア語専門家としての自分にとり教科書であった。フン・セン首相は、カンボジアの最高権力者であり、かつ有言実行の人であるので、その発言は政府の政策そのものであり、また政策の背景説明であったりもした。そのため、同首相を理解することは、カンボジアを理解することに等しかった。フン・セン首相は、頭脳明晰ではあるものの、外国語は不得手で、日本の要人と会談する際にはカンボジア語を用いる。また、カンボジアの特殊事情としてポル・ポト時代の知識人の虐殺の影響もありカンボジア政府に日本語の専門家が極めて少ないということがある。このため、長年に亘り私達外務省のカンボジア語専門家が日本側のみならず、カンボジア側の通訳も担当する双方向通訳（一人二役）を行ってきた。幸い、私も何度となく同首相と日本の要人との通訳を務める機会に恵まれた。その際に、私はこのフン・セン首相の著書を翻訳のために読み込んでいたため、同首相の考え方のみならず、文章表現や語彙などが頭に入っていたので、通訳を務める上で非常に役立った。

この本に記述されたカンボジアの歴史は、カンボジアで最も困難な時期の記録である。その後、カンボジアを取り巻く内外の情勢は変化し、カンボジアはポスト・コンフリクト国としては、比較的順調に発展してきたと考える。今後紆余曲折はあるかもしれないが、カンボジア人のレジリエンス（精神的回復力）で、より良い未来を築いていかれることを確信している。

最後に、本書の日本語訳を快諾して下さったフン・セン首相、本書に序文を寄せて頂いた石澤良昭上智大学教授、本書の出版を引き受けて頂いた株式会社風響社の石井雅社長、古口順子様に感謝申し上げたい。また、長年に亘り、翻訳作業を見守ってくれた妻・洋子と長男・伸作に謝意を表したい。

本書の翻訳を長年に亘り忍耐強く見守って下さった今川幸雄大使に心からの敬意と感謝を込めてこの本の出版を報告申し上げたい。

	7月26日	クメール・ルージュ裁判特別法廷（初級審）、ドゥイッ元S21国家中央治安本部長に35年（実質は19年）の禁固刑を言い渡す
2012	2月3日	クメール・ルージュ裁判特別法廷（最高審）、ドゥイッ元S21国家中央治安本部所長に無期禁固刑を言い渡す
	6月3日	第3回村・地区評議会議員選挙
	6月27～29日	皇太子殿下（現今上天皇陛下）、カンボジア御訪問
	10月15日	シハヌーク前国王、崩御
2013	3月14日	イエン・サリ元外交担当副首相（クメール・ルージュ裁判被告）死去
	7月28日	第5回国民議会議員選挙
	9月23日	第5期国民議会開会（翌24日フン・セン首相再任、新政府成立）
	11月16～17日	安倍総理、カンボジア訪問
2014	5月18日	第2回首都・州、市・郡・区評議会議員選挙
	8月7日	クメール・ルージュ裁判（初級審）、第二事案第一セグメントで、ヌオン・チア被告及びキュー・サンパン被告に無期禁固刑を下す
2015	6月8日	チア・シム上院議長（人民党党首）死去、（サイ・チュム第一副議長が新議長に選出）
	9月1日	全日空、日本カンボジア直行便を就航
2017	6月4日	第4回村・地区評議会議員選挙
	9月3日	ケム・ソカー救国党党首、国家反逆罪の容疑で逮捕
	11月16日	最高裁、救国党の解党を決定
2018	7月29日	第6回国民議会議員選挙
	11月16日	クメール・ルージュ裁判（初級審）、ヌオン・チア被告及びキュー・サンパン被告に別の訴因で終身刑判決を下す
2019	8月4日	ヌオン・チア被告（ポル・ポト政権国民議会議長）死去
2022	3月20、21日	岸田総理、カンボジア訪問
	9月22日	クメール・ルージュ裁判最高審、キュー・サンパン被告に対し、初級審判決（無期禁固刑）を支持する判決を下し、本裁判プロセスは終結

	11 月 30 日	フン・セン単独首相を首班とする人民党とフンシンペック党との連立政府成立
	12 月 25 日	ポル・ポト政権元幹部のキュー・サンパン元国家幹部会議長、ヌオン・チア元国会議長が投降、ポル・ポト派の終焉
1999	3 月 25 日	上院設置（議長：チア・シム人民党党首）
	4 月 30 日	カンボジア、ASEAN 加盟
2000	1 月 10 ～ 12 日	小渕総理、カンボジアを訪問
2001	6 月 21 ～ 27 日	秋篠宮同妃両殿下（現皇嗣同妃両殿下）、カンボジアを公式訪問。
2003	7 月 27 日	第三期国民議会議員選挙
2004	7 月 15 日	人民党とフンシンペック党との第三次連立政府成立
	10 月 6 日	ノドロム・シハヌーク国王、退位
	10 月 13 日	カンボジア、世界貿易機関（WTO）加盟
	10 月 29 日	ノロドム・シハモニ新国王、即位
2006	1 月 22 日	第二期上院議員選挙
	3 月 3 日	ラナリット殿下（フンシンペック党党首）、国民議会議長を辞任
	3 月 21 日	国民議会、ヘン・サムリン新議長を選出
	7 月 3 日	クメール・ルージュ裁判特別法廷、司法官の宣誓就任式
2007	4 月 1 日	第 2 回村・地区評議会議員選挙（地方選挙）
2008	7 月 7 日	プレアビヒア寺院、カンボジア政府の申請でユネスコ世界遺産に登録
	7 月 27 日	第 4 期国民議会議員選挙
	9 月 24 日	第四期国民議会開会式（翌 25 日、フン・セン首相を首班とする王国政府成立）
	10 月 3 日	プレアビヒア寺院周辺国境付近でカンボジア・タイ両国軍衝突（2011 年 4 月まで衝突は断続的に発生）
2009	5 月 17 日	第 1 回首都・州、市・郡・区評議会議員選挙
2010	5 月 16 ～ 22 日	シハモニ国王、国賓として訪日

	6月22日	東京でカンボジア復旧復興のための閣僚級国際会議 SNC東京特別会合
	8月22日	日・タイ共同でクメール・ルージュ説得工作開始（10月29日終了）
	9月20日	陸上自衛隊停戦監視員8名、プノンペン到着
	9月25日	陸上自衛隊施設大隊、プノンペン到着
	10月14日	日本文民警察官75名、プノンペン到着
1993	4月8日	国連ボランティア（UNV）・中田厚仁氏、殺害される
	5月3日	文民警察官・高田晴行氏、クメール・ルージュにより殺害される
	5月22日	シハヌーク殿下、プノンペンに帰還
	5月23～28日	UNTACによる総選挙施行
	6月10日	明石代表、選挙は自由かつ公正であったと表明
	6月14日	制憲議会発足
	6月16日	シハヌーク殿下、ラナリット、フン・セン両氏を暫定国民政府の共首相に任命
	9月8、9日	パリで第1回カンボジア復興国際委員会会合
	9月24日	新カンボジア王国憲法公布、シハヌーク殿下、国王再即位 ラナリット第一首相、フン・セン第二首相による新内閣成立
	9月26日	明石代表離任、UNTACは任務終了
1994	3月10～11日	東京で第2回カンボジア復興国際委員会会合
	5月27～28日	北朝鮮（平壌）でシハヌーク国王の呼びかけによるクメール・ルージュとの対話のためのラウンド・テーブル（6月に2回目を開くも、成果無し）
	7月7日	クメール・ルージュ非合法化法成立
1996	7月11～12日	東京で日本と世銀の共同議長の下、第1回支援国会合開催
1997	7月5～6日	ラナリット第一首相系軍とフン・セン第二首相系軍との間で武力衝突（7月事変）
1998	2月	日本政府、停戦とラナリット殿下の選挙参加に関する4項目の提案を行う
	4月15日	ポル・ポト死亡
	7月26日	第二期国民議会議員選挙

	5月24日	ブッシュ米国大統領、カンボジアに対する政策の全面的な見直しを表明
	6月4～5日	カンボジアに関する東京会議（第7回シハヌーク - フン・セン会談）、暫定期間の主権を体現する最高国民評議会の構成をカンボジア国民政府（三派連合政府）側とカンボジア国政府（ヘン・サムリン政権）側で同数とすることに合意
	7月18日	ベーカー米国務長官、カンボジア国民政府の国連議席をもはや支持しない旨を表明
	8月27～28日	国連安保理常任理事国5カ国、カンボジア和平の大枠を示した枠組み文書を作成
1991	4月20～26日	フン・セン・「カンボジア国」政府首相、医療目的で非公式に日本訪問
	5月1日	国連事務総長及びパリ国際会議共同議長の呼びかけを受け、停戦が発効
	6月2日	第8回シハヌーク - フン・セン会談（於：インドネシア・ジャカルタ）、和平の実質合意
	9月16日	第9回シハヌーク - フン・セン会談（於：米国・ニューヨーク）
	10月16日	国連カンボジア先遣隊（UNAMIC）設立
	10月17～18日	カンプチア人民革命党特別総会、政治体制を複数政党制民主主義とし、党名をカンボジア人民党に変更
	10月21～23日	カンボジア和平パリ国際会議 (第二会期)
	10月23日	カンボジア和平パリ協定調印
	11月10日	カンボジア最高国民評議会（SNC）日本政府代表・今川大使着任。代表部事務所開設
	11月14日	シハヌーク殿下、北京より帰国
1992	3月15日	明石康国連事務総長特別代表着任、国連カンボジア暫定機構（UNTAC）による PKO（国連平和維持活動）開始
	3月22、23日	フン・セン首相、日本、米国、フランスを歴訪 日本では、宮沢総理、渡辺外務大臣ほか要人と会談、日本のカンボジア PKO 参加を要望
	3月25日	今川幸雄駐カンボジア日本国特命全権大使任命、在カンボジア日本大使館再開
	3月30日	難民の帰還開始
	6月13日	和平協定に基づく停戦の第二段階開始。しかしクメール・ルージュは拒否
	6月15日	日本、国際平和協力法（PKO 法）成立

	12月2～4日	第1回シハヌーク - フン・セン会談（於：フランス）
1988	1月20～21日	第2回シハヌーク - フン・セン会談（於：フランス・パリ近郊）
	1月30日	シハヌーク殿下、北京で民主カンプチア連合政府大統領職からの辞任を表明（2月29日に復帰）
	6月30日	ラフディーン・アーメッド国連事務総長特使、プノンペン訪問。ベトナム軍の部分撤退
	7月10日	シハヌーク殿下、クメール・ルージュによるシハヌーク軍への攻撃を非難して、民主カンプチア連合政府大統領からの辞任を表明（翌89年2月に復帰）
	7月11日	プノンペンでインドシナ三国外相会合
	7月24～28日	第1回ジャカルタ非公式会合
	11月7～8日	シハヌーク - フン・セン - ソン・サンによる会談（於：フランス）
1989	1月25～27日	フン・セン首相、タイを私的に訪問し、チャイチャイ首相等と会談
	4月28日	チャイチャイ・タイ首相、「インドシナを戦場から市場へ」と宣言し、外交政策の転換を表明
	4月29～30日	憲法改正により、国名を「カンボジア人民共和国」から「カンボジア国」に変更
	5月2～3日	第4回シハヌーク - フン・セン会談（於：インドネシア・ジャカルタ）
	7月24日	第5回シハヌーク - フン・セン会談（於：フランス）
	7月30日～8月30日	カンボジア和平パリ国際会議（第一会期）
	9月26日	ベトナム軍、カンボジアから全面撤退
1990	1月15～17日	国連安保理常任理事国5カ国、カンボジア問題につき協議開始
	2月3日	民主カンプチア連合政府、名称を「カンボジア国民政府」に変更
	2月12～23日	日本外務省員、未承認政府（ヘン・サムリン政権）下のカンボジアを初訪問
	2月21日	第6回シハヌーク - フンセン会談（於：タイ・バンコク）
	5月1日	在タイ大使館の今川公使、タイのパタヤで初めてフン・セン首相と公式に接触、東京会談への参加を要請
	5月7日	シハヌーク殿下、カンボジア国民政府大統領の休止を表明（同月29日に復帰）

	1月10日	カンボジア人民共和国成立
	1月11日	シハヌーク殿下、国連安保理で「ベトナム侵略」を非難
	2月17日～ 3月15日	中国、ベトナムのカンボジア侵攻及び占拠への報復としてベトナムを攻撃
	2月18日	カンボジア・ベトナム友好・平和・協力条約調印
	8月19日	人民革命法廷、ポル・ポト、イエン・サリにジェノサイド罪にて死刑を宣告
	11月14日	国連総会、ベトナムの介入を非難し撤兵を要求、民主カンプチア（クメール・ルージュ）を唯一の正統代表と確認することを決議
1980	1月5日	プノンペンでカンボジア、ベトナム、ラオス三国外相会議開催
	10月22日	国連総会、カンボジア問題に関する国際会議招集等を求める決議を採択
1981	3月21日	シハヌーク殿下、北朝鮮でフンシンペック（FUNCINPEC、独立、中立、平和、協力のカンボジアのための民族統一戦線）結成
	5月1日	ヘン・サムリン政権下で初の総選挙
	5月26～29日	カンボジア人民革命党第4回党大会、ペン・ソヴァンを書記長に選出
	12月4日	カンボジア人民革命党、ペン・ソヴァン書記長の後任としてヘン・サムリンを書記長に選出
	12月6日	カンボジア共産党（ポル・ポト派）、解党を宣言
1982	6月22日	シハヌーク派、ポル・ポト派、ソン・サン派による民主カンプチア連合（三派連合）政府（CGDK）設立
1985	1月14日	フン・セン外相、閣僚評議会議長（首相）に就任
	4月	1984年11月からのベトナム軍の乾季攻勢により、民主カンプチア側の国内拠点が破壊される
		シハヌーク殿下、民主カンプチア連合政府大統領職から「健康上の理由」で辞任するも、その後辞任を撤回
	10月13～16日	カンボジア人民革命党第5回大会
1987	5月7日	シハヌーク殿下、クメール・ルージュに抗議し、民主カンプチア連合政府大統領職からの1年間の辞任を表明。ラナリット殿下が、フンシンンペック党代表に就任
	7月29日	インドネシア外相とベトナム外相がホーチミン市で会談、カンボジア紛争当事者による非公式会合を提案
	8月13日	インドシナ三国外相、インドネシア外相による全紛争当事者による非公式会合に関する提案を受け入れ

1955	3月3日	シハヌーク国王退位
	3月5日	父君ノロドム・スラマリット王即位
	3月23日	シハヌーク殿下、サンクム・レアストル・ニジョムを創設、総裁に就任
	12月4日	シハヌーク殿下（首相兼外相）、国賓として日本を訪問
	12月9日	日本カンボジア友好条約調印
1959	3月2日	日本カンボジア経済技術協力協定調印
1960	6月14日	シハヌーク殿下、国家元首に就任
	9月28日	カンボジア人民革命党第2回大会（30日まで）で、サロト・サル（ポル・ポト）が中央常任委員に、党名をカンボジア労働者党（カンボジア共産党の前身）に変更
1963	2月20日	カンボジア労働者党大会(21日まで）でサロト・サル（ポル・ポト）が書記長に就任
	8月27日	カンボジア、南ベトナムと国交断絶
	11月19日	カンボジア、米国の軍事・経済援助を拒否
1965	5月3日	カンボジア、米国との外交関係断絶
1969	7月21日	カンボジア、米国との国交再開
1970	3月18日	ロン・ノルによるクーデター、シハヌーク殿下を政権から追放
	3月23日	シハヌーク殿下、北京で「カンプチア民族統一戦線」を結成
1975	4月5日	政情不安のため在カンボジア日本大使館閉鎖
	4月17日	クメール・ルージュ、プノンペン入城。ロン・ノル政権崩壊。民主カンプチア政権（ポル・ポト政権）成立
1976	4月2日	シハヌーク殿下、国家元首を辞任 クメール・ルージュにより王宮内へ幽閉される
	4月14日	ポル・ポト、民主カンプチア政府首相に就任
1977	12月31日	カンボジア、ベトナムと外交関係断絶
1978	12月2日	カンボジア・クラチエで、反ポル・ポト政権のカンボジア救国連帯戦線の結成発表、議長にヘン・サムリン就任
	12月25日	ベトナム軍、カンボジアに侵攻
1979	1月7日	ベトナム軍、プノンペンを制圧。ポル・ポト政権崩壊
	1月8日	カンボジア人民革命評議会成立

カンボジア略年表

年	月日	カンボジアでの出来事
2世紀		扶南（ふなん）建国
7世紀初め		真臘（しんろう）勃興（8世紀には陸真臘と水真臘に分立）
802		ジャヤヴァルマン2世が即位
1113 ～ 1150?		スーリヤヴァルマン2世、アンコールッワット建立
1181 ～ 1218?		ジャヤヴァルマン7世の治世、アンコール・トムを完成、アンコール王朝、黄金時代を迎える
1431		度重なるアユタヤ（タイ）軍による攻撃でアンコール王都を放棄
1863	8月12日	ノロドム王、フランスと保護条約締結
1884	6月24日	ノロドム王、フランスの強制により主権放棄の新保護条約締結
1922	10月31日	ノロドム・シハヌーク王子誕生
1940	8月30日	フランス（ヴィシイ政権）、日本とインドシナでの軍事協力協定に調印
1941	10月28日	ノロドム・シハヌーク国王即位
1945	3月9日	日本軍による「仏印処理」、カンボジアに進駐
	3月12日	ノロドム・シハヌーク国王、フランスの保護条約を無効とする主権回復（「独立」）を宣言
	8月15日	日本、連合国に無条件降伏、カンボジアの「独立」事実上消滅
1946	1月4日	フランス・カンボジア暫定協定（モデュス・ヴィヴェンディ）調印
1949	11月7日	カンボジア、フランス連合の枠内で独立
1951	9月8日	カンボジア、対日講和サンフランシスコ条約に調印 日本とカンボジア、相互に承認
1952	6月15日	シハヌーク国王、3年以内の完全独立を公約して全権を掌握（「独立十字軍運動」の開始）
1953	4月24日～ 5月13日	シハヌーク国王、「独立十字軍運動」中、東京に立ち寄る
	11月9日	カンボジア、完全独立達成
1954	3月19日	カンボジア、在日公使館開設（5月4日、日本は在カンボジア公使館開設）（1955年2月21日、大使館に昇格）
	7月20日	インドシナ休戦のジュネーブ協定調印
	11月27日	カンボジア、対日賠償請求権放棄を日本に通報

1993年の新政府成立後も、クメール・ルージュは北西部で政府軍との対峙を続けたが、1996年からのフン・セン首相による切り崩し作戦で、内部分裂が生じた。その後、クメール・ルージュの政府軍側への大量投降が相次ぎ、1998年4月にポル・ポトが死去し、同年末に元幹部のキュー・サンパン（元国家幹部会議長）、ヌオン・チア（元国会議長）が投降して、クメール・ルージュは終焉。

フンシンンペック

1981年3月にシハヌーク殿下が設立。「独立、中立、平和及び協力のカンボジアのための統一戦線」のフランス語の頭文字をとった略称(FUNCINPEC: Front Uni National Pour un Cambodge Indépendent、Neutre、Pacifique et Coopératif)。1982年設立の三派連合政府をクメール・ルージュ、ソン・サン派と共に構成。1992年には、シハヌーク殿下の次男のノロドム・ラナリット殿下が議長に就任。1993年の国連による総選挙では、第一党となり、ラナリット殿下は第一首相となり、フン・セン第二首相と共にカンボジア王国政府を構成した。

民主カンプチア連合政府

1982年6月にマレーシアのクアラルンプールで設立。クメール・ルージュ（民主カンプチア）、シハヌーク派（フンシンペック）及びソン・サン派により構成。いわゆる三派連合政府。シハヌーク殿下が大統領を務めたが、軍事的には、クメール・ルージュ軍が最強。ASEANの圧力で設立されたとされ、米国等西側諸国及び中国により支持され、1980年を通じて、ヘン・サムリン政権と内戦を戦う。1990年2月に名称をカンボジア国民政府に変更。

カンボジア人民共和国

ベトナム軍の全面的な支援を得てポル・ポト政権が打倒された後、1979年1月10日に樹立された政権。いわゆる「ヘン・サムリン政権」。カンプチア救国連帯戦線の指導部が社会主義のカンボジア人民革命党に移行し、同時に統治機関に当たるカンプチア人民革命評議会の指導部を構成した。議長は、ヘン・サムリン。

クメール国民解放戦線

1979年10月にソン・サン元首相が設立。ベトナムのカンボジア侵攻に対抗するため、ロン・ノル政権の流れをくむ政治勢力等により構成される右派。本書内でも記載されている通り、議長のソン・サンと軍事部門を指揮するサック・スット・サコーン将軍との間で確執が絶えなかった。1993年の国連による総選挙においては、仏教自由民主党として参加し、120議席中10議席を獲得。

クメール・ルージュ

本書では、クメール・ルージュ（字義通りには「赤色クメール」を意味し、共産化したクメール人を指す）は、ポル・ポト派と同義で使用されている。

1960年代にカンボジア共産党として地下活動を開始し、1970年のロン・ノルによるクーデター以後は、シハヌーク殿下と共闘して、ロン・ノル政権に対抗。1975年4月にロン・ノル政権を打倒して、政権を奪取して以後は、民主カンプチア政権を名乗った。首相はペン・ヌート（後にポル・ポト）、副首相兼軍司令官はキュー・サンパン、外交担当副首相はイエン・サリ。中国の大躍進政策や文化大革命をモデルとした原始共産主義を実施し、都市住民を地方に移動させて農業に従事させ、市場や貨幣を廃止し、集団生活・労働を強いた。その結果、過酷な強制労働や知識人の粛正により、100万とも200万とも言われる国民が犠牲になったとされる。

1977年にクメール・ルージュは、ベトナムによる不法占拠を理由に、メコン・デルタ地域を奪取するために、ベトナムへの攻撃を企てた。これに対し、1978年12月に、ベトナムはクメール・ルージュを離脱したヘン・サムリン等のカンボジア人と共に、カンボジアに侵攻。1979年1月7日にクメール・ルージュ政権は打倒され、カンボジア人民共和国（いわゆる「ヘン・サムリン政権」）が樹立された。

クメール・ルージュ政権の残党は、タイとの国境地帯に逃れ、中国やタイの支援を得て、1980年代を通じてヘン・サムリン政権との内戦を継続。

2. 用語

(50 音順)

アセアン

東南アジア諸国連合（ASEAN）。

1967 年に「バンコク宣言」によって設立された東南アジアの地域共同体。東南アジア地域の経済成長、社会的進歩、文化的発展の促進、地域内の平和と安定の促進並びに経済・社会・文化・技術・科学及び行政の各分野における諸課題に対する相互援助、相互協力の推進等を目的とする。原加盟国はインドネシア、マレーシア、タイ、フィリピン、シンガポールの 5 カ国。1984 年にブルネイが加盟。その後、ベトナム（95 年）、ラオス及びミャンマー（97 年）、カンボジア（99 年）が加盟。

カンボジア救国連帯戦線

1978 年 12 月 2 日結成。ベトナムのカンボジア侵攻直前に、ベトナムとの国境地帯のクラチエ州スヌオルで、ポル・ポト政権を打倒するために結成されたカンボジア勢力の政治組織。ポル・ポト政権を離脱してベトナムに逃れたカンボジア人で構成。後のカンボジア人民革命党の指導者となるヘン・サムリンが議長を、ヘン・サムリン政権で内務大臣を務めるチア・シムは副議長を務め、フン・センも創立メンバー。

カンボジア人民革命党

カンボジア人民共和国を指導する政党。1951 年設立のインドシナ共産党の流れを汲むと位置づけ、社会主義（マルクス・レーニン主義）を標榜し、カンボジア革命を遂行することを目的とする。1981 年の第四回党大会では、政治局員としてペン・ソバン、ヘン・サムリン、サイ・プートン、チア・シム、ブー・トン、フン・セン、チア・ソット及びチャン・シを選出。1991 年 10 月の特別党大会で、マルクス・レーニン主義を放棄し、複数政党制民主主義を標榜することとし、党名をカンボジア人民党に変更。チア・シムが党首、ヘン・サムリンが名誉党首、フン・センが副党首にそれぞれ就任。

に同党党首に就任。その後、1993年に第一首相、1997年にフン・セン首相と政治的軍事的に激突し、失職。1998年に国民議会議長に就任、2006年に辞任。その後、フンシンペック党党首からも解任され、一時は政治から引退するも、2015年にフンシンペック党党首に復帰。2021年11月、滞在先のフランスで死去。

ポル・ポト（1928―1998）

コンポントム州出身。プノンペンの工科高等中学校を卒業後、1949年から奨学金を得てフランスに留学し、パリのラジオ工学大学で学ぶ。そこで、マルクス主義者の学生サークルに入る。

1953年にカンボジアに帰国後、インドシナ共産党に入党（同党は後に分裂してカンボジア人民革命党となり、更にカンボジア労働者党、次いでカンボジア共産党となる）。1963年にカンプチア労働者党書記長となる。1973年、地方の解放区で、政治的敵対者に対する組織的な除去を開始。1975年4月17日のクメール・ルージュ政権による政権奪取後、プノンペンに入り、1976年4月に民主カンプチア政権（いわゆるポル・ポト政権）の首相に就任。ポル・ポト政権下では、原始共産主義の下で、強制労働や粛清により100万とも200万とも言われる国民が犠牲になったとされる。

1979年1月、ベトナムの侵攻によりクメール・ルージュ政権が打倒されると、タイとの国境地帯に逃れる。カンボジア共産党書記長から辞任するが、三派連合政府の中で最大の軍事力を有するクメール・ルージュの実質的なナンバー1として影響力を行使し続ける。

1993年の新政府成立後も、クメール・ルージュは北西部で政府軍との対峙を続けたが、1997年6月、ポル・ポトは仲間に裏切られて、人民裁判によって終身刑を宣告され、1998年4月にタイ国境近くのアンロンベンで死去した。

ロン・ノル（1913―1985）

プレイベーン州生まれ。仏領インドシナ下で、コーチシナのサイゴンにあるリセ（中学高等学校）への留学の後、クラチエ州知事、国家警察の地区長官を経て、軍隊に入隊。軍総参謀長、総司令官、国防大臣を歴任し、副首相を経て53歳で首相に就任。

1970年3月の国家主席・シハヌーク殿下に対するクーデターは、ロン・ノル首相と王族のシソワット・シリク・マタク副首相とが、米国の後押しにより実施したとされる。1979年にカンボジアを逃れ、1985年に滞在先の米国で死去。

の人道に対する罪を犯したとして、最高審の判決で無期禁固刑が確定した。2018 年 11 月、初級審は別の訴因（チャム人及びベトナム人の虐殺、強制結婚、内部粛清等）で無期禁固刑を下し、2022 年 9 月、最高審は同判決を支持。

ソン・サン（1911—2000）

クメール・クロム（南ベトナム在住カンボジア人）出身。パリ高等商業学校卒。

民主党員（共和制主義者）出身であるが、シハヌーク殿下率いるサンクム・レアストル・ニジョム時代に、度々蔵相、経済相、外相を歴任。短期間首相も経験。国立銀行総裁。1971 年出国しパリに亡命。1979 年クメール国民解放戦線（KPNLF、いわゆるソン・サン派）党首。1993 年の国連総選挙では、仏教自由民主党党首として参加し、1993 年制憲議会議長。1997 年にカンボジアを出国し、2000 年に亡くなるまで、パリで家族と共に過ごした。

ノロドム・シハヌーク（1922—2012）

1941 年に国王に即位。1953 年にはフランスからの独立を達成。1955 年に国王から退位し、大同団結の政治団体サンクム・レアストル・ニジョムを結成して、同団体総裁として政治を指導。1970 年ロン・ノルのクーデターにより失脚。中国で民族統一戦線（FUNK）を結成してロン・ノルに対抗。1976 年カンボジアに帰国し王宮でクメール・ルージュの虜囚となる。1979 年に出国し、国連においてベトナム軍の侵攻を非難した後フランス、中国に亡命。1980 年代の内戦中は、1981 年にフンシンペック党を設立し、1982 年に樹立された民主カンプチア連合政府の大統領に就任するも、度々辞任。1987 年に初めてフン・セン首相と和平の話し合いを行い、計 9 回会談を通じて実質的な和平に合意。1990 年に最高国民評議会議長就任。1991 年に帰国し、1993 年の国連による総選挙後の王制の復活と共に、国王に再即位。2004 年に退位し、王子のノロドム・シハモニ殿下が国王に即位した。2012 年に崩御。

夫人（現皇太后）はノロドム・モニニアット・シハヌーク。

ノロドム・ラナリット（1944—2021）

シハヌーク前国王の次男。フランスのエクサンプロバンス大学法学部卒。同大学で公法の学位を取得し、同大学教授を務めていた。内戦時代は、シハヌーク殿下個人代表、フンシンペック党幹事長を経て、1991 年

人物・用語解説

1. 登場人物

（50 音順）

イエン・サリ（1925―2013）

ベトナム南部で生まれる。シソワット高校卒業後、奨学金を得てフランスに留学し、パリの政治研究院に学び、フランス共産党に入党。パリでは、クメール人学生のマルクス主義サークルを創設したとされている。

1957 年にカンボジアに帰国後、高校の歴史教師となり、カンプチア共産党員としても活発に活動。1963 年にクメール・ルージュに参加。1975 年にクメール・ルージュ政権の外交担当副首相となる。

1996 年にクメール・ルージュを離脱し、恩赦を受ける。

クメール・ルージュ裁判特別法廷により訴追され、被告人として裁判が行われる中、2013 年 3 月に死去。

イン・タム（1922―2006）

コンポンチャム州生まれ。カンボジア行政学院出身。郡長・州知事や国家警察など内務畑を歩む。内務・宗教大臣、農業大臣を歴任。

1970 年のクーデター後に国民議会議長に、次いで首相に就任。

1975 年 4 月のクメール・ルージュのプノンペン入城後、国外に逃れる。その後、フンシンペック党第二副委員長、シハヌーク軍司令官を務める。

キュー・サンパン（1931 年生まれ）

フランスのモンペリエ大学経済学部、パリ大学大学院卒、経済学博士。

パリにおいてマルクス・レーニン主義者となる。1959 年の帰国後一時サンクム・レアストル・ニジョムに加入。プノンペン師範大学教授や商業長官を経て、1967 年サンクムを脱退して非合法活動に入る。

1975 年に民主カンプチア国家主席（国家最高会議幹部会議長）。民主カンプチア連合政府（いわゆる三派連合政府）副大統領兼外相、民主カンプチア党党首を歴任。1993 年の新政府成立後、反政府活動を行うが、1998 年に投降。

クメール・ルージュ裁判の第二事案で被告となり、2016 年に住民の強制移動や前政権兵士の処刑（殺人）、政治的迫害、その他の非人道行為等

図・表・写真一覧

図・表

写真

な

は

た

さ

索引

あ

か

監修者紹介

今川幸雄（いまがわ　ゆきお）

1932年～2021年。

1955年早稲田大学政経学部卒業。

1956年外務省入省。

在マルセイユ総領事、在フランス公使、在タイ公使、在カンボジアSNC担当大使を歴任し、1992年に和平後最初の駐カンボジア日本大使に就任。1996年退官。その後、関東学園大学法学部教授、上智大学アジア文化研究所客員教授、日本カンボジア協会会長、日本クメール学研究会会長を歴任。

主な著訳書に『現代カンボジア風土記』(KDDクリエイティブ刊、発売＝連合出版)、『アンコール遺跡とカンボジアの歴史』（フーオッ・タット著、めこん)、『カンボジアと日本』（連合出版）など。

執筆者紹介

石澤良昭（いしざわ　よしあき）

1937年生まれ。上智大学外国語学部フランス語学科卒業。専門は東南アジア史、中でもカンボジア・アンコール時代の碑刻文学。

パリ大学高等学術研究院にて古代クメール語碑刻文字を研究。文学博士。

鹿児島大学教授を経て、1982年より上智大学教授。2005年同大学学長、2007年文化庁文化審議会会長に就任。現在、上智大学アジア人材養成研究センター所長、上智大学アンコール遺跡国際調査団団長。

主な著書に『アンコール·王たちの物語』(NHK出版、2005年)、『新・古代カンボジア史研究』（小社、2013年)、『カンボジア近世史』（キン・ソック著、めこん、2019年)、『カンボジア中世史』（マック・プン著、めこん、2021年)、『アンコール王朝興亡記』(NHK出版、2021年）など多数。

訳者紹介

川口正樹（かわぐち　まさき）

1967年生まれ。

中央大学商学部卒業。米国ハーバード大学公開教育学科教養学修士課程修了。

1990年外務省入省。3回のカンボジア在勤、2回の米国（ボストン、ナッシュビル）勤務を経て、2021年からカンボジア・在シェムリアップ領事事務所長。

著者紹介

フン・セン（Hun Sen）

1952年にカンボジア・コンポンチャム州で生まれる。1970年にクーデターで失脚させれたシハヌーク殿下の呼びかけで、カンボジア民族統一戦線に加わる。1977年にクメール・ルージュ軍を逃亡し、1978年にカンボジア救国連帯戦線を結成し、ベトナム軍と共にクメール・ルージュ政権を打倒。その後設立されたカンボジア人民共和国の外務大臣に就任。1985年には首相兼外相に就任。1980年代終盤の9回に亘るシハヌーク殿下との二者会談により実質的なカンボジア和平に合意。1993年の国連による総選挙後は第二首相、1998年以降は首相として強力なリーダーシップを発揮して経済発展を牽引。1991年グエン・アイ・コック・ベトナム共産党学校政治学博士号取得。

カンボジアの10年の歩み　一九七九〜一九八九年

2022年10月20日　印刷
2022年10月30日　発行

著　者　フン・セン
監修者　今川幸雄
訳　者　川口正樹

発行者　石井　雅

発行所　株式会社　風響社

東京都北区田端 4-14-9（〒114-0014）
03(3828)9249　振替 00110-0-553554
印刷　モリモト印刷

ISBN 978-4-89489-272-9 C1023